Hiltrud Schröder

Auf eigenen Füßen

Hoffmann und Campe

Für ihre freundliche Hilfe bedanke ich mich
bei Michael Quasthoff, Professor Heyo Eckel und
bei Stephan Kohler von der
Niedersächsischen Energie-Agentur.

Die Deutsche Bibliothek – CIP-Einheitsaufnahme
Schröder, Hiltrud:
Auf eigenen Füßen / Hiltrud Schröder.
– 2. Aufl. – Hamburg : Hoffmann und Campe, 1996
ISBN 3-455-11173-4

Schutzumschlag: Thomas Bonnie
unter Verwendung eines Fotos von Wolfgang Wilde
Satz: Utesch Satztechnik GmbH
Druck und Bindung: Grafischer Großbetrieb Pößneck
Printed in Germany

Inhalt

Der dritte Engel blies seine Posaune.
Da fiel ein großer Stern vom Himmel.
Er loderte wie eine Fackel
und fiel auf ein Drittel der Flüsse und auf die Quellen.
Der Name des Sterns ist ›Wermut‹.
Ein Drittel des Wassers wurde bitter,
und viele Menschen starben durch das Wasser,
weil es bitter geworden war.

Offenbarung 8, 10–11

Wermut heißt auf ukrainisch tschornobyl

Ich möchte Leuchtturm sein
in Nacht und Wind –
für Dorsch und Stint,
für jedes Boot –
und ich bin doch selbst
ein Schiff in Not

Wolfgang Borchert

Die Zone

Weißrußland, August 1993. Wir überquerten den Sosch an einem herrlichen Sommermorgen. Der Fluß wälzte sich träge unter wolkenlosem Blau. Hoch oben schossen Schwalben durch die Luft, über den Auen schwebten weiße und bunte Falter.

Das Land ist flach und von herbem Reiz. Bis zum Horizont dehnen sich sumpfige Reetgraswiesen. Erlenhaine, durchzogen von silbrig schimmernden Wasseradern, wechseln mit Feldstreifen und Tannenwäldern.

Durch die offenen Fenster unserer VW-Busse drang der süße Harzgeruch der Bäume. Kleine Dörfer zogen vorbei. Ansammlungen schiefer Holzhäuschen, zerzaust vom Wind, der hier fast das ganze Jahr über die Ebene fegt. Hier und da saß ein alter Mann an der Straße und hielt Pilze oder Waldbeeren feil, in der Joppentasche steckte das unvermeidliche Fläschchen Stolichnaja-Wodka. Auf den Weiden graste das Vieh neben pittoresken Ziehbrunnen. Panoramen wie aus Gogols »Tote Seelen«, allerdings nur mit Passierschein zu besichtigen.

Wir hatten Passierscheine. Gleich in zweifacher Ausführung. Ohne Passierscheine für Mensch *und* Auto kommt man an den Milizen nicht vorbei, hatten die Beamten in Minsk versichert, offensichtlich sehr zufrieden, daß wenigstens die Bürokratie hierzulande den alten Sowjetstandard halten konnte.

Trotzdem wurde mir etwas flau im Magen, als der Armeeposten auftauchte. Ich sah zuerst nur einen verwitterten Blechcontainer, der am Straßenrand vor sich hin rostete. Dahinter blockierte ein Schlagbaum die Fahrbahn. Auf dem ausgeblichenen Warnschild konnte ich das Wort »Apasna« – Gefahr – entziffern. Vor der Baracke lungerten zwei junge Soldaten herum, die Kalaschnikow baumelte lässig überm Uniformhemd. Sie traten ihre Zigaretten aus und schlenderten gemächlich auf die Wagen zu. Lange, sehr lange musterten sie die Stempel des weißrussischen Gesundheitsministeriums. Dann die Autonummern, dann wieder die Stempel. Endlich hob einer den Schlagbaum, der andere winkte uns durch ins Niemandsland: »Schtschasliwo«, Viel Glück, riefen sie noch und grinsten.

Das also ist die »Zone«. Ein passender Name, schoß es mir durch den Kopf. So hieß auch jenes mysteriöse, von Gott verlassene Territorium, durch das Regievisionär Andrej Tarkowskij den »Stalker« irren ließ.

Außerdem hat die Zone das gleiche Flächenmaß wie die versunkene DDR. Exakt 108 000 Quadratkilometer. Sie umfaßt den gesamten Südosten des Landes. Wie uns Gesundheitsminister Kasakow erläutert hatte, gibt es insgesamt vier Klassifizierungen. Über Nr. 1, die »tote Zone« rund um den Tschernobyl-Komplex, spricht man in der Hauptstadt nicht so gern. Im weißrussischen Teil des 30 Kilometer breiten Sicherheitsgürtels patrouillieren ständig Miliztruppen und Armeehubschrauber. Und das nicht allein wegen des havarierten Kernreaktors, der gleich hinter der ukrainischen Grenze liegt, es wird von nächtlichen Gefechten mit der Mafia gemunkelt, von Drogen- und Waffenschmuggel, von Bränden, illegalem Mohnanbau und wilden Tieren.

Wir befanden uns in Zone 2. Auch das ist Sperrgebiet und auf die Dauer ein lebensgefährliches Pflaster. Der Durchseuchungsgrad soll hier noch bis zu 50 Curie Cäsium pro Quadratkilometer betragen. Ein Curie heißt, daß jede Krume pro Sekunde $3{,}7 \times 10^{10}$ radioaktive Teilchen abgibt. Unglaublich. Wieviel Nullen sind das?

Wir hielten am Straßenrand. Professor Heyo Eckel, einer der Ärzte unserer Delegation, packte sein Strahlendosimeter aus. Er sammelte Daten für eine Langzeitmessung, die später in Deutschland ausgewertet werden sollte. Unser Freund Anton Romanowskij, Präsident des weißrussischen Roten Kreuzes, hatte einen schlichten Geigerzähler dabei. Das NDR-Team schulterte die Kameras, als er das Gerät ins Gras hielt. Es tackerte im Akkord. Romanowskij zeigte das Ergebnis herum und schüttelte den Kopf. Die Strahlung war hundertmal so hoch wie in Minsk.

Während der Weiterfahrt machte sich im Bus Beklemmung breit. Draußen schien die Natur zu explodieren. Je weiter wir in die Zone vordrangen, desto üppiger wucherten Gräser, Büsche und Farne. Der grüne Filz rankte an Zäunen und Brücken, überpelzte liegengebliebene Autowracks und fraß sich in verfallene Siedlungen.

Bartolomejewska ist so eine verfallene Siedlung. Die meisten der 160 Häuser stehen leer. Die Türen sind eingetreten, die Scheiben zerbrochen, Bohlen und Dielen herausgerissen. Ein Werk der Plünderer, die regelmäßig in Zone 2 einfallen, um wertvolles Heiz- und Baumaterial abzutransportieren. Zwischen den Trümmern liegen Fotos, Kinderschuhe, alte Zeitungen. 1000 Menschen haben in Batolomejewska gelebt. Sie wurden 1990 zwangsevakuiert. Vier (!) Jahre nachdem 120 Kilometer entfernt der Kernreaktor auseinandergebrochen war.

Aljona Nikitowna ist geblieben. Illegal, aber von den Behörden geduldet, wie viele andere alte Menschen in Zone 2. Zusammen mit ihrem Mann und zwei Schicksalsgenossen fristet die Fünfundsechzigjährige ein karges Leben. Ohne Strom, fließendes Wasser und medizinische Betreuung.

»Es ist doch unser Zuhause«, erklärte sie Dolmetscherin Inga Huber.

Aljona Nikitowna empfing uns sehr herzlich, offensichtlich hoch erfreut über den seltenen Besuch. Nein, hier wagen sich keine Händler her. »Wovon sollten wir sie auch bezahlen?« Manchmal, sagte sie, kämen die Verwandten und brächten Kleidung, Brot und Neuigkeiten.

Aljona Nikitownas ganzer Stolz war der große Gemüsegarten. Sie bestand auf einer Besichtigung. »Keine Nachbarn mehr da, wir können alles bepflanzen.« Zufrieden stemmte das Mütterchen die Hände in die Hüften und bat uns ins Haus.

Es war eine einfache himmelblaue Kate mit geschnitzten weißen Fensterläden. Ihr Mann Ilja hatte sie neu gestrichen und vor der Veranda prächtige Blumenrabatten angelegt. Unter der niedrigen Decke hingen sauber aufgereiht Pilze an der Trockenleine.

Frau Nikitowna reckte einen knochigen Finger: »Sehr gut! Die wachsen im Wald.«

»Sind nicht alle Pilze verseucht?« fragte ich.

»Ach was«, beteuerte Aljona Nikitowna, »die sind sauber und gesund, wie das Wasser hier.«

Als sie meine zweifelnde Miene sah, bekam ich eine Kette aus getrockneten Steinpilzen und die Empfehlung: »Einfach in die Suppe tun.«

Wir haben die Pilze in Deutschland untersuchen lassen. Sie sind belastet mit 106600 Becquerel Cäsium pro Kilo. Der zulässige EU-Grenzwert liegt bei 600, was den Labor-Techniker besorgt fragen ließ, ob wir das Mitbringsel wenigstens sachgerecht in der Bleibox transportiert hätten.

»Wir«, das heißt Vertreter der niedersächsischen Landesstiftung »Kinder von Tschernobyl«, zwei deutsche Ärzte, zwei Medizintechniker, Anton Romanowskij und Peter Folb, ein Mitarbeiter der Weltgesundheitsorganisation (WHO). Wir waren unterwegs, um Medikamente und Ultraschallgeräte zur Früherkennung von Schilddrüsenkarzinomen an Krankenhäuser und Ambulatorien zu verteilen. Der tückische, schnellwachsende Krebs hatte sich in den verstrahlten Gebieten dramatisch verbreitet.

Außer für Romanowskij, unseren »Scout«, war es für alle die erste Reise durch die Zonen. Sie war deprimierend, bizarr und zuweilen abenteuerlich, voller verstörender Eindrücke, die ich nie vergessen werde. Eine Reise durch ein zerschundenes Land, dessen Bürger eigentlich ihre Kinder an die Hand nehmen und geschlossen irgendwo um Asyl bitten müßten.

Als wir von Minsk aufbrachen, habe ich mir vorzustellen versucht, was mich erwarten würde. Ich wußte, daß 2,5 Millionen Menschen von der Katastrophe unmittelbar betroffen sind, 115 000 umgesiedelt wurden und von 800 000 Kindern 700 000 krank sind. Ich hatte gelesen, daß im Dreiländereck von Rußland, der Ukraine und Weißrußland pro Quadratmeter mehr als eine Million Becquerel Cäsium, Strontium und Plutonium niedergegangen waren, eine Dosis, 300mal höher als in Hiroshima.

Aber ich lernte allmählich, daß der Vergleich hinkt.

In Tschernobyl explodierte ja keine Atombombe, sondern – Folge eines fahrlässigen Experiments – Knallgas. Dabei riß das Reaktorgehäuse. Die Brennstäbe begannen zu schmelzen und setzten nicht nur Radioaktivität frei, sondern auch Unmengen an Schwermetallen und chemischen Verbindungen. Niemand weiß genau, was wo und in welcher Menge im Boden steckt. Die Folgen für Mensch und Natur sind unberechenbar. Im Minsker Institut für Radiobiologie existiert eine Karte, die den Verseuchungsgrad der einzelnen Landesteile akribisch erfaßt. Daß sie bisher nicht veröffentlicht wurde, spricht Bände.

An der Straße, die durch die Rajons (Kreise) Kausy, Klimowitschi und Wetka führt, stehen Warnschilder mit dem Atomzeichen. Das Bestellen der Äcker und die Beweidung der Wiesen sind verboten, das Sammeln von Pilzen, die Jagd sowie das Fischen im Sosch tabu. Der Sosch fließt diagonal durch Zone 3. Was Zone 3 von Zone 2 unterscheidet, habe ich nicht begriffen. Bei jedem Halt messen wir erneut die Strahlung. Die Werte schwanken, sind aber überall so hoch, daß vom medizinischen Standpunkt aus auch hier niemand leben dürfte.

Die Menschen haben davon jahrelang nichts erfahren. Als das schwedische Kraftwerk Forsmark am 28. April 1986, zwei Tage nach der Tschernobyl-Katastrophe, einen erhöhten Jod-131-Fallout registrierte und die Welt alarmierte, trat das Politbüro in Moskau zu einer Krisensitzung zusammen. Man beschloß, sofort sämtliche Telefonleitungen in die ukrainische Hauptstadt Kiew zu kappen. Den Arbeitern sollten die Maifeiern nicht verdorben werden.

Zwischen Moskau und Minsk hingegen glühten die Drähte. Eine beispiellose Vertuschungsaktion wurde in Gang gesetzt. Weißrussische Labors und Meßstationen, die den Jod-Fallout natürlich bemerkt hatten, erhielten eine Informationssperre. 30000 Tonnen kontaminiertes Fleisch wurden nicht aus dem Verkehr gezogen. Die lokalen Behörden hatten Weisung, es »so breit wie möglich über das ganze Land zu verteilen und bei der Produktion von Wurst und Dosenfleisch im Verhältnis eins zu zehn zu mischen.« Flankierend setzte das Gesundheitsministerium per Eilerlaß die maximal zulässige Strahlendosis herauf, um die Notstandsgebiete möglichst klein zu halten.

Auch Teile von Kausy, Klimowitschi und Wetka lagen außerhalb der Zone. Das wurde erst korrigiert, als Glasnost und Perestroika die Informationsblockade über den Reaktorunfall aufbrachen.

1991, so erzählten uns die Leute in Wetka, erschien Michail Gorbatschow, um sich ein Bild der Lage zu machen. Er weigerte sich, die traditionelle russische Begrüßungsspeise Brot mit Salz zu essen. Danach rollten die Baggerkolonnen an. Sie hoben riesige Gruben aus und ließen Schulen, Kindergärten, ganze Dörfer verschwinden. Gorbatschows Versprechen, alle Bewohner umzusiedeln, überstieg allerdings bei weitem die finanziellen Möglichkeiten des maroden Sowjetreichs. Der neue weißrussische Staat aber ist noch ärmer. Anfangs versuchte man noch, die Region mit unbelasteten Import-Lebensmitteln zu versorgen. Dann aber gingen die Devisen zur Neige. Mittlerweile essen die Leute wieder das, was in ihren Gärten wächst. Sie bestellen die Felder, gehen jagen und fischen. Trotz der Warnschilder. Viele wollen auch gar nicht mehr weg. »Wohin sollen wir gehen?« fragte mich eine verzweifelte Frau in Kausy. »Anderswo gibt es keine Strahlen, aber auch keine Wohnungen und keine Arbeit.«

Heute zahlt die Regierung den Menschen hier sogar kleine Bleibeprämien.

»Wir nennen das Sarggeld«, sagte der junge Kinderarzt im Wetkaer Gebietskrankenhaus lakonisch. Zusammen mit nur einem Chirurgen betreut er 23 000 Menschen. Folb, Professor Eckel und Professor Brabant, Endokrinologe an der Medizinischen Hochschule Hannover, ließen sich von ihm die Krankengeschichten schildern. Die Patienten im Rajon leiden auffällig häufig unter allgemeiner Immunschwäche, Kopfschmerzen, Hirn- und Schilddrüsenanomalien, Atemstörungen, chronischen Magen- und Darm-Erkrankungen. Vor allem die Kinder. Typische Post-Tschernobyl-Symptome, sagte der Kinderarzt. Aus offiziellen Statistiken und Fachartikeln lasse sich bislang natürlich noch kein Zusammenhang ableiten, fügte er süffisant hinzu.

Später führte er uns zu einem Sinti-Mädchen aus Semipalatinsk in Kasachstan, wo die Russen jahrzehntelang oberirdische Atomversuche durchgeführt hatten. Sie lebt seit kurzem in Wetka. Auch ihr Immunsystem ist ruiniert wie bei den einheimischen Kindern, sagte der Arzt.

Um das Bett herum standen die drei Geschwister und musterten uns neugierig. Wieder einmal bewährte sich unsere Geschenkekiste. Alle Kinder bekamen Malstifte und Stofftiere und tobten zufrieden auf den Flur hinaus.

Ich strich dem kranken kleinen Wesen mit den kohlrabenschwarzen Knopfaugen übers Haar und grübelte darüber nach, welches grausame Schicksal die Familie aus dem kasachischen Elend ausgerechnet nach Weißrußland verschlagen hatte. Zu allem Übel grassierte im Rajon wieder Tuberkulose, die man hier seit Kriegsende als besiegt betrachtet hatte.

In Wetka kämpften die Ärzte auf verlorenem Posten. Seit Wochen konnten die Krankenwagen nicht ausrükken, es gab kein Benzin. Außerdem mangelte es an qualifiziertem Personal – niemand wollte freiwillig für längere Zeit in der Zone arbeiten. Das größte Problem waren jedoch die fehlenden Medikamente. Penicillin und Antibiotika reichten gerade noch für einen Monat. Herzmittel und Hormonpräparate waren längst verbraucht. So gut es ging, ergänzten wir die Bestände aus unseren Vorräten.

»Man müßte Wetka zum Notstandsgebiet erklären«,

sagte der Kinderarzt beim Abschied und deutete auf die Aushubarbeiten vor dem Fenster.

»Eine neue Auffahrt?« fragte ich.

»Njet«, sagte er. Da werde großflächig strontiumhaltige Erde abgetragen und auf eine Giftmülldeponie gebracht. Sie liegt zehn Kilometer von der Klinik entfernt.

So viel Mühe konnte man sich im Nachbarort Swetilowitschi ersparen. Das nagelneue Gebietskrankenhaus war gerade bezugsfertig, als in Tschernobyl der Reaktor kollabierte. Kurz darauf ergaben Messungen in der Umgebung eine Belastung von 23 Curie pro Quadratkilometer. Der Neubau wurde sofort geschlossen, die Bevölkerung nach und nach umgesiedelt. Bis auf 8000 vorwiegend ältere Bürger und 300 Kinder. Medizinisch versorgt wurden sie danach in einem ehemaligen Sanatorium für Führungskader. Hier sah die Lage ganz anders aus, die Sowjetgesellschaft war eben alles andere als klassenlos gewesen.

40 Ärzte waren heute noch angestellt. Man zeigte uns modernste Diagnoseapparaturen, Physiotherapieeinrichtungen, diverse medizinische Bäder und sogar eine eigene Mineralquelle. Nur der Speiseplan war mittlerweile eher frugal. Es gab vor allem Pilze, die reichlich in der Umgebung wachsen. Sie schwammen auch in der Suppe, die man uns zur Begrüßung servierte. Meine Begleiter kratzten die braunen Brocken verstohlen aus der Schüssel.

Ich rührte gar nichts an, sprach statt dessen von unserem Ausflug nach Bartolomejewska, von den Warnschildern, fragte, warum sogar Kranke essen müßten, was in den verseuchten Wäldern wächst.

Der Chefarzt, ein jovialer Veteran sozialistischen Medizinalwesens, schmunzelte, hob sein Wodkaglas und wünschte guten Appetit. Zwischen zwei weiteren Gläsern referierte er über die unbegründete Atomhysterie mancher Landsleute, ein viertes begleitete den populärwissenschaftlichen Nachweis, daß sich Mutter Natur längst von allein erholt hätte. Folglich hielt es der Chefarzt auch für übertrieben, Kinder mehrmals im Jahr an der Schilddrüse zu untersuchen.

»Wir haben das bei allen Kindern einmal gemacht, das reicht«, erläuterte er dem fassungslos zuhörenden Professor Eckel.

Trotzdem wollte dieser Arzt liebend gerne eines der Ultraschallgeräte, die wir aus Hannover mitgebracht hatten. Er bekam es nicht. Bei der Inspektion der Medizinvorräte entdeckte Professor Eckel nämlich in einer Schublade einen neuen Schallkopf für Schilddrüsenuntersuchungen. Er war noch eingeschweißt.

Chefärzte, die medizinische Geräte als Statussymbol sammeln, gibt es natürlich nicht nur in Weißrußland. Aber angesichts der desolaten Bedingungen, unter denen das Gros der Mediziner in den Zonen arbeiten muß, wirkte das auf mich hier fast obszön.

Wir besichtigten in den nächsten Tagen noch zehn weitere Krankenhäuser. Zeitweilig kam ich mir vor wie in einem schlechten Horrorfilm. Wir sahen schartige, verrostete Gynäkologiestühle, grobe Zahnbohrer und monströse Elektroapparaturen. Schrott aus Vorkriegszeiten, den bei uns kein Museum mehr ausstellen würde. Wir standen in Abtreibungspraxen, die aussahen wie Waschküchen, und gingen durch OPs, die Feldlazaretten glichen. Ein anderes Mal führte man mich in Lagerräume, wo sich bis unter die Decke moderne Gerätschaften stapelten. Sie konnten nicht eingesetzt werden. Mal fehlte ein winziges russisches Ersatzteil, mal waren sie aus Japan und niemand verstand die Bedienungsanleitungen. Die Patienten lagen in alten ramponierten Betten oder hockten auf fleckigem, abgewetztem Mobiliar.

Die Geburtsstationen waren marode, ebenso die Intensivstationen. In den Krankensälen roch es nach Schweiß und Kohlsuppe, in den Fluren nach Fäulnis, an den Wänden bröckelte der Putz. Der Hygienestandard war durchweg katastrophal. Die Ärzte versuchten, das Infektionsrisiko durch schnelles Operieren zu minimieren. Doch dann war mal wieder das Verbandszeug ausgegangen, und die Wunden wurden selbst nach schweren chirurgischen Eingriffen schlicht mit Lappen oder Handtüchern abgedeckt.

In manchen Kliniken gab es nicht einmal einen Narkosearzt. Geschweige denn Monitore zur Anästhesiekontrolle.

»Wir halten die Narkose flach, um irreparable Schäden zu verhindern«, sagte mir eine angelernte Hilfskraft, die den Job mit viel Fingerspitzengefühl erledigen mußte. Das war kein Einzelfall.

Einmal sahen wir mit an, wie ein neun Monate alter Säugling während der Operation aufwachte und zum Gotterbarmen schrie. Das OP-Team war erstklassig, niemand verlor die Ruhe. Mit präzisen Kommandos und Handgriffen wurde der Eingriff beendet. Ich mußte mich zusammenreißen und kämpfte gegen einen Brechreiz. Die Ärztin neben mir zuckte scheinbar ungerührt mit den Schultern: »Das kann schon mal vorkommen.«

Mittlerweile habe ich begriffen, daß ein gewisses Maß an Gleichmut in Weißrußland zur Überlebensstrategie gehört. Man darf das nicht (immer) mit Fatalismus verwechseln.

Als wir der Klinik später ein dringend benötigtes Ultraschallgerät mit zusätzlichem Schallkopf zur Schilddrüsenuntersuchung übergaben, sah ich dieselbe Ärztin vor Rührung weinen.

Andererseits mußten wir aber auch die deprimierende Erfahrung machen, daß es manchmal gar keinen Zweck hatte, unsere Ultraschallgeräte anzubieten. Nämlich dann, wenn die Ärzte mit der Ultraschalldiagnostik nicht vertraut waren oder – schlimmer noch – wenn ihnen keiner, weder die Gesundheitsbehörden, noch das Ministerium für Tschernobyl-Angelegenheiten, je die Notwendigkeit solcher Untersuchungen erklärt hat.

Wenn Eckel und Brabant auf die verheerenden Folgen der Radioaktivität und die Krebs-Prophylaxe zu sprechen kamen, herrschte in manchen Gegenden erschreckendes Unwissen und große Ignoranz.

Zeitweilig fragte ich mich, wie ich diese Klinik-Inspektionen durchhalten sollte. Selbst für unsere Ärzte Eckel und Brabant war das alles schwer zu verkraften. In der ersten Zeit konnte niemand schlafen. Im Hotel hockten wir nachts zu dritt oder zu viert auf den Zimmern. Hauptsache reden, reden, reden, um mit den schrecklichen Eindrücken nicht alleine zu sein. Wir waren eben behütete EU-Bürger, die, abgesichert im sozialen Netz, über Asylanten und Wirtschaftsflüchtige theoretisieren, denen Armut, Not und Katastrophen via TV leicht verdaulich zum Abendbrot serviert werden und die zwar das richtige Bewußtsein, aber niemals eine Vorstellung davon haben können, welches Elend Menschen Tag für Tag aushalten müssen und wieviel Kraft es kostet, unter diesen Bedingungen nicht zu verrohen und Würde zu bewahren.

Mich beschämte immer wieder die Dankbarkeit und Gastfreundschaft, die uns überall entgegenschlug. Ob wir Medikamente austeilten, ein Ultraschallgerät übergaben oder nicht, nirgends ließ man uns ohne herzliche Bewirtung ziehen. Dabei wußten diese Leute häufig nicht, wovon sie am nächsten Tag leben sollten. Es kostete sie wochenlange Mühen, für uns ein üppiges Mahl zusammenzustellen.

Ich erinnere mich an eine Szene in Chotimsk. Nach einer kurzfristig anberaumten Besichtigung des städtischen Krankenhauses wurde der unvermeidliche Imbiß gereicht. Auf dem Tisch standen Brot, ein Stück Speck, Tee und drei Flaschen Stolichnaja. Mehr habe die Küche nicht abzweigen können, entschuldigte sich eine Schwester. Der Chefarzt war konsterniert und bat uns zu warten, bis etwas »Anständiges« herbeigeschafft worden sei. Ich versicherte, daß wir überhaupt keinen Hunger hätten. Natürlich vergeblich. Während wir stumm heißen Tee schlürften, debattierten unsere Gastgeber aufgeregt am anderen Tischende.

Ich wollte wissen, worum es ginge. Man befürchtet, die Regeln der Gastfreundschaft verletzt zu haben, flüsterte Dolmetscherin Huber.

Als sich die Befangenheit eine halbe Stunde später über dampfender Kartoffelsuppe gelegt hatte, berichtete der Chefarzt, daß es immer schwieriger werde, die Versorgung sicherzustellen. Der Kliniketat, aus dem Gehälter, Nahrungsmittel- und Medikamentenkäufe finanziert werden müßten, halte mit der galoppierenden Inflation einfach nicht Schritt. Das Personal in Chotimsk, den Chef eingeschlossen, sagte er, habe beispielsweise seit Monaten keinen Lohn mehr bekommen, weil das Geld für Lebensmittel gebraucht würde. Und die seien nicht nur teuer, sondern auch knapp. Viele Menschen in den verstrahlten Gebieten litten an Unterernährung und Mangelerscheinungen.

Das klang absurd, denn Chotimsk liegt im Herzen

der Polesje, und die Polesje ist reines Bauernland. Aber wenn die Bauern Fleisch und Gemüse horten oder dubiose Großaufkäufer die Märkte abgrasen, weil in Minsk, im nahen Rußland oder in der Ukraine dreimal so hohe Preise gezahlt werden, nützt das nichts, sagten unsere Gastgeber.

Der größte Profit fließt wohl in die alten Kanäle. Die Wirtschaft der Polesje wird wie eh und je von den Kolchosfürsten beherrscht. Wir rollten durch das Land und sahen ihre Agrarfabriken wie kubistische Trutzburgen aus den Ackerflächen ragen. Riesige Hochsilos, quadratische Fertigungshallen, flache Stallgebäude für 10000 Stück Vieh und die Kantine für 150 Angestellte. Drum herum nichts, nicht mal eine Tankstelle. Wer Benzin brauchte, der mußte es, abgefüllt in Weinflaschen, am Straßenrand kaufen. Wie Obst oder Zigaretten. Das Leben der Landarbeiterklasse ging hier seinen alten sozialistischen Gang.

Nach Feierabend verschwanden die Lohnempfänger in öden weitverstreuten Siedlungen, den »Mestetschki«, eine weißrussische Spezialität. Planlos zusammengewürfelt stehen alte Holzhäuser und Plattenbauten nebeneinander, nicht mehr Dorf, noch nicht Stadt. Die ehemalige Feudalaristokratie dagegen residiert auch heute noch, privatwirtschaftlich organisiert, auf eigenem Grund und Boden.

An einem Abend nahmen wir Quartier in einem kleinen Gasthof nicht weit von Chotimsk. Die Kunde unseres

Erscheinens war uns vorausgeeilt. Als wir ankamen, teilte man uns mit, der Leiter des Gebiets-Exekutivkomitees sei geneigt, die niedersächsische Delegation und ein paar Ärzte der umliegenden Krankenhäuser zum Nachtmahl zu empfangen.

»Ohne mich«, sagte ich zu Lutz Bardelle, dem Geschäftsführer unserer Stiftung. Wir waren in den Kliniken unterwegs reichlich bewirtet worden, und ich fühlte mich nach einem langen und anstrengenden Tag völlig zerschlagen. Den anderen ging es ähnlich.

Bevor ich mein Zimmer bezog, mußte allerdings ein unumgängliches Ritual zelebriert werden: die Ungezieferkontrolle. Bewaffnet mit einer Taschenlampe, leuchtete ich sorgfältig in alle Ecken, hinter die Schränke und unter das Bettgestell. Man fand auf dem Land ja immer etwas, mit dem man nicht schlafen wollte: Schaben, Wanzen, Ohrwürmer, riesige Käfer und Bataillone kleiner, mir gänzlich unbekannter Quälgeister, eine zoologische Sammlung, an der Forscherseelen bestimmt ihre Freude gehabt hätten. Ich sammelte die Menagerie ein und beförderte sie durchs Fenster hinaus. Aber es entwischte eine Menge.

Erledigt sank ich in die Kissen und schlief augenblicklich tief und fest. Allerdings nicht lange. Bardelle klopfte dringlich an meiner Tür. Der Wagen des Exekutivkomitees sei vorgefahren, meldete er. Man bestehe auf dem Nachtmahl und besonders auf Anwesenheit der Stiftungsvorsitzenden.

Eine Weigerung, ließ mir der Gebietsleiter ausrichten, werde als diplomatischer Affront betrachtet.

Das galt es natürlich zu vermeiden. Schicksalsergeben kleidete ich mich wieder an. Zehn Minuten Fahrt im Auto, ein paar völkerverbindende Trinksprüche und ein paar Häppchen würden mich schon nicht umbringen.

Als ich die Treppe hinunterkam, wartete schon ungeduldig der Gebietsfürst. Seinen Namen habe ich leider nicht mehr präsent. Nennen wir ihn einfach Stroganoff, wie das Bœuf. Das beschreibt die fleischige Zwei-Meter-Erscheinung und seinen klobigen Charme ganz gut.

»Minja zawut Stroganoff«, knurrte er mich an. »Angenehm, ich heiße Schröder«, gab ich zurück. Er reichte mir seine Pranke und schwieg. Dafür folgte ein Kurzreferat seines Sekretärs. Genosse Stroganoff sei nicht nur Leiter der Gebietsexekutive, sondern auch Chef der größten Kolchose im Kreis und immer hoch erfreut, eine schöne Frau begrüßen zu dürfen. Im übrigen züchte er Wild und Rinder und tätige nebenbei, aber höchst erfolgreich, diverse Import-Export-Geschäfte.

Nachdem das geklärt war, kommandierte Stroganoff: »Wir können abfahren.«

Eine Weile saß ich schläfrig im VW-Bus und starrte auf die Rücklichter seines Wolgas, der so schwarz war wie die mondlose Nacht. Nach einer halben Stunde wurde ich unruhig. Nach einer Dreiviertelstunde beschlich mich leise Panik. Hatten wir uns verfahren? Nach dreißig weiteren bangen Minuten stoppten wir vor einem riesigen Gatter mitten im Wald. Das Gatter öffnete sich, der Wagentroß rauschte hindurch und steckte nach wenigen Metern fest im Morast. Beim Aussteigen sanken wir knöcheltief ein. Heerscharen von Mücken fielen uns an. Ich hörte die unterdrückten Flüche meiner Begleiter und schlug im nächsten Moment selber, schimpfend wie ein Rohrspatz, auf die sirrenden Quälgeister ein.

Wie hergezaubert, traten plötzlich schöne Frauen aus dem Dunkel des Waldes. Sie trugen Fackeln, begrüßten uns freundlich und verteilten Geschirrtücher. Die sollten wir um den Hals legen, damit er unter den Mückenstichen nicht zuschwelle. Wir merkten schon, Stroganoff hatte an alles gedacht.

Nach einem mühsamen Fußmarsch gelangten wir schließlich auf eine große Lichtung, die von Lampions illuminiert wurde. Im Hintergrund schimmerte ein kleiner See, an seinem Ufer wandelten schon viele russische Mediziner und noch mehr holde Weiblichkeit. In der Mitte der Lichtung standen große, gedeckte Tische. Sie bogen sich unter Köstlichkeiten wie »Piroschki« (gebackenen, gefüllten Kartoffelteigtaschen), »Pelmeni« (gefüllten Klößchen), Fischterrinen und Fleischplatten.

Stroganoff verteilte die Damen des Hauses sorgfältig zwischen unsere männlichen Delegationsmitglieder, hielt eine kurze Rede und trank zum erstenmal auf die Völkerfreundschaft. Zum Hauptgang wurde Champagner ausgeschenkt, zur Völkerfreundschaft wieder

Wodka. Zum Nachtisch schmetterte eine Sopranistin Opernarien.

Ich hatte den Ehrenplatz neben Stroganoff. Während der Mahlzeit redete der Kolchosfürst nicht ein einziges Mal über die verzweifelte Lage seiner Landsleute. Statt dessen erfuhren wir, daß dieses Wäldchen nur ein kleiner bescheidener Teil seines Reiches sei.

Stroganoff staunte darüber, daß ausgerechnet eine Frau an der Spitze einer so weit gereisten Delegation stand, und als ich vor dem fünften völkerverbindenden Toast um ein Glas Wasser bat, sah er seine schlimmsten Vorurteile bestätigt.

Ich sagte ihm, daß ich keinen Alkohol vertrüge und wir alle morgen früh aufstehen müßten.

Stroganoff nickte mit stoischer Miene und schüttete mir den Wodka heimlich in die Fischsuppe.

Mein Protest beeindruckte ihn nicht im geringsten. Er klärte mich darüber auf, daß in Belorus eine Feier nur dann eine schöne Feier sei, wenn man die Gäste zum Essen und Trinken zwinge.

Besorgt blickte ich in die Runde und sah, daß sich meine Reisebegleiter nur allzugerne nötigen ließen. Sie hatten kapituliert und konnten den reizenden Tischdamen nichts mehr abschlagen.

Dann wurde im Fünfminutentakt getoastet, auf die Schönheit der Frauen, auf die Liebe im allgemeinen und die Völkerfreundschaft im besonderen. Einige Herren hatten schon gehörig Schlagseite. Ich fand, es sei höchste Zeit zu gehen.

Auf dem Rückweg litt ich nochmals Höllenqualen. Erstens waren die Fahrer ziemlich alkoholisiert und jagten die Autos im Schlingerkurs über die engen, unbeleuchteten Straßen, zweitens hatte Genosse Stroganoff darauf bestanden, mich nach Hause zu begleiten. Auch er war alles andere als nüchtern. In der Herberge konnte ich ihn nur mit Mühe davon abhalten, mein Zimmer zu entern und nochmals auf die Völkerfreundschaft anzustoßen.

Am nächsten Morgen erschien mir die nächtliche Episode wie ein absurder Traum. Wir waren auf dem Weg nach Gomel. Wieder überquerten wir den Sosch, diesmal in südwestlicher Richtung. Der Geigerzähler erinnerte bei jedem Halt daran, daß wir uns der höchstbelasteten Region des Landes näherten. Die 500000 Einwohnern zählende Metropole lag im unmittelbaren Einzugsbereich der Tschernobyl-Wolke. Die Hintergrundstrahlung, die man hier täglich mit der Luft aufnimmt, ist erheblich höher als im Landesdurchschnitt. Gomel ist ein schwergeprüfter Ort.

Sascha, einer unseren weißrussischen Mitarbeiter, erzählte mir später, daß Hitlers Divisionen die Stadt zweimal überrollt und dem Erdboden gleichgemacht hätten. Wie 186 andere weißrussische Städte und Dörfer. Fast bis zur letzten Phase der Kämpfe lag Weißrußland hinter den deutschen Linien. An die bestialischen Massaker von SS und Wehrmacht erinnert der »Friedhof der verbrannten Dörfer« in Chatin bei Minsk. Als die rote Armee den letzten Nazi aus der westlichen Grenzfestung Brest vertrieben hatte, waren dem Terrorregime mehr als 2,7 Millionen Juden und Weißrussen zum Opfer gefallen. Die toten weißrussischen Partisanen, die auch in den ausgedehnten Wäldern um Gomel operierten, hat nie jemand gezählt.

Nein, Ressentiments gegen die Deutschen gebe es nicht mehr, meint Sascha. »Der Krieg ist fünfzig Jahre vorbei, und Stalin war auch nicht viel besser.«

Das grausame Väterchen ließ in den dreißiger Jahren erst die gesamte weißrussische Intelligenz liquidieren, dann unterwarf er das Land mit Brachialgewalt der Kollektivierung. Hunderttausende sind damals elendig verhungert oder wanderten in die sibirischen Gulags.

Aber auch das war in Gomel kein Thema mehr. Es gab hier nichts, was noch irgendwie der Rede wert gewesen wäre. Erst war der GAU im nahen Tschernobyl, dann krachte nach dem Auseinanderbrechen der UdSSR die Wirtschaft zusammen.

Was der Doppelschlag angerichtet hatte, sahen wir draußen im Vorort Nowobjeliza. Hier waren während der Industrialisierungskampagnen der fünfziger und sechziger Jahre Maschinenbaukombinate, metallverarbeitende Betriebe, chemische Fabriken und das größte Superphosphatwerk des Landes aus dem Boden gestampft worden. Gomel war eine Boomtown gewesen. Als das weißrussische Parlament dann Ende 1991 die Unabhängigkeitserklärung verabschiedete, stornierte Rußland sofort alle Energie- und Rohstoffimporte und berechnete die Tarife neu. Der Westen, um Hilfe geradezu angefleht, lieferte auch nur gegen harte Devisen, die der junge Staat nicht hatte. In Nowobjeliza standen alle Räder still. Die Werftanlagen am Ufer des Sosch, früher Montageplatz großer Lastschiffe, die den Dnjepr hinunter bis zur Schwarzmeerküste fuhren, verrotteten ohne Aufträge.

An die sozialistischen Glanzzeiten von Gomel erinnerten nur noch der steinerne Lenin im Stadtpark und alte Parolen, die an den Häuserwänden verwittern. »Es lebe die Arbeiterklasse«, übersetzte Dolmetscherin Huber. Das klang wie Hohn. Wer die Möglichkeit bekam, wie viele jüdische Bürger, wanderte aus nach Kanada, Israel oder in die USA. Wer blieb, mußte sich arrangieren.

»Wir reden nicht von Radioaktivität und die da oben auch nicht«, sagten die Menschen in Gomel. Sie kassierten ihr Sarggeld, chauffierten westliche Delegationen und Reporter im Taxi durch die sterbende Stadt und erzählten mit einem Rest von Galgenhumor, daß es den Leuten in Brijansk, drüben auf der russischen Seite der Grenze, noch schlechter gehen solle.

Wir trafen uns mit Gebietsexekutivleiter Boris Wojtenkow und Ivanka Goldade, der Chefin des Stadtrates. Die beiden wirkten auch resigniert. Das Leben hier sei schlimm, sagte Ivanka Goldade, aber man könne ja nicht einfach alle Menschen wegbringen. »Nur in den Außenbezirken des Rajons darf jeder frei entscheiden, ob er umgesiedelt werden will«, umriß der Gebietsleiter die Rechtslage. Aber dafür ist es eigentlich zu spät.

Wer jahrelang in Zone 2 gelebt hat, braucht auch nicht mehr wegzugehen, die Gesundheit ist schon ruiniert. Geld für weitere Umsiedlungen hatte Wojtenkow ohnehin nicht. Es reichte gerade, um die Menschen aus der »toten Zone 1«, 30 Kilometer rund um den Reaktor, zu holen.

1986/87 wurden 25000 Einwohner aus dem Sperrgürtel evakuiert. Später noch einmal rund 60000. Ein Viertel davon waren Kinder, die jetzt schwer erkrankt sind und die Spezialkliniken in Minsk füllen. Daß man sie auch vor Ort behandeln kann, ist nicht zuletzt Professor Lengfelder vom Otto Hug-Institut München zu danken. Er hat in Gomel ein endokrinologisches Dispensaire eingerichtet, um wenigstens ein Minimum an diagnostischer Grundversorgung zu gewährleisten. Es wird vor allem von Müttern genutzt, die ihre Kinder dort untersuchen lassen.

Mit großer Sorge beobachtet Lengfelder, daß immer mehr junge Menschen immer aggressivere Schilddrüsenkarzinome entwickeln. Wie viele Erwachsene in Gomel heute an Strahlenschäden leiden, kann er nur schätzen.

Gebietsleiter Wojtenkow wußte es auch nicht. Ich fragte ihn, ob es keine Statistiken gebe. Nein, früher habe es Statistiken gegeben, sagte Wojtenkow. Sie sind nicht mehr da, verloren oder verlegt. Wie die Bevölkerungsregister oder die Unterlagen der Ostakademie

Lüneburg, die hier neulich ein Seminar für junge Wirtschaftsvertreter anbieten wollte. Irgendwann hat man in Gomel einfach aufgehört, Buch zu führen. Es ist, als drifte das Leben langsam der Auflösung entgegen.

In der Drogoschin-Klinik trafen wir Dr. Alexander Bowsjuk. Bowsjuk und seine Kollegen sammelten schon seit Monaten Indizien für eine Katastrophe, die in den nächsten Jahren den ganzen Süden des Landes zu überziehen droht. Im stark verseuchten Gomel schienen sich die Symptome nur früher zu zeigen als in den weniger belasteten Gebieten. Die Ärzte registrierten einen Schub von Leukämiefällen. Am alarmierendsten, sagte der Onkologe, sei jedoch die Zahl der Mißbildungen bei Neugeborenen. Nirgends im Land werden so viele Geburtsschäden verzeichnet wie hier. Die Frauen haben Angst davor, Kinder zu bekommen, und die Zahl der Abtreibungen wächst.

Eine ähnlich dramatische Entwicklung gab es schon einmal im kasachischen Alma-Ata. Zwanzig Jahr lang, bis 1989, lief dort unbemerkt Cäsium aus einem Versuchsreaktor und verseuchte Luft und Trinkwasser. Zuletzt starben sechzig Prozent aller Neugeborenen an Krebs oder hatten andere Schäden.

Unstrittig ist mittlerweile, daß die Strahlung in Gomel seit 1986 nicht abgenommen hat. Einige Physiker und die internationale Atomlobby haben versucht, das Gegenteil zu beweisen. Aber die Strahlung hat sich nur verändert. Durch den Beta-Zerfall wurde Plutonium 241 in Americium verwandelt. Dieser hochtoxische Stoff ist wasserlöslich. Er sickert langsam in die Erde und wird von Pflanzen wieder herausgesaugt. Dadurch werden das Obst, das Getreide und das Fleisch noch auf Jahre belastet sein.

Wladimir Nesterenko, Direktor des Minsker Strahleninstituts, hat prognostiziert, daß die Weißrussen siebzig bis neunzig Prozent der Strahlen beim Verzehr einheimischer Nahrungsmittel aufnehmen. Selbst in der Kuhmilch werden durchschnittlich 2000 Becquerel Radioaktivität gemessen. Im Winter, wenn Heu an die Tiere verfüttert wird, steigen die Werte noch beträchtlich an.

Österreichische Hilfsorganisationen haben in Gomel ein Verfahren entwickelt, das den Radionukleidanteil der Milch verringert. Aber der technische Aufwand ist enorm und treibt den Literpreis auf 80 Pfennig. Menschen, die – wenn überhaupt – 30 Mark im Monat verdienen, können das nicht bezahlen. Also trinken die Kinder im Süden weiterhin stark mit Cäsium kontaminierte Milch und werden einmal im Jahr vier Wochen lang ins Sanatorium geschickt. Wenn es dort einen Platz gibt.

Bedrückt verließen wir die Stadt. Während wir durch diese idyllische, aber auf Dekaden verfluchte Landschaft fuhren, sah ich aus dem Fenster und hing wie die anderen schweigend meinen Gedanken nach. Es ging zurück nach Minsk, wo noch ein paar Klinikbesuche und Gespräche mit staatlichen Stellen auf dem Programm standen.

In Minsk komme ich mir immer vor wie in einem Museum für klassische fünfziger-Jahre-Architektur. Nach dem Krieg gab es hier nämlich nur noch Ruinen und Schutt, alles wurde danach neu gebaut. Chronisten erwähnen ein einziges unversehrtes Haus. Es war kurioserweise aus Holz und hieß »Haus des 1. Parteitags«. 1898 hat hier die Sozialdemokratische Arbeiterpartei Rußlands getagt, die spätere KPdSU. Minsk ist mithin auch Wiege der Revolution. Damit man es nicht vergißt, wälzt sich der Lenin-Prospekt acht Kilometer lang und 50 Meter breit wie eine Rollbahn durch die Innenstadt. Vorbei an realexistierendem Betonbarock und Plattenbausachlichkeit, an Marx-, Engels und Gorki Parks.

Auf dem Siegesplatz brennt das ewige Feuer, und vor dem Steinpalast, wo ehemals der Ministerrat tagte, wacht Genosse Uljanow in Bronze. Zu Zeiten der Perestroika versuchten die Schriftsteller Ales Adamowitsch und Wassili Bikow das Denkmal vom Sockel zu stoßen. Vergeblich. Auch Dserschinskij steht, eine Kreuzung weiter, noch wie angewachsen. Der berüchtigte Chef der Geheimpolizei stammte aus Kojdan, nicht weit von Minsk.

Heute geben verwandte Charaktere den Ton an in der Stadt. Man erkennt sie leicht an der Dienstkleidung:

goldene Rolex, gespiegelte Sonnenbrille und ausgebeulter Designer-Anzug.

Manchmal glaube ich, daß die Mafia die einzige Firma ist, die in Minsk noch richtig funktioniert. Sie betreibt Luxusrestaurants und Spielsalons, verschiebt die Lagerbestände ehemaliger Staatsbetriebe und managt den Kfz-Import für die wenigen Wendegewinner. In den Belorus-Autowerken entlang der Mogilew-Chaussee und im Zweigwerk Schodino gehen derweil die Lichter aus.

50000 Mann, sagt man, sind hier zur Zeit ohne Arbeit. Auch sonst geht nicht mehr viel. Jeder sechste Traktor der UdSSR kam früher aus Weißrußland, jede neunte Metallschneidemaschine, jedes elfte automatische Fließband, jedes dreizehnte Radio und Fernsehgerät. Das ist vorbei. Die Millionenstadt Minsk sieht genauso aus wie Gomel. Die Tristesse ist nur doppelt so groß.

Im Hotel Planeta, dem luxuriösesten Plattenbau am Platz, wo wir für 64 Dollar pro Nacht riesige überheizte Zimmer bewohnen, die man meist nicht abschließen kann, sieht es natürlich anders aus. Im Foyer lungern Tag und Nacht so viele Brillantuhren, Designer-Jacketts und amerikanische Sonnenbrillen herum, daß man sich kaum traut, laut nach dem Zimmerschlüssel zu fragen. Im Restaurant verjubeln Halbweltkönige die Tageskasse, und in der Bar ist jedes Mädchen käuflich.

Die Türsteher sehen aus wie große Brüder von Axel Schulz und gewähren fremden Damen nur gegen Barzahlung Eintritt ins Revier.

Die Polizei, die vor dem Hotel Streife fährt, hört man, verdient kräftig mit. Im Planeta trifft man alle wichtigen Leute. Zum Beispiel den Repräsentanten der Weltbank, Christopher Hall. Ich bitte den eleganten Herrn einmal zum Gespräch, um ihm über unsere Arbeit zu berichten. Außerdem will ich ihn fragen, ob sein Institut nicht irgend etwas für die Tschernobyl-Opfer tun kann. »May-be«, lächelt Hall. Die Weltbank werde den medizinischen Sektor in Weißrußland demnächst mit »one hundred million dollars« aufpäppeln. Von Hall, geschweige denn von dem Geld, habe ich danach nie wieder etwas gehört.

Dr. Korotkewitsch hätte einen Weltbankkredit gut gebrauchen können. Er leitet das onkologische Forschungszentrum in Lesnoje vor den Toren der Hauptstadt. Die Geräte hier sind alt und die Valutaquellen ausgetrocknet.

Korotkewitsch muß seine Untersuchungen mittlerweile durch Spenden finanzieren.

Wir haben ihn besucht, um uns ein paar statistische Daten zu beschaffen. In Lesnoje werden nämlich jedes Jahr 100000 Patienten untersucht und beraten. Korotkewitsch sagte, daß die Schilddrüsenerkrankungen, obwohl sehr hoch, insgesamt nur einen kleinen Teil der Strahlentumoren ausmachen. Frauen, hat er herausgefunden, sind seit dem Reaktorunfall besonders anfällig für Lungen- und Brustkrebs, bei Kindern kommt es neben Schilddrüsenwucherungen verstärkt zu Leukämien und Hirntumoren.

Bis vor einem halben Jahr existierte in ganz Weißrußland keine Klinik, die krebskranke Kinder mittels Chemotherapie nach erfolgversprechender westlicher Methode behandeln konnte: Jetzt gibt es das Krankenhaus Nr. 1. Es ist ein altes Gemäuer. An der Fassade bröckelt der Putz, drinnen schimmelt der Pilz an den Wänden. Ein Anblick zum Fürchten.

Ich fragte die Chefärztin Olejnik, ob man hier überhaupt steril arbeiten könne.

Es geht, aber es sei schwierig, sagte sie, weil Antipilz- und Antiviruspräparate äußerst knapp seien.

Trotzdem war Frau Olejnik bester Laune. Stolz führte sie uns in die neue Kinder-Chemotherapie-Abteilung. Sie bestand aus zwei Betten. Daß sie die 52000 Mark dafür zusammenbekommen hatte, erschien ihr fast wie ein Wunder. Früher konnte das Krankenhaus Nr. 1 nur ein Kind behandeln, wenn die Eltern Geld für Medikamente spendeten. Ich wollte das kaum glauben. Doch, sagte sie, das wäre in vielen Kliniken die alltägliche Praxis. Weil es so wenig Krankenhausplätze gebe, hätte man früher oft versucht, die kleinen Patienten nach Deutschland zu bringen. Doch die 150000 Mark für eine Behandlung im Ausland könne heute kaum mehr jemand aufbringen.

Mir fiel sofort wieder die kleine Luba ein. Ich hatte das zwölfjährige Mädchen kennengelernt, als ich für die Stiftung »Kinder von Tschernobyl« 1992 zum erstenmal nach Minsk reiste.

Luba lag im Zentrum für Schilddrüsenpathologie. Ihr kleiner, zarter Körper war von Metastasen zerfressen. Chefarzt Eugen Dimitschik sah kaum noch eine Möglichkeit, sie zu retten. Grimmig schilderte mir der weißhaarige Professor ihre Geschichte. Luba stammte aus Brest, einem Rajon, der nur unwesentlich schwächer verstrahlt ist als Gomel. Während eines Kuraufenthaltes hatte man bei ihr Veränderungen an der Schilddrüse, ausgelöst durch den radioaktiven Jod-Fallout, entdeckt. Da es in Sanatorien generell keine speziellen Diagnosegeräte gibt, konnte man dort nicht feststellen, ob die Gewebewucherung gut- oder bösartig war.

Der Mutter wurde dringend geraten, Luba nochmals untersuchen zu lassen. Sie schob es zwei Monate vor sich her. Das war Lubas Todesurteil. Als das Mädchen endlich zu Dimitschik kam, klagte es bereits über starke Rückenschmerzen. Der Krebs hatte die Wirbelsäule angegriffen.

Ich stand damals an Lubas Bett, blickte in ihr lächelndes Kindergesicht und wollte einfach nicht begreifen, wie tapfer das Mädchen ihr Schicksal ertrug, während mir vor Wut und Hilflosigkeit die Tränen in die Augen schossen.

Heyo Eckel, Präsident der niedersächsischen Ärztekammer und Kuratoriumsmitglied der Stiftung, der mich auf allen Reisen begleitete, beriet sich dann mit Dimitschik. Er glaubte, eine Operation in Deutschland könnte wenigstens die ärgsten Qualen lindern und ihr ein Leben im Rollstuhl ersparen. Vierzehn Tage später hatte er für das Mädchen einen Platz und einen Operationstermin in der Medizinischen Hochschule Hannover gefunden. Es nützte nichts. Zu diesem Zeitpunkt war Luba schon nicht mehr transportfähig.

Im Schilddrüsenzentrum hat sich die Situation seit unserem ersten Besuch nur wenig gebessert. Wir mußten damals feststellen, daß selbst hier, in der einzigen Spezialklinik des Landes, nur veraltete Gerätschaften existierten, mit denen präzise Diagnosen einfach nicht möglich waren, und ich werde nie Professor Eckels fassungsloses Gesicht vergessen, als er sich die Ausstattung ansah.

Auf den Fluren saßen mehr als 100 Menschen und warteten auf einen verläßlichen Befund.

In den zwanzig Jahren vor Tschernobyl hatte Professor Dimitschik nicht ein einziges Kind an Schilddrüsenkrebs operieren müssen, 1992 waren es 160, und 1993 schon weit über 300. Tendenz rasant ansteigend.

Außer Luba hatten bisher alle überlebt. Trotzdem war Dimitschik nicht unumstritten. Atomwissenschaftler und Altkader feindeten ihn an, weil er die Krebsfälle von Beginn an mit dem Reaktorunfall in Verbindung gebracht hatte. Die EU verweigerte seiner Klinik Gelder, weil westliche Chirurgen Dimitschiks Behandlungsmethoden kritisch betrachteten. Wenn die Rede auf diese Besserwisser kam, wurde der Professor zornig.

Dimitschik schnitt den Kindern nie die ganze Schilddrüse heraus, sondern immer nur den von Tumoren befallenen Teil. Ein riskantes Verfahren. Denn im verbliebenen Gewebe können schnell neue Metastasen entstehen, und die Kinder müssen erneut unters Messer.

Auch Eckel und Brabant waren anfangs entsetzt darüber. In Deutschland hält man Totaloperationen für weit erfolgversprechender. Allerdings brauchen die Patienten dann ein Leben lang Ersatzpräparate für körpereigene Hormone, die vorher von der Schilddrüse produziert wurden. Es gibt aber in Weißrußland keine Ersatzpräparate, sagte Dimitschik bitter. Es gibt auch kein radioaktives Jod, mit dem man Tochtergeschwulste bei uns ohne Operation bekämpft. Das klingt makaber. Aber radioaktives Jod, der Auslöser für den Krebs, kann die Kinder retten. Es wird aus den Karzinomen im Körper gesaugt, und die gehen daran zu Grunde.

Auch die Jodsalz-Prophylaxe wurde fünf Jahre vor Tschernobyl wegen zu hoher Kosten eingestellt und trotz diverser mündlicher Zusagen bisher nicht wiederaufgenommen.

So gehe das immer, gab der Professor eine kleine Einführung in »weißrussische Realitäten«. Jahrelang hätte er gefordert, der Staat müsse sicherstellen, daß alle Kinder regelmäßig auf Krebssymptome getestet würden. 1992 verabschiedete das Parlament mit großer Geste ein entsprechendes Regierungsprogramm. Angelaufen ist es nie, sagte Dimitschik.

Wir versprachen ihm, daß wir alles tun würden, um das Gesundheitsministerium wenigstens von der Notwendigkeit der Jodsalzproduktion zu überzeugen.

Schon am nächsten Tag hatten Professor Eckel und ich die Möglichkeit, das Thema zur Sprache zu bringen. Doch es löste nur ein müdes Kopfschütteln aus. »Ja, das Jodprogramm«, seufzte der stellvertretende Gesundheitsminister, als handele es sich um ein unartiges Kind. Es gebe da die Salzfabrik in Mosir, und natürlich lasse sich das Salz mit Jod anreichern. Technisch sei die Umrüstung der Produktion gar kein Problem. Aber für derartige Modernisierungen fehle das Geld.

Als ich anbot, das Projekt mit Spenden mitzufinanzieren, bedankte sich unser Gegenüber höflich. Das sei sehr schön, aber nicht so eilig. Schließlich habe das Landwirtschaftsministerium in Mosir auch ein Wörtchen mitzureden. Man warte seit Jahren auf einen Konzeptentwurf der Kollegen, ohne das Papier könne er gar nichts machen.

Ein Zimmer weiter legte Minister Wassilij Kasakow wert auf die Feststellung: »Im Prinzip wissen wir, was zu tun ist.« Ein Komitee beschäftige sich seit 1992 mit der Lösung der Pharmaprobleme. Vor der Perestroika, sagte Kasakow, habe es auf dem Markt 2500 Mittel gegeben, jetzt seien es 160. Drei neue Pharma-Fabriken existierten schon, drei weitere sollten ausländische Investoren bauen. »Wir bieten ein günstiges Erbpachtrecht, wenn es sein muß, verschenken wir die Grundstücke sogar.«

Das Parlament wehrte sich allerdings gegen diese investitionsfördernden Konzessionen. Laut Kasakow sind auch Erholungsprogramme und die Einrichtung neuer Thearapiemöglichkeiten längst auf den Weg gebracht. Leider, mußte er zugegeben, seien sie noch nicht gegenfinanziert.

Auf dem wissenschaftlichen Sektor sieht es ähnlich düster aus. Nach der Unabhängigkeit hat Rußland alle Verbindungen gekappt. Weißrußland, klagte der Minister, bekomme keine medizinischen Lehrbücher mehr, keine Medikamente und Geräte, nicht einmal Ersatzteile. Allein, beschwor er uns, könne sein Land die Folgen der Reaktorkatastrophe nicht bewältigen. Denn »leider werden alle unsere Maßnahmen aufgrund der wirtschaftlichen Schwierigkeiten nur unzureichend durchgeführt«.

Das war auch unsere Erfahrung. In den Notstandsgebieten, die wir bereisten, war von Hilfe nichts zu sehen. Genausowenig wie von Medikamentenspenden der EU und den Sachleistungen internationaler Hilfsorganisationen. Die staatlichen Stellen haben längst den Überblick darüber verloren, welche Hilfe bereits wo geleistet wurde. Oder was auf dem Weg in die Zielorte »versickert« ist.

Staatsoberhaupt Stanislaw Schuschkewitsch kennt die Probleme. Als wir ihm im Gebäude des obersten

Rates gegenübersaßen, begrüßte er das Engagement der Stiftung für die notleidenden weißrussischen Kinder und bat uns, weiterhin mit staatlichen Stellen zusammenzuarbeiten. In Weißrußland gebe es zu viele »marode Organisationen« und »schmutzige Hände«, die in die eigene Tasche wirtschaften. Ob er damit den Oppositionsabgeordneten Gennadij Gruschewoj meinte, sagte er nicht.

Wir trafen Gruschewoj in seiner Eigenschaft als Chef der »belorussischen Gesellschaft für die Kinder von Tschernobyl« (es existiert auch noch eine staatliche gleichen Namens). Die private Organisation hat 6000 Mitglieder. Sie projektiert Ferienaufenthalte im Ausland, den Vertrieb medizinischer Geräte, wirbt um Millionenspenden für Diabetes-Schulen, Sanatorien und eine Kolchosfabrik für Nahrungsmittel. Nach unseren Erfahrungen bleibt das meiste davon allerdings im Planungsstadium stecken, sobald die Schecks angekommen sind.

Aber seinen Wahlkreis hat Gruschewoj in eine blühende Landschaft verwandelt.

Der Mann ist eine schillernde Figur, gnadenlos auf seinen Vorteil bedacht, gesegnet mit rhetorischem Talent und Sinn für massenwirksame Polemik. Nach achtzig Jahren sozialistischer Volksfürsorge müsse man »den Mythos vom guten Staat zerstören«, sagte der Westentaschen-Danton einmal dem Weltwoche-Korrespondenten Christoph Neidhart. Nicht zu Unrecht mißtraute er der alten Nomenklatura, die immer noch viele Schlüsselpositionen besetzt hielt. Und einem Parlament, das schon 1993 mit großer Mehrheit die kommunistische Partei wieder zugelassen hatte. Ihre Funktionäre hatten die Atompolitik und letztlich auch die Reaktor-Katastrophe zu verantworten.

Gruschewoj sagte, das Parlament verschleppe Hilfsmaßnahmen und spiele die Folgen der Reaktorkatastrophe bewußt herunter, weil man den Bau von zwei Kernkraftwerken plane.

Das wären die ersten im strahlenverseuchten Weißrußland. Schuschkewitsch hatte kurz nach unserem Gespräch in einem NDR-Interview freimütig eingeräumt, von dem Atomprojekt zu wissen. Er wisse auch, daß dieses Vorhaben in Niedersachsen auf Kritik stoße, aber Weißrußland verfüge über keine fossilen Brennstoffe und besitze nicht genug Devisen, um Strom aus dem Ausland anzukaufen.

»Weißrußland«, sagte Schuschkewitsch pathetisch, »hat ohne Kernkraft keine Zukunft.«

Natürlich kann ich diese Schlußfolgerung nicht gutheißen. Aber ich darf und will mich nicht in die inneren Angelegenheiten Weißrußlands einmischen. Ich habe das nur erzählt, um die chaotischen Zustände und die allgemeine Hilflosigkeit und Verunsicherung der Menschen zu beschreiben, die unsere Arbeit erschweren. Zumal ich den damaligen Regierungschef Schuschkewitsch eigentlich als integren Menschen kennengelernt habe. Seine trostlose Analyse trifft ja immerhin insoweit zu, als der bettelarme Staat tatsächlich auf massive wirtschaftliche Hilfe aus dem Ausland angewiesen ist. Vor allem auf uneigennützige Hilfe. Sonst werden die zarten demokratischen Bestrebungen bald chauvinistischen Exzessen wie auf dem Balkan oder kommunistischer Nostalgie zum Opfer fallen. Im übrigen ist Schuschkewitschs Warnung, die schmutzigen Hände betreffend, nicht unberechtigt gewesen. Wir haben später so manches windige Angebot bekommen von dubiosen Organisationen und noch dubioseren Politikern, die immer wieder Potemkinsche Elendsdörfer aufgebaut haben und vor laufenden Fernsehkameras von mir eine Spendenzusage erwarteten, die sich im Wahlkampf als Erfolg verbuchen ließe. Gott sei Dank wußte ich, wie ähnliche Manöver bei uns gedeichselt werden, und habe mich davon wenig beeindrucken lassen.

Wir arbeiten mit Nicht-Regierungsorganisationen genauso reibungslos zusammen wie mit dem Gesundheitsministerium oder der staatlichen »weißrussischen Gesellschaft für Freundschaft und kulturelle Beziehungen«. Die sogenannte Freundschaftsgesellschaft betreut als Stabsstelle alle Auslandskontakte Weißrußlands unterhalb der diplomatischen Ebene. Die Mitarbeiter helfen bei der Organisation der Reisen, unterstützen uns bei der Verteilung von Geräten und Medikamenten und wissen genau, wen man anrufen muß, wenn es mal Schwierigkeiten gibt. Der Vorsitzende Arsenij Wanitzkij ist mittlerweile fast schon ein Mitglied der Stiftung und das Haus der Freundschaftsgesellschaft praktisch unsere Minsker Dependance.

Das hat sich herumgesprochen. Wenn wir in die Stadt kommen, warten dort jedesmal schon viele Familien, um uns zu treffen und ihre persönlichen Anliegen vorzutragen.

Es sind meist verzweifelte Menschen wie Pjotr Jasuchno. Er ist einer der 600 000 Liquidatoren, die in Tschernobyl unmittelbar nach dem Reaktor-Unfall ihr Leben riskiert haben, um den geborstenen Block B abzudichten. Jasuchno ist sehr krank. Doch er bat nicht in eigener Sache um Hilfe. »Mir kann niemand mehr helfen«, sagte er traurig, »aber vielleicht meinem Töchterchen.«

Das fünfzehn Monate alte Mädchen hat einen schweren Herzfehler und ein Lungenleiden. Der behandelnde Arzt sagte dem Vater, eine Operation in Weißrußland sei wenig erfolgversprechend. Nun fragte Jasuchno, ob vielleicht deutsche Ärzte seine Tochter retten könnten.

Es kommen auch Menschen wie die Familie Konschitz. Ihr Sohn Anatolij leidet an einer Zyste im Gehirn, man vermutet einen Gehirntumor. Die einheimischen Mediziner sind ratlos.

Oder es kommen Vertreter des Künstlerverbandes, die für einen behinderten Kollegen einen Rollstuhl erbitten, Betriebsräte, die Investoren suchen, Bürgermeister mit dem Wunsch nach Städtepartnerschaften im Land Niedersachsen.

Wir sehen immer wieder Menschen weinend zusammenbrechen, wie die Eltern der kleinen Ljudmilla Schankewitch, die »Haus und Hof verkauft haben«, um ihrem krebskranken Kind eine Operation in Deutschland zu ermöglichen.

Den meisten können wir helfen. Anatolij beispielsweise wurde in Hannover behandelt und ist inzwischen mit einem Fünf-Jahresvorrat an Tabletten gesund nach Hause zurückgeschickt worden. Andere können wir in die Obhut des Roten Kreuzes geben oder ihnen Hilfe über die vielen privaten Initiativen aus Deutschland, den Niederlanden und Österreich vermitteln.

Und wo wir schon einmal dabei sind: Ein besonderer Dank gebührt Gottfried Albrecht, dem deutschen Botschafter in Minsk, der uns bei diesen Hilfsaktionen immer mit Rat und Tat zur Seite gestanden hat. Er ist ein Vertreter der Bundesrepublik, dessen Wirken Mut macht.

Als wir wieder zurück in Hannover waren, mußten wir uns ein paar grundsätzliche Gedanken über die Stiftungsarbeit machen.

Das Elend und die Not, die wir in Weißrußland gesehen hatten, waren so groß, daß es nicht mehr ausreicht, der staatlichen Gesundheitsverwaltung Medikamente und ein paar Ultraschallgeräte zur Verfügung zu stellen, wenn so viele Ärzte damit nicht umgehen können. Viele der weißrussischen Ärzte und Ärztinnen haben nie gelernt, damit umzugehen. Und wenn den Patienten die ganze Schilddrüse entfernt werden soll, muß die lebenslange Versorgung mit Hormonersatzpräparaten sichergestellt sein.

Aufgrund dieser Überlegungen haben wir ein Dreistufenkonzept entwickelt. Die Stiftung liefert jetzt medizinische Ultraschallgeräte mit mehreren Schallköpfen für Bauchraum-, Schilddrüsen- und gynäkologische Untersuchungen. Das ist wichtig für die Früherkennung von Krebserkrankungen. Zusätzlich erhalten die Krankenhäuser auch das dazugehörige Gebrauchsmaterial wie Kontaktgel und Printpapier.

Die Stiftung bietet außerdem regelmäßig in den betroffenen Gebieten Fortbildungsveranstaltungen an, bei denen die Teilnehmer die breiten Einsatzmöglichkeiten der Geräte und besondere Untersuchungstechniken kennenlernen. Schließlich liefert die Stiftung Arznei und Hilfsmittel, die insbesondere zur Behandlung und Nachbehandlung von Schilddrüsenoperationen nötig sind.

Ein Problem ist in den von uns betreuten Gebieten noch die exakte Bestimmung des Hormonspiegels als Voraussetzung für eine genaue Dosierung der Hormonersatzpräparate. Aber Professor Brabant ist dabei, eine Untersuchungsmöglichkeit zu schaffen, die so einfach ist, daß sie nicht nur in wenigen medizinischen Zentren, sondern auch in den verstrahlten Gebieten, wo die meisten Patienten wohnen, angewandt werden kann.

Natürlich haben wir nicht die Mittel, jedes Krankenhaus in unsere Hilfsmaßnahmen einzubeziehen. Bei der Entscheidung, welche Kliniken von uns medizinische Geräte und Arzneimittel erhalten sollen, welchen Ärzten eine Fortbildung angeboten werden soll, machen wir es uns nicht leicht.

Ich bin in den folgenden Jahren mehrfach mit Delegationen, denen immer Ärzte aus Niedersachsen angehörten, in die betroffenen Gebiete gefahren und reiste dann fünf Tage hintereinander von einem Krankenhaus zum nächsten, um zu sehen, wo der dringendste Bedarf besteht.

Dort, wo Ärzte arbeiten, die in der Ultraschalldiagnostik erfahren sind und die uns einen möglichst effektiven Einsatz der Geräte und eine zweckgebundene Verwendung der zusätzlichen Materialien garantieren, vergeben wir unsere Geräte. Wichtig ist vor allem, daß die Ärzte, die an den Geräten arbeiten sollen, zuverlässig und engagiert sind. Wir liefern selbst dann, wenn uns klar ist, daß der Genosse Leitender Chefarzt vorrangig an seinen eigenen Vorteil denkt, an die Lorbeeren, die er ernten wird, wenn sein Krankenhaus mit moderner Technik arbeiten kann. Die Mediziner, die unter allen Umständen helfen wollen, und die Patienten dürfen nicht darunter leiden.

Wenn ich in Deutschland durch die Lande ziehe, um für die Stiftung zu werben, oder bei Wirtschaftsunternehmen vorspreche, um Spenden zu sammeln, rechne ich bereits in bestimmten Einheiten. So kosten die von uns gelieferten Ultraschallgeräte mit allem Zubehör beispielsweise zwischen 50000 und 80000 Mark. Spendet mir also ein Unternehmen 10000 Mark, ist das fast ein Ultraschallkopf. Aber natürlich ist mir auch jede noch so kleine Spende willkommen, weil wir davon dringend benötigte Hilfsmittel wie OP-Handschuhe, Nahtmaterial, Medikamente oder Desinfektionsmittel kaufen können.

Ja, ich bin mittlerweile ein Spenden-Profi. Und ich wollte ein Profi werden.

Als die niedersächsische Landesregierung 1992 die Stiftung gegründet hat, habe ich mich sofort bereit erklärt, den Vorsitz zu übernehmen. Das war gar keine Frage für mich. Ich habe das nicht getan, weil es für Politikerfrauen üblich ist, einer sozialen Stiftung vorzustehen, sondern ich tat es, weil wir nach dem Reaktorunfall gerade noch mal mit einem blauen Auge davongekommen sind. Ich kann mich noch gut an die Tage und Wochen nach dem 26. April 1986 erinnern. Damals wußte auch bei uns niemand, ob und wie verseucht allein der Regen und die Sandkästen unserer Kinder sind.

Ich erinnere mich an die Beschwichtigungen der Politiker und Atomlobbyisten und an meine eigene Unsicherheit und Angst beim Einkaufen. Ich erinnere mich, wie ungläubig meine Töchter guckten, als ich ihnen verbot, im Regen herumzulaufen, als ich sie abends wieder eigenhändig gewaschen habe, von oben bis unten, obwohl sie längst alt genug waren, das selber zu übernehmen.

Heute weiß ich, welch riesiges Glück wir hatten, daß der Wind über Tschernobyl zwei Wochen lang nicht nach Westen, sondern nach Norden blies, Richtung Weißrußland, Richtung Baltikum. Sonst wären heute unsere Kinder krank.

Natürlich klingt es makaber, in diesem Zusammenhang von »Glück« zu reden. Denn unser Glück war das Unglück der anderen. Darum ist es auch nicht nur selbstlose Hilfe, die unsere Stiftung leistet. Für mich ist das politisches Engagement. Und politisches Engagement heißt für mich mehr, als medizinische Hilfe zu organisieren.

Den Kindern in Weißrußland zu helfen heißt für mich auch, in Deutschland gegen die weitere Nutzung der Kernenergie zu kämpfen.

Die Tschernobyl-Reaktoren laufen nach wie vor. Und zwar nicht nur deshalb, weil die Ukraine den Strom braucht. Sondern weil andere, auch westliche Länder ihn kaufen. Der nächste GAU kann sich schon morgen ereignen – mit unserem Zutun. Von Tschernobyl nach Niedersachsen sind es gerade 1300 Kilometer Luftlinie, nicht weiter als von Hannover nach Helsinki oder Rom. Und der Wind wird nicht immer nach Norden blasen.

Niemand weiß, wie die nächste Katastrophe bewältigt werden könnte. 1986 wurde noch größerer Schaden nur deshalb verhindert, weil sowjetische Soldaten und Feuerwehrmänner den durchgebrannten Reaktor binnen weniger Wochen in Beton eingegossen haben. Von ihnen leben heute viele nicht mehr. Ich glaube kaum, daß sich Menschen je wieder auf so selbstmörderische Art verheizen lassen. Woher sollen also die Hilfsmannschaften beim nächsten Mal kommen? Die Sicherheit aber, daß es ein solches nächstes Mal nicht geben wird, werden wir erst haben, wenn auch der letzte Atommeiler abgeschaltet ist.

Westliche Atomtechnik nach Osteuropa zu liefern, das ist keine Alternative. Diese angeblich topsichere Variante ist selbst zweimal nur knapp am Super-GAU vorbeigeschrammt, in Harrisburg und in Biblis, in beiden Fällen durch menschliches Versagen. Wer sonst, wenn nicht die reiche Bundesrepublik, soll die Techniken entwickeln, die Atomkraft überflüssig machen? Wir müssen das Beispiel setzen, daß es auch ohne Kernenergie geht.

Nirgendwo ist mir so deutlich geworden, wie bei der Arbeit in Weißrußland, daß humanitäre Hilfe ohne flankierendes politisches Engagement wenig Sinn macht. Und an Tschernobyl wird eben nur zu deutlich, daß die beste Politik ohne wirtschaftliche Unterstützung wirkungslos bleibt. Wir müssen den östlichen Länder helfen, ihre ökonomischen Schwierigkeiten zu überwinden. Dann helfen wir auch uns. Ich glaube, wir haben gar keine andere Wahl. Die Reaktor-Katastrophe hat die Welt verändert. Früher konnte man sich noch einbilden, man hätte die Wahl zwischen einem egoistischen und einem solidarischen Weg. Heute müssen wir Länder wie Weißrußland und die Ukraine aus Selbstschutz unterstützen. Heute ist internationale Hilfe zu einer Existenznotwendigkeit für uns selbst geworden.

Warum ich Ihnen das alles erzähle? Ich habe kein Regierungsamt, und ich habe kein Amt in der SPD. Ich bin die einfache Bürgerin Hiltrud Schröder, die das Privileg hat, daß ihren Worten in der Öffentlichkeit mehr Aufmerksamkeit geschenkt wird als anderen. Und ich werde diese Situation jetzt schamlos ausnutzen und die Kontonummer unserer Stiftung abdrucken:

101 473 99 bei der Norddeutschen Landesbank, Bankleitzahl 250 500 00.

Wie gesagt ich bin ein Spenden-Profi.

John Lennon ist Gott, aber Paul McCartney sieht einfach besser aus

Wenn ich mich an meine Jugendzeit erinnere, ist da zuerst ein großes Fachwerkhaus. Dann ein Garten mit uralten Eichen und ein Fenster im Parterre. Nach Einbruch der Dunkelheit öffne ich das Fenster und klettere hinaus, um zu einer nächtlichen Exkursion aufzubrechen. Ich bin ungefähr fünf Jahre alt und empfinde gleichzeitig Faszination und Frucht, ein seltsames Gefühl. Es ist betörend unheimlich. Der Flieder duftet süß, durch die Wipfel streicht ein sanfter Wind, irgendwo schreit ein Käuzchen. Ich spüre den Tau an den Füßen und lausche atemlos in die sternenklare Nacht. Da im Gebüsch, ist das ein Igel? Oder doch einer der Waldgeister, von denen Großvater heute abend gesprochen hat? Plötzlich flattert jäh ein Vogel auf. Erschrokken husche ich zurück in die Kammer und verkrieche mich unter der Bettdecke.

Im nächsten Bild türmt sich vor dem Fenster der Schnee. Ich lehne an einem wohlig warmen Kachelofen in der Küche. Es riecht nach Bratäpfeln, Muckefuck und Grog. Um den Eichentisch sitzen Onkel, Tanten, Neffen und einige Jungen und Mädchen aus der Nachbarschaft. Großmutter schneidet einen Brotlaib in kleine Würfel, füllt sie in dampfende Kaffeetassen, streut Zucker darüber und verteilt die Köstlichkeit an uns Kinder.

Die Erwachsenen spielen Rommé. Am Kopfende sitzt der Großvater, groß und gerade wie ein Kleiderschrank. Er hat bei einem Eisenbahnunglück den linken Arm verloren. Die Karten stecken in einem gekerbten Holzscheit, aus dem er ab und zu bedächtig ein paar Karten ablegt und durch neue ergänzt. Doch er ist nicht richtig bei der Sache. Eigentlich erzählt er uns eine Geschichte. Er erzählt immer Geschichten. Sie fangen meist ganz harmlos an. Vielleicht handeln sie vom Kalb des Nachbarbauern, vielleicht von Tante Gretes neuem Hut. Doch während er mit verschmitztem Augenzwinkern eine zweite Portion Rum in seinen Tee schüttet, hat die Handlung längst Kurs auf ein Phantasieland genommen. Wir Kinder hängen mit leuchtenden Augen an seinen Lippen, fassungslos, daß die Märchenwelt gleich um die Ecke, hinter der nächsten Scheune liegt.

Das Fachwerkhaus steht in Höver, einem kleinen Ort bei Hannover, und gehört der Familie meines Großvaters Heinrich Kaune. Er war ein wunderbarer Mann, und ihm habe ich es in erster Linie zu verdanken, daß mir die ersten Lebensjahre in der kargen Nachkriegszeit heute noch wie das Paradies vorkommen.

Vater, Mutter, meine kleine Schwester Beatrice und

ich bewohnten drei Zimmer im Haus gleich neben der Tischlerwerkstatt. Es gab, wie gesagt, in unserem Heim noch andere Verwandte und eine Flüchtlingsfamilie. Wir aßen zusammen in der großen Küche, teilten das wenige, was wir damals hatten, und immer war jemand zum Spielen da.

Zu Großvater Heinrich hatte ich ein ganz besonderes Verhältnis. An unzähligen Abenden lag ich in seinem schweren Eichenbett und ließ mir mein Lieblingsmärchen vom »Kleinen und großen Klaus« erzählen. Mit Großvater erkundete ich per Fahrrad die Umgebung, und er erläuterte mir die Baumarten und lehrte mich Vogelstimmen zu unterscheiden. Mit ihm durfte ich im Garten arbeiten und auf den Mergelhalden, den »Kippen«, Fossilien sammeln.

Mein Vater hatte wenig Zeit für uns. Er arbeitete besessen an einer klassischen Wirtschaftswunderkarriere. Die schrecklichen Bombennächte hatten ihn von Hamburg nach Höver getrieben. Er mußte die Schule kurz vor dem Abitur abbrechen und arbeitete, als er meine Mutter Lisa kennenlernte, als Dolmetscher für die britischen Besatzungstruppen. Der wortgewandte Großstädter muß sie sofort sehr beeindruckt haben.

Elegant sei er gewesen, geriet sie stets aufs neue ins Schwärmen, immer tadellos gekleidet, und wenn er sie ausführte, ging er nie ohne den selbstgeschneiderten Schal aus weißer Fallschirmseide. Diese Verehrung genoß mein Vater bei allen Damen der Familie.

Als meine Tochter Franca später mal ein Bild von ihm aus Jugendtagen fand, rief sie: »Wow, sah Opa gut aus« und hängte sich das Porträt gleich an ihre Zimmerwand.

Doch Vater war nicht nur liebenswert und charmant, er hatte auch Ehrgeiz und einen eisernen Willen. Um die Familie zu ernähren, nahm er einen Handlangerjob in den Höverschen Zementwerken an. Sofort belegte er Lehrgänge und Abendkurse, machte ein Fernstudium als technischer Zeichner und schaffte es, sich in den nächsten Jahren ohne Hochschulstudium bis zum Betriebsingenieur hochzurackern. Vater war mein Idol, aber eben ein Workaholic. In die Erziehung griff er erst ein, als ich in die Schule kam.

Bis dahin hatten meine kleine Schwester Beatrice und ich praktisch Narrenfreiheit. Wir tobten durch das Haus meiner Tante Grete. Sie war kinderlos und konnte uns nichts abschlagen. Wir plünderten ihre reichgefüllten Schränke für unsere Verkleidungsorgien und quengelten so lange, bis sie uns in der Scheune eine Schaukel aufhängte.

Nur beim Ostereiersuchen kannte sie keinen Pardon. Sie versteckte jedesmal Unmengen von Eiern in ihrem großen Garten, und damit sie nicht vergaß, wieviele sie wo abgelegt hatte, fertigte Tante Grete genaue Lagepläne an.

Am Ostersonntag stand sie dann gnadenlos wie ein Generalfeldmarschall am Zaun, hakte jeden Fund akribisch ab und entließ uns nicht, bevor der Garten vom letzten Ei geräumt war. Und wenn es bis Ostermontag dauerte.

Im Gegensatz zu meiner Schwester war ich ein ziemlich wildes Kind. Ich spielte mit den Jungs Cowboy und Indianer, ging auf den Bolzplatz und ruinierte mehr Hosen als meine Spielgefährten.

Ich erinnere mich, daß Beatrice und ich mal zwei ganz neue Dirndln geschenkt bekommen haben. Meine Eltern, die damals nicht gerade auf Rosen gebettet waren, hatten sich die Kleider vom Munde abgespart. Ich wußte das durchaus zu würdigen. Stolz lief ich durchs Dorf und ließ mich bewundern.

Leider hatte ich nicht bedacht, daß ein Dirndl die Bewegungsfreiheit erheblich einschränkt. Als ich zum Essen nach Hause ging, ignorierte ich wie üblich die Pforte und kletterte über den Zaun. Beim Abspringen blähte sich der Rock und blieb hängen. Aus der Traum.

Ich hatte das Dirndl keine zehn Minuten an, und schon war es ruiniert. Ich mußte mich erst mal zwei Stunden lang verkriechen und grübelte darüber nach, wie ich das meiner Mutter schonend beibringen könnte. Mir fiel nichts ein. Es gab ein schönes Donnerwetter, wie ich es später nur noch einmal erlebte.

Das zweite inszenierte dann Opa Heinrich. Er war nämlich nicht nur das Kraftfeld unserer Familie, er herrschte auch über Bienenstöcke, ein Dutzend Kaninchen und über einen Taubenschlag. Eines Tages bekam er zwölf neue Tauben. Die Gelegenheit für Großvater, seine Enkelin auch in das Taubenzüchter-Einmaleins einzuweihen. Als letzten und wichtigsten Punkt schärfte er mir ein, daß die Tauben so lange nicht fliegen dürften, bis sie sich eingewöhnt hätten, sonst kämen sie nicht wieder. Ich verstand das sehr gut, aber als Opa Heinrich im Haus verschwunden war, näherte ich mich dem Schlag, wo die Neuerwerbungen aufgeregt herumgurrten, und öffnete ihn. Ich wollte ja nur mal eine herausholen, um festzustellen, ob Großvaters Vortrag der Wahrheit entsprach. Zack, rauschten alle zwölf an mir vorbei und waren weg. Wenig später saßen sie dann nicht weit entfernt bei einem Bauern auf dem Dach. Ich sehe mich noch heute heulend unten im Hof stehen und zum Steinerweichen in die Herbstluft brüllen, um das Federvieh zur Rückkehr zu bewegen. Sie dachten gar nicht daran.

Als Opa Heinrich das Malheur entdeckte, war er so wütend, wie ich ihn noch nie erlebt hatte. Diesmal hielt ich mich einen halben Tag lang versteckt. Schließlich waren die Entflogenen ja nicht einfach nur Brieftauben. In diesen Hungerjahren gehörten sie sozusagen als fliegende Reserve zu unserem Speiseplan.

Wir hatten auch Hühner und vor allem Hausschweine, die man damals in jedem Haushalt päppelte, um ihnen anläßlich des winterlichen Schlachtfestes den Garaus zu machen. Wir Kinder sollten möglichst nicht mitbekommen, wie die Tiere in der Waschküche getötet wurden. Aber es ließ sich nicht immer vermeiden. Das panische Gequieke der Schweine drang durch das ganze Haus. Offiziell zugelassen zum rustikalen Ritus wurden wir erst, wenn das Schwein längst im Kessel kochte.

Eine besondere Bewandtnis hatte es mit den Nieren. Eine bekam der Schlachter und eine der Besitzer des Schweins, also Opa Heinrich, der mir als Vorzugsenkelin ein Stück abgab. Er fischte die Nieren mit großer Geste aus dem brodelnden Bottich und aß sie gleich auf der Faust mit ein bißchen Salz.

Ich bin ja heute konsequente Vegetarierin. Aber ich muß zugeben, wie da die Würzmischungen zusammengebraut und in die Blutwurst gerührt wurden, wie die Beteiligten mit Doppelkorn das Gelingen der Wurstaktion beschworen, während bloße Hände das selche Fleisch in die Därme zurückstopften – das hatte archaische Wucht, es war abstoßend und anziehend zugleich. Nachmittags gingen wir Kinder dann in der Nachbarschaft herum, verteilten Brühe und kleine Würstchen und ließen, wie schon die erfolgreichen Steinzeit-Jäger, das ganze Dorf am Triumph teilhaben. Heißbegehrt war bei uns Kindern immer der Schweineschwanz. Es galt als große Geschicklichkeitsprüfung, einem Erwachsenen das Ding, ohne daß er es merkte, mit einer Sicherheitsnadel an die Joppe zu heften.

Die Bedeutung so eines Schlachtfestes kann man heute gar nicht mehr nachvollziehen. Aber Anfang der fünfziger Jahre waren die Nahrungsmittel noch knapp, und die meisten Menschen konnten sich sehr gut an die Hungerwinter des Krieges erinnern.

Bei uns zu Hause war die finstere Nazizeit immer wieder ein Thema. Mein Großvater väterlicherseits war als Sozialdemokrat ins Konzentrationslager gebracht und später an die Ostfront geschickt worden.

Als die ersten Nachrichten über den Koreakrieg im Radio liefen, befürchteten meine Eltern, der Konflikt könnte zu einem neuen Weltkrieg eskalieren. Sie diskutierten darüber, wenn wir abends beisammensaßen, und dachten wohl, die Kleinen bekommen das nicht mit. Für mich aber waren diese Debatten zusammen mit den Kriegserzählungen meines Großvaters so deutlich, daß ich mich manche Nacht mit Alpträumen herumwälzte und aufwachte, weil ich dachte, gleich fielen die Bomben.

Höver ist wegen der Zementfabrik und seiner Nähe zum Eisenbahnknotenpunkt Misburg sehr oft Ziel alliierter Bomberverbände gewesen. Es gab viele Tote und große Zerstörungen. Großvater hat mir oft geschildert, wie die kaputten Fensterscheiben mit Pappe abgedichtet wurden und daß die Angriffe zum Schluß so schnell hintereinander kamen, daß er es nicht mehr in den Luftschutzkeller schaffte oder einfach zu müde war, um loszurennen. Er lag dann manchmal unter dem schweren Eichenbett und zog später die Granatsplitter aus der Wand.

Als ich sechs Jahre alt war, zogen wir zu meinem Leidwesen aus dem alten Fachwerkhaus in eine Zement-Neubausiedlung am Ortsrand, und ich kam in die Schule. So langsam begann der Ernst des Lebens. Nicht daß ich eine schlechte Schülerin gewesen wäre. Im Gegenteil. Jedenfalls haben mir das Lehrer Rehfeld und meine Eltern immer wieder bestätigt. Meiner Schwester Beatrice fiel das Lernen nicht so leicht. Aber ihr nahm man das nicht übel.

Zu dieser Zeit begann ein merkwürdiges Konkurrenzverhältnis. Sie war das – vor allem von meiner Mutter – behütete Nesthäkchen, während ich sozusagen den robusten Jungenpart spielte. Mein Vater übertrug seinen Ergeiz auf mich und erwartete lauter Einser, egal ob im Rechnen, Schreiben oder beim Diktat. Er war sich da mit Lehrer Rehfeld einig.

In der zweiten Klasse mußten wir mal ein Diktat schreiben. Es war gerade Frühlingsanfang, und also kam das Wort Krokus darin vor. Ich war begeistert, dachte, »Klasse, endlich mal ein Wort mit G«, denn das G war mein Lieblingsbuchstabe. Ich malte ein wunderschönes »Grokus« auf die Linie, Lehrer Rehfeld guckte mir über die Schulter, und – wupp – hatte ich eine schallende Ohrfeige im Gesicht. Es war die erste und einzige, die ich je bekommen habe, verziehen habe ich sie dem Mann nie. Er funkelte mich auch noch wütend an, und ich wußte sofort, was ich falsch gemacht hatte in meiner Euphorie über das große G. Aber der Lerneffekt ging nach hinten los, denn jetzt bildete ich mir ein, daß ich mir keinen Fehler mehr erlauben durfte, ohne die Gunst dieses Menschen zu verlieren. Gott sei Dank legte sich diese Phobie bald wieder, und eigentlich war die Grundschulzeit sehr lustig.

Ich war in einer Zwergschule. Das heißt, Lehrer Rehfeld mußte zugleich vier Klassen in einem Raum unterrichten. Vorne saßen die Kleinen schwitzend über Rechenaufgaben, hinten schrieben die Großen einen Aufsatz oder vertrieben sich die Zeit mit Schiffeversenken und anderem Unfug. Lehrer Rehfeld durfte nur nichts merken, sonst setzte er den Rohrstock ein, zum Glück aber nur bei den Knaben.

Zu dieser Zeit hatte ich auch so etwas Ähnliches wie den ersten Freund. Der Junge hieß Wolfgang Koch. Seine Familie wohnte auf demselben Flur mit uns in der Zementsiedlung. Er war genauso alt wie ich und auch ein sehr guter Schüler und der erste, der mich wie ein Mädchen behandelte. In rührender Besorgnis verbot er mir, auf Bäume zu klettern, und erklärte sich bereit, meine Streitigkeiten nach Faustrecht zu regeln. Aber das konnte ich auch ganz gut alleine.

Höhepunkt unserer Beziehung war das gemeinsame Führen eines Wettertagebuches. Wir mußten morgens vor die Tür treten, einen Finger in die Luft halten und Windrichtung und -stärke bestimmen. Ob es regnete oder die Sonne schien, war ja offensichtlich. Der gute Wolfgang erledigte diese Aufgabe immer sehr akribisch, während meine morgendlichen Forschungen doch so manche Lücke aufwiesen, die er dann für mich füllte.

Mehr Ehrgeiz entwickelte ich beim Sport. Es gab in Höver einen Aschenplatz am Rand der Neubausiedlungen. Großvater Heinrich nahm mich samstags immer mit zum Fußball. Ich kannte mit fünf Jahren alle Regeln, hockte auf seiner Schulter und sah begeistert zu, wie 22 magere Sportler der Lederkugel nachjagten. Mir war völlig egal, wer gewann, während sich Opa schon mal die Haare raufte, wenn die Gastmannschaft den wackeren Höveranern den Kasten vollhaute. Stolz erzählte ich meiner Schwester hinterher, warum alte Männer kahle Köpfe haben.

In den Jugendmannschaften konnte ich allerdings nicht mitspielen, obwohl ich mit acht, neun Jahren eine prima Stürmerin abgegeben habe. Das organisierte Kicken war leider noch für Jahrzehnte eine rein männliche Domäne. Ich hielt mich statt dessen in der Leichtathletik schadlos. Im Sprint und Weitsprung war ich ein As und hamsterte bei den Bundesjugendspielen etliche Urkunden und Lorbeerkränze ein, die alle einen Ehrenplatz über dem Bett bekamen.

Doch meine Lieblingsdisziplin war Schwimmen. Mein Vater hatte es mir beigebracht, und von ihm habe ich auch das Talent. Er war ein exzellenter Turmspringer und Kraulspezialist, und wenn er Zeit für mich hatte, gingen wir in das Werksbad der Zementfabrik, und er zeigte mir seine Kunstsprünge vom Fünf-Meter-Brett. Einmal wollte er noch höher hinaus. In Bad Nenndorf hatte er ein Freibad mit Zehn-Meter-Turm entdeckt. Und obwohl ich das erschreckend hoch fand, ließ ich mich von seiner Begeisterung anstecken, packte Handtuch und Badeanzug zusammen und saß bald aufgeregt neben ihm im Auto.

Als wir angekommen waren, musterte ich skeptisch die schlanke Betonkonstruktion, die an den Wolken zu kratzen schien. Mein Vater kletterte unbeirrt die Sprossen empor. Meine Winzigkeit immer brav hinterher, wie ich es aus Höver gewohnt war. Jenseits der Fünf-Meter-Marke merkte ich, daß es nicht nur erschreckend hoch, sondern auch recht windig war, mir wurde flau in der Magengegend. Vater aber, der vollstes Vertrauen in meine sportlichen Fähigkeiten hatte, wischte alle Bedenken resolut vom Sprungtisch: »Runter müssen wir sowieso, dann ist es am besten, wir erledigen das auf dem schnellsten Wege.« Sprach's, nahm Anlauf und stürzte sich mit einem perfekten Kopfsprung in die Tiefe. Ich sah ihm nach und überlegte, ob ein Rückzug über die Leiter nicht doch die bessere Lösung wäre.

Mittlerweile starrte aber die halbe Badeanstalt auf das schlotternde dürre Etwas, das sich krampfhaft am Geländer festhielt und so tat, als genösse es den schönen Rundblick ins Kalenberger Land. Der Abstieg wäre das reinste Spießrutenlaufen gewesen. Also blieb nur die Flucht nach vorn. Ich holte tief Luft, schloß die Augen und fiel, fiel, fiel immer noch, um endlich mit einem Aufschrei in das brettharte Naß zu klatschen.

Es wäre sicher alles gutgegangen, wenn das Wasser etwas wärmer als 15 Grad gewesen wäre. So aber holte sich mein Vater ein Ischiasleiden, und mich warf eine Mittelohrentzündung wochenlang aufs Krankenlager. Ich mußte zum erstenmal in meinem Leben ins Krankenhaus, mir wurde das Trommelfell durchbohrt.

An die Operation habe ich äußerst unangenehme Erinnerungen. Ich bekam eine Maske übergestülpt und mußte zählen, während der Äther in meine Lungen rann. So ungefähr bei vierzig wurden die Ärzte unruhig. Ich zählte um mein Leben. Bei fünfzig fingen sie an zu schneiden. Ich erlebte alles halbbewußt mit und hatte dabei schon wieder das Gefühl, ich befände mich unter Wasser.

Vom Zehn-Meter-Turm bin ich hernach nie wieder gesprungen. Das überließen meine Freundin Angi und ich lieber den Jungs, mit denen wir uns zum Baden verabredeten.

Wir befanden uns in der klassischen Backfischzeit. Die Geschlechter drängte es schon mit Macht zueinander, doch keiner wußte so recht, was er mit dem anderen anfangen soll. Die jungen Herren ließen die Muskeln spielen, produzierten sich in Ring- und Rangkämpfen, beim Volleyball oder signalisierten ihr Interesse, indem sie uns eine Cola spendierten. Das Teilen einer Tüte Waffelbruch galt fast schon als Heiratsversprechen.

Wir steckten kichernd die Köpfe zusammen, sortierten das männliche Angebot in doof und weniger doof und trugen diese neumodischen Badeanzüge mit den eingearbeiteten Plastikkörbchen spazieren. Angi und ich waren noch etwas flach geraten. Angi ersetzte die fehlende Oberweite durch einen unerschöpflichen Vorrat an Taschentüchern. Wenn sie auf dem Bauch lag, beulten sich die Plastikkonstruktionen natürlich ein, und sobald sie aufstand, sprangen die Hohlkörper mit einem lauten Plopp in die genormte Form zurück. Das war nicht sehr eindrucksvoll. Vor allem nicht, wenn sie ins Wasser ging. Angis Taschentücher wurden naß, sie mußte die Füllung herausholen und diskret unter dem Bademantel erneuern, was ihr nichts ausmachte, mir aber jedesmal peinlich war für sie. Ich habe mir die Körbe später von Mutter herausschneiden lassen.

Das alles muß so Anfang der sechziger Jahre gewesen sein, im Freibad trugen die größeren Mädchen alle noch Petticoats. Am Waschtag hingen die Prachtstücke auch vor unserem Haus wie bauschige Stoffwolken auf der Leine. Manchmal verloren sie den Halt, dann wurden sie mit Zuckerwasser gestärkt. Und alle Fliegen der Umgebung labten sich an der Süßigkeit. Angi und ich lachten uns kaputt, bis wir endlich selber mal so einen Petticoat bekamen.

Angi Jank war meine beste Freundin. Sie wohnte über uns. Wir haben immer Bücher getauscht, indem Angi sie am Bindfaden raufgezogen oder runtergelassen hat. Wir fanden das viel spannender, als einfach von Tür zu Tür zu gehen. Angi hatte schon als kleines Mädchen alle Bücher, die man haben mußte: »Nesthäkchen«, aber auch »Pünktchen und Anton«. Meine Helden hießen zu dieser Zeit Onkel Tom und Robinson Crusoe. Vor allem aber Onkel Tom. Das Buch fuhr ich sogar im Puppenwagen herum, dick zugedeckt, als müßte ich Tom auch hier in der niedersächsischen Tiefebene vor bösen Sklaventreibern schützen. Später wurden dann andere Bücher wichtig, und ich las mich ziemlich wahllos durch die Bibliothek meiner Eltern.

Mutter hat meine Lust am Lesen immer gefördert. Sie war in unserer Familie die Kultusministerin. Sie sparte sich vom kargen Haushaltsgeld ein Theaterabo ab und kaufte immer wieder neue Bücher.

Mit der Landidylle war es leider früh vorbei. Lehrer Rehfeld und mein Vater beschlossen, mich auf ein Gymnasium zu schicken. Das war ein schmerzlicher Schnitt. Alle anderen Kinder meines Jahrgangs gingen auf die Realschule in Sehnde. Ich mußte nach Hannover und die Aufnahmeprüfung für die Wilhelm-Raabe-Schule machen. Über dem Tor stand in güldenen Lettern »Höhere Töchterschule«. Was stimmte, denn die meisten Mädchen kamen aus Fabrikanten-, Arzt- oder Anwaltsfamilien.

Gleich am ersten Tag hatte ich das Gefühl, ich sei hier völlig fehl am Platz. Für ein Landei wie mich war ein Tu-Wort noch ein Tu-Wort, die höheren Töchter aus der Stadt nannten das Verb. Ich schaffte die Prüfung trotzdem. Glücklich war ich nur, weil meine Eltern sich so freuten.

Einsam und niedergeschlagen wartete ich fortan

morgens in Höver auf den Bus in die Landeshauptstadt, während auf der anderen Straßenseite meine ehemaligen Klassenkameraden scherzend einem herrlichen Schultag entgegensahen. Jedenfalls schien es mir so. Ich habe sie sehr beneidet, auch diejenigen Schüler, die dann vor mir in Kleefeld oder Anderten ausstiegen und auf ein gemischtes Gymnasium gingen.

An der Mädchenschule Wilhelm Raabe war zunächst alles furchtbar. Sie lag unmittelbar neben der Staatskanzlei, und die Mauern des Gebäudes waren so dick, feucht und alt, daß man garantiert niemals hitzefrei bekam. Selbst im Sommer war es hier dunkel wie im Verlies. Mein Schulweg war eine endlose Dreiviertelstunde lang. In der ersten Zeit hatte ich Kopfweh, mir war übel vom vielen Bus- und Bahnfahren. Und meine neuen Mitschülerinnen lagen alle noch selig im Bett, wenn ich auf Hannover zurollte.

Mit dem Pensum hatte ich keine Schwierigkeiten. Nur das Fach Kochen verursachte mir Magenschmerzen. Wir mußten vorrangig Mehlsuppen zusammenrühren oder Steckrüben kochen, sparintensive Nachkriegsgerichte, die niemand herunterbrachte.

Vor einer anderen Geißel namens Handarbeit konnte ich mich dagegen prima drücken. Unsere Lehrerin mochte es gern, wenn die jungen Damen beim Sticheln, Nähen und Stricken etwas Unterhaltung hatten. Also wurde immer vorgelesen, und da mein Vortrag ganz passabel war, bekam ich den Job. Das ist der Grund, warum ich auch heute noch keine Strümpfe stopfen kann.

Trotzdem schloß ich den Kurs mit einem »Gut« ab, was ich meiner Großmutter verdanke. Sie diktierte mir die theoretischen Anleitungen für den klassischen Kreuzstich in mein Aufgabenbuch und strickte die Socken, die ich dann anderntags in der Handarbeitsstunde ablieferte.

Anfangs fiel es mir auch schwer, mich an die gesitteten Umgangsformen der »Höheren Töchterschule« zu gewöhnen. Eine meiner Lieblingsbeschäftigungen war immer das Krampenschießen gewesen. Ich verfügte über eine meisterliche Treffsicherheit. Ich weiß noch, wie ich unserem Mathematiklehrer Schiemann eines der zerknüllten Papierkügelchen aus der hintersten Reihe sauber auf die breite Brust schoß. Er war ein korpulenter, freundlicher Mensch und trug über dem Bauch breite Hosenträger, die er mit fleischigen Daumen nach vorn zu dehnen pflegte. Nach dem Volltreffer aber stand er da und zerrte wütend an den Gummizügen.

Wir schrumpften in Erwartung des Gewitters auf Zwergenformat und duckten uns in die Bänke.

»Wer war das?« fragte Schiemann mit schneidender Stimme.

Es herrschte eisiges Schweigen. Schiemann fragte noch mal, eine Spur schärfer. »Wer war das?« Wieder meldete sich niemand. Dann brüllte er los. Die ganze

Klasse würde eine Woche nachsitzen, wenn die Übeltäterin nicht gestehe. Da mußte ich wohl oder übel meine weichen Knie durchdrücken und aufstehen. Schiemann sah mich strafend, aber auch erleichtert darüber an, daß ich nicht feige sitzen geblieben war. Ich mußte nicht nachsitzen.

Meine schulischen Leistungen ließen erheblich nach, als ich zwölf war. Großvater Heinrich starb 1960 nach einem Unfall. Sein Tod, die erste wirklich erschütternde Erfahrung meines Lebens, hatte mich ziemlich aus der Bahn geworfen. Zudem bekamen wir in der Schule eine neue Direktorin. Sie war eine jener herrischen, dünkelhaften Matronen, wie man sie damals noch in vielen Schulen fand. Ständig betonte sie, was für ein Elitegymnasium die Raabe-Schule sei, weil eben die meisten meiner Klassenkameradinnen aus den sogenannten besseren Kreisen Hannovers stammten. Später ging sie im Biologieunterricht sogar so weit, uns zu raten, die Ehemänner nach genetischen Kriterien auszusuchen. Das alles weckte meinen Widerspruchsgeist, und ich rasselte oft mit der hartherzigen Frau zusammen. Bald begann ich auch die Schule zu schwänzen.

Mein erster Zufluchtsort wurde das Landesmuseum. Stundenlang streifte ich allein an den Vitrinen vorbei, versenkte mich in die naturgeschichtlichen Erläuterungen und erschauerte immer wieder beim Anblick der schwarzgebeizten Moorleiche. Oder ich ging ins Kino und himmelte Charlton Heston in »El Cid« an. Ich liebte romantische Historienschinken. Mir hat sehr imponiert, wie sich der schwerverletzte Cid diese Eisenstange von der Gemahlin in die Rüstung schieben läßt, um aufrecht in seine letzte Schlacht zu reiten.

Später habe ich den Film noch mal mit Gerd Schröder gesehen und im Scherz gesagt, so etwas würde ich auch für ihn tun.

In Ben Hur mochte ich Heston allerdings nicht. Da hat mir weit mehr der Schurke Stephen Boyd imponiert. Oder später Peter O'Toole als Lawrence von Arabien.

Leisten konnte ich mir diese Extravaganzen, weil ich damals mein erstes eigenes Geld verdiente. In den Ferien jobbte ich in der Schokoladenfabrik Sprengel am Pralinenband. Acht Stunden lang rauschten leckere Nougatwürfel vorbei, und unsere Kolonne drückte Walnüsse hinein. An den ersten Tagen fühlte ich mich wie im Schlaraffenland. Ungefähr jede zehnte Praline wurde vernascht. Die Vorarbeiter lächelten und ließen uns gewähren. Sie kannten ihre Pappenheimer.

Nach der dritten Schicht konnte ich keine Schokolade mehr sehen. Aber ich verdiente fünf Mark in der Stunde. Für mich ein wahnsinniger Betrag, ich bekam normalerweise fünf Mark Taschengeld im Monat. Das reichte gerade mal für Pfefferminztaler und Geleebananen im Kaffee Meffert oder finanzierte drei Besuche in der Milchbar, wo man damals bei Obstsalat mit

Sahne dem ersten züchtigen Rendezvous entgegenfieberte.

Der neue Reichtum wurde dann auch in die ersten Zigaretten investiert. Die ganz harten Mädels rauchten Gauloises, ich bevorzugte amerikanische Chesterfield und hielt das für unglaublich weltläufig. Zu Hause auf dem Dorf waren nämlich immer noch die deutschen Vorkriegsmarken Eckstein, Juno und Overstolz unbestrittene Marktführer.

Wir wollten anders sein, und wir wollten natürlich auch anders rauchen. Es begann die große Ära der Beat-Generation. Wir hörten Beatles-Songs, The Who und die Rolling Stones, debattierten über Grass, Kafka und Sartre und hatten das Gefühl, daß die Welt der Erwachsenen nicht die beste aller Welten sein kann, um mit Voltaires Candide zu sprechen.

Vorerst war das ein eher vages Unwohlsein, und der Protest beschränkte sich auf Stilfragen. Wir pilgerten in den Freistunden ins nahe gelegene Haus der Jugend und versuchten, so cool wie Jean Seberg und Jeanne Moreau an unseren filterlosen Glimmstengeln zu saugen. Leider fehlten die Jungs, die das hätten würdigen können. Die saßen dann abends in den Discos oder in einschlägigen Jugendlokalen wie dem »Ex«.

Meine lebenskluge Oma schenkte mir zu dieser Zeit sinnigerweise einen Stopfpilz, auf dem folgender Sinnspruch eingraviert war: »Wenn dich böse Buben locken, bleib zu Haus und stopfe Socken.« Ich fand das zwar sehr nett, wollte mich aber lieber nicht daran halten.

Ausflüge in das Nachtleben waren für mich mit großen Hindernissen verbunden. Wegen des langen Anfahrtsweges nach Hannover hatte ich strenge Auflagen. Mein Vater bestand darauf, mich an der Bushaltestelle abzuholen, manchmal sogar in Hannover, wenn ich mich abends verabredet hatte. Ich mußte ständig damit rechnen, daß er irgendwo auftauchte.

Einmal war er nicht am vereinbarten Treffpunkt erschienen. Ich bin dann in die Straßenbahn gestiegen, sah ihn aber irgendwann mit dem Auto aus der Gegenrichtung kommen. Weil ich immer ein schlechtes Gewissen hatte, sprang ich aus der Bahn, ohne nach rechts und links zu gucken. Fast wäre ich vor ein Auto gerannt, was Vater aber mehr erschreckte als mich. Ein anderes Mal verpaßte ich an der Endstation der Bahn den letzten Bus nach Höver. Ich hetzte die fünf Kilometer im Dauerlauf nach Hause und malte mir unterwegs schon die schlimmsten Empfangsszenen aus.

Als ich in Höver ankam, war das Haus dunkel, alles schlief. Was für ein Glück. Doch dann mußte ich feststellen, daß ich meine Hausschlüssel vergessen hatte. Wir wohnten damals nicht mehr in der Zementsiedlung, sondern in der oberen Etage eines Zweifamilienhauses. Ich spähte nach oben, ob mein Dachfenster offen sei. Tatsächlich. Also hangelte ich mich wie Cary Grant in »Über den Dächern von Nizza« an der Regenrinne empor und erreichte mein Zimmer. Mit klopfendem Herzen lauschte ich, ob alles ruhig geblieben war, und sprang hinein. Als ich anfing den Mantel aufzuknöpfen, stand plötzlich mein Vater in der Tür. Er war aber so perplex über meine halsbrecherische Kletterpartie, daß er die Standpauke auf den nächsten Morgen verschob.

Was Vater, glaube ich, nie verstehen konnte, war, daß diese Abende im Kreis meiner Freunde sehr wichtig für mich waren. Dabei brauchte er sich im Grunde keine Sorgen zu machen. Wir saßen in Kneipen herum, gingen ins Kino oder hörten einfach nur Musik. Natürlich gab es auch Alkohol. Aber ich habe sehr früh festgestellt, daß das nichts für mich ist. Das einzige promillehaltige Getränk, das über meine Lippen kam, war Pernod, weil man den Anissaft immer wieder verdünnen kann, damit er keine besondere Wirkung hat. Auch Speedpillen wie Captagon oder Preludin habe ich nie angerührt. Ich genoß zwar den Reiz des Verbotenen, wenn die Dinger unter dem Tisch herumgereicht wurden, schleppte sie auch in meiner Tasche mit mir herum, genommen habe ich sie aber nie. Ich wollte alles pur und unverfälscht erleben. Was nicht immer nur von Vorteil war.

Auf den ländlichen Schützenfesten, wo Anwesenheitspflicht bestand für jedermann, richtete der exzessiv genossene Alkohol zuweilen solche Verwüstungen an, daß ich mir in meiner Nüchternheit vorkam, als stünde ich in einem lebendig gewordenen Gemälde des Höllen-Breughel. Ich habe mir später von einschlägig vorbelasteten Freunden sagen lassen, ganz ähnlich fühle man sich auch auf einem LSD-Trip.

Zu dieser Zeit haben wir in der Schule dicke Kladden geführt, wo eigentlich der Unterrichtsablauf zusammengefaßt werden sollte. Viel wichtiger aber waren natürlich die Seiten mit unseren ganz speziellen Geheimnissen, den Listen der Hitparaden, auf denen die Lieblingssongs erschienen, den Listen der Freunde, aus denen hervorging, in wen man gerade verliebt war, und den Beschreibungen der kleinen Abenteuer.

Für meine Töchter Wiebke und Franca ist es immer ein Vergnügen gewesen, in diesen Kladden herumzublättern. Meine Mutter hat sie für mich auf dem Boden aufbewahrt. Als meine Eltern gestorben waren, habe ich alles wiedergefunden, und die beiden Mädchen sitzen manchmal abends im Bad und amüsieren sich köstlich. Zum Beispiel über meine fundierten Beatles-Analysen: »John Lennon ist ein Gott, aber Paul McCartney sieht besser aus.«

Ich sah damals aus wie das Londoner Top-Model Twiggy. Oder versuchte es zumindest. Alle wollten aussehen wie die dürre Twiggy. Man trug superkurze Minikleider und hohe, möglichst weiße Lederstiefel. Meine Eltern machten wirklich viel gut bei mir, als sie mir seufzend solch eine Kombination kauften. Das einzige, womit ich zu kämpfen hatte, waren meine Haare. Denn die mußten eigentlich lang sein und spaghettigerade fallen. Ich habe aber von Natur aus krause Locken. Mir blieb nichts anderes übrig, als nächtelang mit riesigen Lockenwicklern zu schlafen.

Morgens tat mir der Kopf weh. Aber das ist nun einmal der Preis der Schönheit. Man zog auch die Augenlider mit dunklen Stiften nach, was bei uns zu Hause natürlich untersagt wurde. Ich mußte immer morgens an der Bushaltestelle meine Schminkutensilien auspakken und nachpinseln, schließlich wollte man ja nicht völlig nackt in die Schule kommen, wie meine Freundin Angi immer sagte.

Kleine Siege dieser Art gehörten nun mal zum Ritus des Erwachsenwerdens. Und es war ja immer schon von großer Bedeutung, daß man in Modefragen hart bleibt. In den zwanziger Jahren pflegte die Jugend den Proletkult, in den Vierzigern provozierten die schwarzen Bop-Musiker mit ihren schrillen Anzügen das Establishment, und in den muffigen Fünfzigern reichten Haargel und eine Lederjacke, um den Durchschnittsbürger auf die Palme zu bringen.

Bei meiner Mutter schaffte ich das zum erstenmal mit einem lila Flauschmantel. Ich fuhr mit ihr nach Hannover, um einen Wintermantel zu kaufen. Wir liefen von Kaufhaus zu Kaufhaus und konnten uns nicht einigen. Sie wollte einen praktischen Lodenmantel, ich hatte in einem Schaufenster diesen – objektiv betrachtet – ultrahäßlichen Mohairfummel gesehen und mich sofort verliebt. Im zehnten Geschäft platzte Mutter der Kragen. Sie verpaßte mir einen grauen Lodenmantel, und ich schlich in der Gewißheit nach Hause, daß mein Ruf ein für allemal ruiniert wäre, wenn ich mich damit bei den höheren Töchtern sehen ließe.

Meine Mutter und ich rangelten schon um Kleiderfragen, als ich noch in Höver zur Schule ging. Sie steckte mich gern in schlichte Sachen, was meinem rabaukenhaften Lebenswandel durchaus angemessen war. Irgendwann waren dann Perlonkleider in Mode. Als ich neun Jahre alt wurde, erschienen auf meiner Geburtstagsparty alle in diesen bauschigen Modellen. Nur ich stand da im grünen Strickrock und mit grauem Pullover. Wenn ich mir das Foto heute angucke, finde ich es sehr schön, wie mich meine Mutter angezogen hat. Aber damals wollte ich natürlich haben, was alle hatten. Mein Vater, der mich nicht leiden sehen konnte, kaufte mir dann doch noch ein knallgelbes Perlonkleid. Das hab' ich heute noch und halte es als schönes Erinnerungsstück in Ehren.

Und dann waren da natürlich noch die Jungs. Eine Zeitlang, so mit fünfzehn oder sechzehn Jahren, »ging« ich mit dem Bruder einer Mitschülerin, an den ich wirklich gern zurückdenke. Jochen war um einiges älter als ich. Mit ihm konnte ich über alles prima reden und vor allem »Pardon« lesen. Er war lieb und zurückhaltend, und es blieb mehr oder weniger ein freundschaftliches Verhältnis. Was mir tief im Herzen ganz recht war, von meinen frühreiferen Schulkameradinnen aber mit beißendem Spott bedacht wurde. Dafür bekam ich meinen ersten Heiratsantrag mit siebzehn.

Die Mädchen an unserer Schule bewegten sich oft in den sogenannten High-Society-Kreisen der Stadt, wo die Sprößlinge von Unternehmerdynastien den Ton angaben. Auf einer Party lernte ich einen Vertreter dieser Spezies kennen und wurde ihn nicht mehr los. Sein Vater hatte ein großes Geschäft in der Innenstadt von Hannover, eine Villa mit Hausmädchen, und der Junior brummte im eigenen Alfa Romeo durch die Gegend. Er war ganz nett, und ich machte den Fehler, mit ihm zwei-, dreimal in die Oper zu gehen. Anschließend gab's dann noch ein, zwei Pernods, und er chauffierte mich im offenen Auto nach Hause.

Nach einem dieser Abende stand er dann an der Pforte, druckste herum und fragte mich ganz ernsthaft, ob ich ihn heiraten wolle. Es war eine groteske Szene. Während er mir ewige Liebe schwor, wurde ich immer nervöser und wollte nur ins Haus. Unter irgendeinem Vorwand schickte ich ihn dann weg. Mit einem Bourgeois hätte ich mich keinesfalls verbündet, ich wollte einen Revolutionär.

Da verbrachte ich meine Freizeit denn doch lieber in Höver bei den rauhen Provinzlern. Eine der wildesten Gestalten war meine Freundin Christa Leschonsky. Wir beide haben ein paar ziemlich verrückte Sachen angestellt. Ich will hier nur eine Geschichte erzählen.

Christa war groß, sehr kräftig, hatte knallrote Haare und wollte eigentlich ein Junge sein. Sehr zum Leidwesen ihrer Mutter benahm sie sich auch so. Sie raufte, fluchte und trank besser als ein Seemann. Noch lieber fuhr Christa Auto. Was ihr fehlte, war der Führerschein. Sie war erst siebzehn wie ich, mußte also noch ein bißchen warten. Christa schreckte das nicht. Sie brummte mit geliehenen Autos im Landkreis herum.

Eines Morgens hörte ich wildes Gehupe vor meinem Fenster. Ich guckte raus und dachte, komisch den Wagen kennst du nicht. Ich bin hinuntergegangen, und drin saß Christa. »Mein neuer Leihwagen«, sagte sie, »steig ein, ich fahre dich zur Schule.« Ergeben sank ich auf den Beifahrersitz. Es war Winter und die Straße ziemlich glatt. Wir kamen gerade bis zur ersten Kurve, dann rutschte Christa vom Asphalt, wir krachten gegen einen Zaun und standen in einem Rhododendron. Ich hockte gesund, aber ziemlich geschockt in dem lädierten Wagen und dachte nur: O Gott, mein Vater.

Als ich einen halbwegs klaren Gedanken fassen konnte, war Christa längst getürmt. Gut, dachte ich, wenn das so ist, gehe ich auch. Benommen schlich ich zur Haltestelle, um auf meinen Schulbus zu warten. Als ich abends nach Hause kam, war die Geschichte natürlich schon rum im Dorf, und mein Vater reagierte wie befürchtet.

Ausgerechnet Christa, von der es niemand ernstlich erwartet hatte, war dann die erste aus unserem Jahrgang, die ein Kind bekam. Etwas unfreiwillig, wie sie mir gestand. Auch zur damals obligatorisch anberaumten Heirat trat sie nur widerwillig an.

Diese Feier ist mir unvergeßlich geblieben. Ihren

Angetrauten hätte kein Komödienregisseur besser besetzen können. Klein, schmächtig und sanft wie ein Lamm. Christas voluminöser Körper wurde für den Ehrentag mühsam in so etwas wie ein Brautkleid genäht. Es wäre nicht nötig gewesen. Sie stand nur am Tresen und trank verzweifelt die gerade noch erlaubte Menge Bier. Um Mitternacht, wenn auf normalen Hochzeitsfeierlichkeiten der Braut der Schleier abgetanzt wird, bekam der Bräutigam zum erstenmal eine Ohrfeige von seiner Frau. Doch die beiden blieben treu vereint, bis Christa bei einem Bergunfall viel zu früh ums Leben kam.

Kurz nach Christas Hochzeit lernte ich Norbert kennen. Er wurde die erste große Liebe meines Lebens. Norbert war ein schriller Vogel und genau der Typ, auf den die Mädchen damals flogen. Begierig auf alles Neue, rebellisch, trotzdem sensibel und natürlich obercool. Er trug die Haare über den Ohren, nähte sich seine Hosen aus karierten amerikanischen Wolldecken zusammen und war der beste Schlittschuhläufer weit und breit. Meine Eltern waren entsetzt. Meine Direktorin auch. Jungs hatten bei uns in der Schule Hausverbot. Ich ließ mich darum extra von Norbert abholen, einmal küßte er mich sehr zu meiner Freude vor den Augen der ungeliebten alten Frau mitten auf den Mund. Von Norbert bekam ich auch die ersten Rosen meines Lebens. An meinem Geburtstag stand er mit einem Riesenstrauß bei uns vor der Tür. Mein

Vater lief den ganzen Tag murrend um die Blumen herum, während Norbert meine Mutter mit dieser Geste im Sturm erobert hatte, wenigstens kurzfristig. Meine Eltern hielten ihn für einen Windhund und sorgten sich ständig um mich. Für heimliche Rendezvous mußte ich mir immer neue Geschichten ausdenken. Daß Norbert aus guter Familie kam, spielte keine Rolle.

Ein paar Wochen später hatten wir uns sogar heimlich verlobt. So richtig romantisch mit goldenen Ringen. Doch unsere Beziehung nahm ein tragisches Ende. Norberts Vater starb, und mein Freund wurde damit einfach nicht fertig. Kurz vor dem Abi schmiß er die Schule, jobbte herum, machte Musik und wurde immer depressiver. Eines Tages fuhr er mit einem Freund in den Urlaub. Das nächste, was ich hörte, war, daß die beiden auf Mallorca eine Bank überfallen hatten. Norbert mußte ins Gefängnis. Ich erhielt dann lange kein Lebenszeichen mehr von ihm. Als ihn die Spanier vorzeitig gehen ließen, trafen wir uns in Hannover, und er sagte, er habe mir ständig geschrieben. Da war klar, daß mein Vater damals alle Briefe abgefangen hatte. Aus Norbert ist dann im Laufe der Jahre Gott sei Dank doch noch ein guter Restaurator und Antiquitätenhändler geworden.

In den letzten beiden Jahren vor dem Abi habe ich die Schule nur noch als völlig verspießert und vermufft wahrgenommen. Wir saßen in dieser Bildungsbürgerfestung, ließen uns von einer Altfaschistin schikanieren, und draußen brannte die Welt, so sah ich das. Die Studenten demonstrierten gegen den Vietnamkrieg und wurden dabei von der Polizei verprügelt. Die Springer-Presse hetzte gegen Rudi Dutschke und nannte die Demonstranten »Krawallmacher«, »gemeingefährliche Radikale«, »politische Rowdies«, während die NPD in die Parlamente einzog. 1967 erschossen sie in Berlin den Studenten Benno Ohnesorg.

Die Unruhen im Land brandeten natürlich auch nach Hannover. 1968 veranstaltete der Sozialistische Deutsche Studentenbund eine große Kundgebung auf dem Opernplatz. In der Schule wurde heftig darüber diskutiert, ob man hingehen solle oder nicht. Meine Entscheidung fiel in dem Moment, als die Direktorin ein striktes Teilnahmeverbot verhängte.

Es wurde meine erste Demo. Der Opernplatz war gerammelt voll, die Stimmung prächtig, und ich fand es sehr richtig, seinen politischen Willen auf diese Art öffentlich zu machen. Von den Reden habe ich allerdings nicht allzuviel verstanden. Genausowenig wie auf den Uni-Teach-ins, die ich mit paar Freundinnen besuchte. Ich konnte mich des dumpfen Gefühls nicht erwehren, daß der verklausulierte marxistische Jargon der Studentenführer irgendwie an der revolutionären proletarischen Sache vorbeiging. Schließlich kam ich vom Dorf, wo die meisten Leute einfache Arbeiter waren. Wenn die Studenten für diese Menschen etwas erreichen wollten, konnte das nur funktionieren, wenn die Arbeiter auch verstanden, *was* genau das sein sollte, dachte ich.

Da war der »Rote Punkt« schon weit besser geeignet, um ein klassenübergreifendes Bündnis zu schmieden. Die Aktion sorgte 1969 für bundesweites Aufsehen. Nachdem die Hannoversche Stadtverwaltung drastische Preiserhöhungen für den öffentlichen Nahverkehr beschlossen hatte, riefen Studenten und Künstler zum Boykott auf, und die ganze Stadt machte mit.

Es wurde ein großes Happening. Eine Woche lang organisierten die Bürger den Verkehr in Eigenregie. An den Autos klebten rote Punkte und signalisierten Mitfahrgelegenheiten. Es klappte so tadellos, daß die Stadt schließlich klein beigeben und statt einer Erhöhung drastische Preissenkungen verkünden mußte.

Bei solchen Aktionen haben auch meine Eltern begeistert mitgemacht. Wie ich überhaupt sagen muß, weltanschauliche Grundsatzdebatten brauchte ich zu Hause nie zu führen. Ich erinnere mich noch, daß Mutter meinen Vater immer ermahnt hatte, sich mit seinen politischen Äußerungen zurückzuhalten.

»Sonst halten sie dich für einen Kommunisten«, pflegte sie zu sagen.

Eine der ersten Fernsehsendungen, die ich sehen konnte, war ein Porträt von Adenauer. Der Alte stand in Rhöndorf, schnibbelte an seinen Rosen und warf mit Bocciakugeln. Dann fabulierte er davon, gezeichnet vom Alter, wie er im letzten Kriegsjahr hier, genau da, wo er stand, einer feindlichen Kugel ausgewichen war, indem er seinen Rücken beugte und unter dem Geschoß wegtauchte.

»Das paßt«, sagte mein Vater, der den »Wiederbewaffnungskanzler« herzlich verabscheute.

1968 machte ich dann das Abitur, wußte aber nicht so recht, was ich mit mir anfangen sollte. Zwei Drittel meiner Mitschülerinnen wollten Lehrerinnen werden. Für mich eine grauenhafte Vorstellung. Überhaupt kam Studieren erst mal nicht in Frage, vom Lernen hatte ich so kurz nach der Schule die Nase voll. Ich ließ mich, ehrlich gesagt, ein bißchen treiben, nahm schließlich einen Job beim Finanzamt Hannover-Mitte an und arbeitete dann eine Zeitlang bei der Telefonauskunft.

Mein Vater beobachtete das ziellose Herumhomunkeln mit sorgenvoller Miene und schlug mir vor, doch die Beamtenlaufbahn einzuschlagen. Vielleicht würde das mein chaotisches Leben in geordnete Bahnen lenken. Ich glaubte das zwar nicht, tat ihm aber den Gefallen und meldete mich zur Beamtenprüfung an.

Am ersten Tag bestand ich alle Tests ohne Probleme. Am zweiten Tag sollten wir einen Aufsatz zur politischen Lage in Deutschland verfassen. Ich legte los und schrieb über soziale Ungerechtigkeit, Altnazis, verkrustete Strukturen und konstatierte dringenden Reformbedarf auf allen staatlichen Ebenen. Am Abend war es amtlich: Hiltrud Hensen taugt nicht für den Staatsdienst.

Als ich es meinem Vater beichten mußte, plagte mich ein ziemlich schlechtes Gewissen, er aber trug es mit Fassung. Heute bin ich stolz darauf, daß ich ehrlich aufgeschrieben habe, was ich dachte.

Etwa um diese Zeit lernte ich meinen ersten Mann kennen. Wolfgang war einer, wie ihn sich meine Eltern immer gewünscht hatten. Sympathisch, gutaussehend, vertrauenerweckend und Zeitsoldat bei der Bundeswehr. Wir verliebten uns auf einem Tanzvergnügen in Sehnde. Ich war damals viel mit meinen alten Freunden aus Höver zusammen. Einige waren inzwischen schon verheiratet und hatten Kinder, und auf einmal kam mir die Vorstellung, ein eigenes Zuhause zu haben und niemandem mehr Rechenschaft ablegen zu müssen, ganz verlockend vor. Wolfgang jedenfalls umwarb mich und malte mir die Zukunft in rosigen Farben aus. Er würde beim Bund das Abi machen, dann seinen Abschied nehmen und studieren, so stellte ich mir das vor. Wir würden es am Anfang nicht leicht haben, aber zusammen könnten wir es schaffen.

Das klang einfach und schön, aber abends lag ich grübelnd im Bett und starrte aus dem mondbeschienenen Fenster, als hoffte ich, irgendwo aus der Dunkelheit käme eine Eingebung. Ich kämpfte mit widerstreitenden Gefühlen. Ich mochte Wolfgang sehr. Aber liebte ich ihn wirklich? Mir imponierte seine solide, zielstrebige Art. Am verlockendsten fand ich jedoch die Aussicht, der Enge und Strenge des Elternhauses zu entfliehen, ein Stück Freiheit zu bekommen, so etwas wie eine zweite Chance, mein Leben neu zu sortieren. »Und dafür willst du dich binden?« höhnte dann stets eine innere Stimme. »Du weißt nicht, was du willst, und bist eigentlich viel zu jung.«

Das traf den Nagel wahrscheinlich auf den Kopf. Denn vierzehn Tage vor dem Hochzeitstermin war ich mir sicher, daß die Ehe nicht funktionieren konnte. Ich wagte aber nicht, die ganze Sache abzublasen. Ich hatte Angst vor der Blamage, Angst vor meinen Eltern, Angst vor meiner eigenen Courage, und ich mochte Wolfgang nicht verletzen. Wir heirateten 1969 in der Iltener Dorfkirche. Die Trauung und das große Fest in Höver waren ein Ereignis.

Das erste Ehejahr war ein offenes Buch für jeden Psychologen. Wir bezogen eine kleine Wohnung in Immensen, und ich fühlte mich sofort in einer Sackgasse. Unsere Temperamente waren so unterschiedlich wie die Interessen.

Ich jobbte in Hannover und fand keinen Gefallen daran, obendrein die Hausfrau zu spielen. Ich war eine exzessive Leseratte, meinen Mann interessierten Bücher nicht. Er war ein begeisterter Segelflieger, ich hatte Angst vor großen Höhen. In einer lockeren Feierabendbeziehung hatte sich so etwas zumindest in der ersten Zeit durch Verliebtheit und geschickte Terminabsprachen überdecken lassen.

Nach einem Jahr wurde ich ernsthaft krank. Die

Schulmedizin biß sich an mir die Zähne aus. Ich bekam Tabletten, Cortisonspritzen, mußte in die Klinik, aber kein Arzt wußte, was mir wirklich fehlte.

In meiner Verzweiflung überlegte ich, ob mir vielleicht die Pille nicht bekäme. Kaum hatte ich sie abgesetzt, war ich schwanger. Unser Töchterchen Wiebke wurde 1971 geboren und war wirklich ein Sonnenschein und ein Glücksfall für unsere Ehe. Unser Leben geriet vorerst in ruhigeres Fahrwasser. Durch die Verantwortung für das kleine Lebewesen rückten sich viele Dinge automatisch zurecht und bekamen eine neue Klarheit. Ich gab das Arbeiten auf und kümmerte mich intensiv um das Kind. Gleichzeitig schwor ich mir, ein Studium zu beginnen, sobald Wiebke in die Schule ginge. Ich las Unmengen von Büchern und schrieb mich an der Volkshochschule Lehrte ein. Nicht für Batik und Makramee, was ja damals unter den Vorkämpferinnen hausfraulicher Selbstverwirklichung große Mode war. Ich belegte einen Marxismuskurs.

Dabei entdeckte ich die Schriften Rosa Luxemburgs für mich. Vor allem die Briefe habe ich Dutzende Male gelesen. Mich hat es fasziniert, daß sie eine, wie man heute sagen würde, richtige Powerfrau war und bis zur Erschöpfung für ihre Ziele kämpfte, andererseits aber eine starke Sehnsucht nach heiler Welt, Zuneigung, Familien-Idylle und Kindern hatte.

Ich glaube, daß sie daraus überhaupt erst die Kraft für ihre politische Arbeit zog und daß das eine spezifisch frauliche Qualität ist. Rosa Luxemburg wurde mein großes Vorbild.

Besonders ein Brief von ihr ging mir damals nahe, weil er meine Wünsche ziemlich genau beschrieb. Es war ein Brief an den Mann, den sie liebte, an Leo Jogiches: »Am meisten habe ich mich über die Stelle in Deinem Brief gefreut, wo Du schreibst, daß wir beide jung sind und noch imstande, auch unser persönliches Leben einzurichten. Ach, Dziodziu goldener, würdest Du doch dieses Versprechen halten! ... Eine kleine Wohnung für uns, unsere eigenen Möbel, unsere Bibliothek. Stille und regelmäßige Arbeit, gemeinsame Spaziergänge, von Zeit zu Zeit eine Oper, ein kleiner, sehr kleiner Kreis von Bekannten, die man manchmal zum Abendessen einlädt, jeden Sommer für einen Monat aufs Land fahren, dann aber ganz ohne Arbeit ... und vielleicht noch so ein kleines, ganz winziges Baby? Wird das nie sein dürfen? Niemals; Dziodziu, weißt Du, was mich gestern plötzlich beim Spazierengehen im Tiergarten überfallen hat? Aber ohne jede Übertreibung! Auf einmal ist mir so ein drei- oder vierjähriges Kind vor die Füße geraten, in einem hübschen Kleidchen, mit blonden Haaren, und hat mich angestarrt. Da packte es mich plötzlich, das Mädchen an mich zu reißen und schnell mit ihm nach Hause zu laufen und es für mich zu behalten. Ach, Dziodziu, werde ich niemlas ein Kind haben?

Aber wir werden nie mehr miteinander streiten bei uns daheim, nicht wahr? Bei uns muß es still und ruhig sein, wie bei alten Leuten.«

Anfang der siebziger Jahre begann ich mich intensiv mit Politik zu beschäftigen. Auslöser war das Atomprogramm der Bundesregierung, das ich als massive Bedrohung für mein Kind empfand.

1975 entstand im hessischen Biblis der größte Atomreaktor der Welt. Gott sei Dank waren die Menschen längst nicht mehr bereit, diese tödliche Bedrohung widerspruchslos hinzunehmen. 1972 gab es erste Massenproteste gegen das geplante Atomkraftwerk in Wyhl am Kaiserstuhl, 1976 versammelten sich 100000 Menschen an der »Festung Brokdorf«. Ich war bei vielen Aktionen dabei.

Bonn reagierte zunehmend paranoider auf den legitimen Widerstand. Am Reaktor Grohnde wurden die Demonstranten von schwerbewaffneten Polizisten wie Vieh über kilometerlange Umwege gescheucht, durch Matsch, Morast und peitschenden Regen. Es kam zu wüsten Prügelszenen, die Beamten wurden fast wie im Krieg gegen Demonstranten eingesetzt, während die Politiker versagten, und ich war entsetzt, mit welcher Brutalität die Staatsmacht den Bürgern begegnete. Für mich war Deutschland wieder ins Mittelalter versunken.

Es gab die grausamen RAF-Attentate auf Schleyer, Buback und Ponto, und es gab Mogadischu. Ich erinnere mich noch gut an die ständigen Polizeikontrollen mit vorgehaltenen Maschinenpistolen, an die Pogromstimmung gegen alles, was nach linker Gesinnung roch, an all die deprimierenden Bilder dieses kalten, düsteren deutschen Herbstes 1977.

Über meine Ängste und Befürchtungen konnte ich mit meinem Mann nicht reden. Im Gegenteil. Man redete über mich. In seiner Familie war ich als Anarchistin und Terroristin verschrien. Sie machten das fest an einem dieser Palästinensertücher, die ich um den Hals trug. »Ihr Aufsässigentuch« nannte es meine Schwiegermutter. Nachdem ich bei Diskussionen im Familienkreis einige Male meine Meinung zum Atomstaat gesagt hatte, wurde ich hartnäckig Ulrike Meinhoff genannt. Und das war keineswegs spaßig gemeint. Schließlich redeten wir bei den unvermeidlichen Familientreffen nur noch über Kinder- und Gartenpflege.

Meinen Mann beunruhigten meine Aktivitäten, er spürte unser Auseinanderdriften sehr deutlich und drückte die Misere in dem Satz aus: »Wenn du dich nicht zurücknimmst, werden wir uns wohl eines Tages mal als Gegner gegenüberstehen.«

So tief waren die Gräben im Lande, und sie gingen quer durch die Familien. Grotesk.

1976 kündigte sich unser zweites Kind an. Die Beziehung war weiterhin schwierig, ich wollte unbedingt studieren. Wiebke war fünf und sehr selbständig. Mit ihr allein hätte ich das Studium beginnen können. Die neue Situation würde alles komplizierter machen; wenn ich das Kind bekäme, würde ich meine Pläne doch wieder drei Jahre zurückstellen müssen.

Trotzdem freute ich mich von Anfang an auf das Baby. Wenn es wieder ein Mädchen wäre, würde ich es

Franca nennen, Franca heißt frei. Und das sollte fortan mein Programm sein.

Kurz vor der Geburt waren wir von Immensen nach Burgdorf gezogen. Ein kleines Städtchen bei Hannover. Es war meine Entscheidung, dort konnte ich ein wenig mehr Aktivitäten entfalten. Leider bekamen wir nicht die Wohnung, die ich mir gewünscht hatte. Wir saßen in einer Hochhaussiedlung am Ortsrand. Es war meine erste Erfahrung mit einem zwölfstöckigen Betonquader. Und es war bizarr und schrecklich. Neben uns wohnten ein paar Lehrer und Sozialarbeiter, aber vor allem wohnten hier die Ärmsten der Armen. Nachts schrie dauernd jemand, es flog krachend Mobiliar. Man wußte nicht, werden Kinder geprügelt, werden Frauen geprügelt, oder prügeln sich nur die Männer. Die Frauen bekamen ihre Babys zu Hause und fuhren eine halbe Stunde später schon wieder mit dem Fahrstuhl nach unten zur Freundin. Die Kinder waren sich selbst überlassen und oft verwahrlost.

Auch Wiebke sammelte da ein paar unschöne Erfahrungen. Sie wollte beispielsweise endlich einmal alleine Brötchen holen. Ich war ängstlich, weil das Kind über zwei Hauptstraßen mußte, doch sie sollte ja auch Selbständigkeit lernen. Ich kam gar nicht darauf, daß da noch ganz andere Sachen passieren könnten. Jedenfalls gab ich Wiebke das Brötchengeld in ihr kleines Portemonnaie, erklärte ihr alle Verkehrsregeln und schickte sie los.

Nach zehn Minuten kam sie wieder ohne Brötchen und ohne Geld. Schluchzend erzählte sie, daß ihr zwei gleichaltrige Jungs die Börse abgenommen hätten. Ich fragte Wiebke, ob sie die beiden kenne. Sie schüttelte den Kopf: »Aber sie haben gesagt, daß sie Zorro und Django heißen.« Darüber konnte ich noch lachen.

Nach dem nächsten Zwischenfall beschloß ich jedoch auszuziehen. Unter uns wohnte eine nette junge Frau mit ihren drei Kindern, die oft mit Wiebke spielten. Als ich an einem schönen Sommerabend nach Hause kam, sah ich, daß sich auf dem Rasen im Hof ein großer Menschenauflauf gebildet hatte. Ich ging schnell vorbei, weil ich dachte, da haben sich wieder zwei geprügelt. Oben vom Balkon aus sah ich dann erst, daß sich die Frau, die unter uns wohnte, aus dem sechsten Stock gestürzt hatte.

Ein paar Wochen später zogen wir dann endlich in eine weniger aufregende Wohngegend.

Über Jahre habe ich versucht, eine normale Ehe aufrechtzuerhalten. Die Kinder sollten sich geborgen fühlen. Aber man kann ihnen eben nicht einfach Potemkinsche Dörfer aufstellen. Sie merken es.

Wolfgang war ein liebenswerter Mensch, aber wir waren zu verschieden. Er war mit meinen Aktivitäten nicht einverstanden, schon gar nicht, als ich 1978 der SPD beitrat.

Als mein Mann Ende der siebziger Jahre beim Bund das Abitur machte, sah ich eine letzte Chance, unsere

Ehe zu retten. Er bekam als Berufssoldat eine respektable Abfindung, und ich schlug vor, das Kapital für sein Studium zu nutzen. Dafür würde ich meine Unipläne auch noch einmal zurückstellen. Ich hoffte, dann fänden wir vielleicht eher eine Basis, vernünftig miteinander reden zu können. Doch er hatte sich schon anders entschieden und zog eine Laufbahn im Polizeidienst vor. Das war für mich dann der endgültige Bruch.

Das Ende der Ehe kam dann 1980, als ich Gerhard Schröder kennenlernte. Ich spürte, daß daraus etwas Ernstes werden könnte. Nur er schien der richtige Mann für mich zu sein. Nicht ahnend, daß mir ein zwölfmonatiger Spießrutenlauf bevorstehen würde, zog ich mit den Kindern aus.

Die Sorgerechtsfrage, die beim Amtsgericht Burgdorf entschieden wurde, sprach dem Vater das Sorgerecht zu. Noch am Tag der Entscheidung holte er Wiebke und Franca ab und gaukelte mir vor, er mache einen kleinen Ausflug. In Wirklichkeit schaffte er die Mädchen zu seiner Mutter.

Ich durfte Wiebke und Franca fast ein Jahr nicht mehr sehen. Den Grund ließ er mich per Gerichtsbeschluß, der sich vor allem mit meinem außerehelichen Verhältnis beschäftigte, wissen. »Bei Frauen in diesem Alter«, heißt es da, »komme so etwas schon mal vor.« Die Erfahrung zeige aber, daß sie meistens sehr schnell an den heimatlichen Herd zurückkehrten, wenn man ihnen die Kinder wegnähme. Allerdings plagten meinen Mann und den Richter arge Zweifel darüber, ob ein anarchisches Flintenweib wie ich überhaupt geeignet sei, Kinder großzuziehen. Schließlich hätte ich Wolfgang nicht einfach mit dem Erstbesten »betrogen«, sondern mit dem »Ex-Juso-Vorsitzenden« und »Bürgerschreck« Gerhard Schröder.

Dieser Anklagepunkt ist in dem Amtsschreiben zwar geschwärzt, aber noch gut leserlich und zeigt, wie recht die Menschen hatten, die »unter den Talaren den Muff von 1000 Jahren« witterten.

Ich fühlte mich wie in einer Posse und war abgrundtief verzweifelt. Diese Entscheidung führte dazu, daß der Konflikt auf dem Rücken der Kinder ausgetragen werden sollte. Wiebke und Franca gehörten doch immer zu mir. Wolfgang war zwar ein liebevoller Vater, aber um die Erziehung habe ich mich gekümmert. Ich bin fast wahnsinnig geworden bei dem Gedanken, daß Wiebke und Franca nun im Haus meiner Schwiegermutter sitzen sollten, die viel zu alt war, um Kinder aufzuziehen.

Die beiden fehlten mir entsetzlich. Ich rannte nachts rastlos durch die leeren Straßen und stand oft vor dem Fenster, hinter dem meine Töchter schliefen.

Das Sorgerechtsverfahren dauerte ein Jahr, es war das schlimmste Jahr meines Lebens. Der Horror endete mit einem kinderpsychologischen Gutachten. Am Ende bekam ich Wiebke und Franca zugesprochen.

Dieses Urteil ändert nichts an meiner Meinung, daß solche Sorgerechtsprozesse grausam sind. Man kann nicht wie die Mütter in Brechts »Kaukasischem Kreidekreis« an den Kindern herumzerren, ohne daß sie Schaden nehmen. Ich habe später oft mit meinen beiden Töchtern über diese Zeit geredet. Der Trennungsschmerz hat sich tief in ihre Psyche gegraben. Sie leiden heute noch unter großen Verlustängsten. Für sie beide ist besonders wichtig, daß der Kontakt zu ihrem Vater sehr eng beblieben ist. Sie verstehen sich mit ihm heute so gut, wie ich es mir immer gewünscht habe.

Mit Gerhard Schröder gegen den schwarzen Monarchen

Der hat was zu sagen, der gefällt mir gut«, rief meine Mutter. Sie meinte Gerhard Schröder, SPD-Anwärter für ein Bundestagsmandat, der soeben bundesweit übers Fernsehen verkündete, was er eigentlich wolle in Bonn. Ich schaute in die Stube und bekam gerade noch mit, wie er sagte: »Herr Sauter, wenn Sie weiterhin solch einen Unsinn erzählen, lasse ich fortan die zweite Silbe Ihres Namens weg«.

Ich hatte den Anwalt und Juso-Chef Schröder ja schon öfter im TV gesehen, wußte, daß er Atomkraftgegner verteidigte und Menschen, die wegen des Radikalenerlasses ihre Jobs verloren. Sogar telefoniert hatte ich mit ihm. Er trat damals nämlich in einem Prozeß auf gegen die Gewerkschaft. Ich fand das nicht in Ordnung, und es paßte auch nicht zu dem Bild, das ich von Schröder hatte. Also rief ich in seiner Kanzlei an, um dem Genossen genau das zu sagen. Aber er überzeugte mich dann mit einem bravourösen Plädoyer von seiner Position.

Ja, Mutter hatte recht. An dem Mann gefiel mir wirklich vieles. Seine Ansichten, die klare Sprache, die knappe

Gestik, sein kantiges, offenes Gesicht, in das keck eine schwarze Locke fiel.

Live gefiel er mir sogar noch besser. Als der SPD-Ortsverein Burgdorf im Winter 1979 auf einer Mitgliederversammlung darüber abstimmte, welcher Kandidat die Partei im Wahlkreis Hannover-Land vertreten sollte, saß ich erwartungsvoll im Saal. Meine Stimme hätte er, glaube ich, sowieso bekommen. Aber Schröder hielt auch von allen drei Bewerbern die mit Abstand pfiffigste Rede. Er vertrat offen linke Positionen, wetterte gegen Kernenergie und Berufsverbote, attackierte den Nachrüstungsbeschluß und mit dem Bekenntnis »Helmut Schmidt hat im Grunde doch alles im Griff« und »ich bin ein politischer Realist« überzeugte er am Ende auch Skeptiker, die ihn – verunsichert von der CDU-Propaganda – für einen verkappten Kommunisten hielten.

Im Dezember nominierte ihn die Partei ganz offiziell zum Bundestagskandidaten, und wir begegneten uns bisweilen im Wahlkampf. Zunächst nur rein formell von Genosse zu Genossin. Er brummte mit einem alten VW-Bulli durch den Landkreis, auf dem riesengroß sein Porträt und sein Name prangten, ich verteilte eifrig die roten »Schröder 80«-Buttons. Am Bohrloch 1.004 in Gorleben verfehlten wir uns allerdings. Schröder fuhr mit seinen Juso-Kollegen ins Wendland, um die Demonstranten gegen das atomare Endlager zu unterstützen. Der niedersächsische Ministerpräsident Ernst Albrecht hatte am 31. Mai angekündigt, ihr Hüttendorf platt zu machen. Ich war natürlich auch auf dem Weg

nach Gorleben. Aber mein alter Käfer blieb auf halber Strecke liegen.
Zwei Monate später verpaßten andere die Gelegenheit, mit ihrem Kandidaten auf Fahrradtour zu gehen, und das war unser Glück. Die örtliche Wahlkampfleitung hatte den Ausflug anberaumt. Das Wetter war prächtig, und ich machte mich mit meinem Fahrrad auf den Weg. Am Treffpunkt, dem Burgdorfer Schützenplatz, standen außer mir nur noch eine Handvoll Genossen, und die hatten ihr Fahrrad vergessen. Dann kam Gerhard Schröder mit einem Saab vorgefahren, auf dem Dachgepäckträger glänzte ein neues Sportzweirad. Wir diskutierten die Lage und waren unentschlossen. Wie gesagt, die schlechte Beteiligung und der mangelnde Bewegungsdrang der Wählerschaft. Ein Genosse ohne Fahrrad hatte ein ganz schlechtes Gewissen. »Wartet mal hier«, sagte er, »ich laufe schnell nach Hause und hole meinen Drahtesel.« Und als hätten wir nur darauf gewartet, schauten Schröder und ich uns in die Augen und dachten: »Nee, wir radeln los.«

Zwei Stunden fuhren wir nebeneinander durch die Feldmark und redeten über Gott und die Welt. Als wir das Dörfchen Hänigsen erreichten, wo die Partei mit hundertfünfzig Bratwürsten wartete, wurde das innig plaudernde Paar von der Grillbrigade mit fragendem Blick beäugt. Als wir abends wieder in Burgdorf ankamen, war ich völlig durchgefroren, aber bis über beide Ohren verliebt. Dem Kandidaten ging es wohl ähnlich. Galant lieh er mir seine Jacke und streifte sogar die blauen Socken von den Füßen. Ich habe sie aufgehoben und lange Zeit verbissen gegen die Motten verteidigt.

Am 5. Oktober gewann Schröder dann seinen Wahlkreis haushoch gegen den CDU-Kandidaten Dietmar Kansy, den er immer Kacke-Kansy genannt hat, weil Dietmar in einer Kläranlage arbeitete. Schröder zog voller Elan nach Bonn.

Ich engagierte mich unterdessen bei den Jusos und in der Arbeitsgemeinschaft sozialdemokratischer Frauen (ASF). Mit dem kleinen versprengten Haufen Burgdorfer Jungsozialisten war nicht viel anzufangen. Den meisten fehlte es an Kampfgeist und Ideen. In Hannover erschien ihnen Ernst Albrecht übermächtig, und Helmut Schmidts technokratisches Regiment in Bonn motivierte die junge Garde auch nicht gerade zu überdurchschnittlichem Engagement. Bei der ASF ging es da schon munterer zu. Frauen sollten an die Macht und in die Parlamente, sie sollten endlich die Männerdomänen stürmen. So predigte es Inge Wettig-Danielmeyer, das Flaggschiff der organisierten Frauen. Ich fand das völlig richtig und eilte von Veranstaltung zu Veranstaltung im Landkreis, um die Genossinnen dazu zu bringen, sich in allen Politikbereichen einzumischen und auch für Ämter zu kandidieren.

Ich erinnere mich noch, daß auf einer großen Frauenkonferenz im Lehrter Gymnasium Gerhard Schröder in der letzten Reihe saß (bei der ASF haben Männer durchaus Zutritt), während ich folgende revolutionäre Sätze in den Saal schmetterte: »Die ASF darf sich nicht einzwängen lassen in den Begriff Frauenbewegung, darf nicht nur frauenspezifische Themen aufgreifen. Wir müssen etwas dafür tun, daß man uns nicht als ein Häufchen strickender, sich selbst beweihräuchernder Emanzen ansieht, sondern als Frauen, die in allen politischen Bereichen arbeiten. Als Frauen, die diese Gesellschaft entscheidend mitprägen wollen.« Ich meinte damit vor allen Dingen den Kampf gegen die Pershing-Nachrüstung und gegen die Atompolitik. Der Mann im Hintergrund applaudierte und sendete mir liebevolle Zeichen. Er wollte als Abgeordneter in Bonn mein Mitstreiter sein.

Darüber hinaus war ich für den Arbeitskreis »Frauen für den Frieden« aktiv, organisierte Treffen, entwarf Flugblätter und nahm am Friedensmarsch der Frauen von Dortmund nach Brüssel teil. Pastor Rauterberg, der das Antikriegshaus in Sievershausen leitete, schenkte Gerhard und mir später das von ihm selbst gefertigte blauweiße Zeichen für im Kriegsfall zu schützendes Kulturgut, und wir hängten es gut sichtbar an unser Immensener Heim.

Den Rest meiner Zeit füllte das Studium der Sozialwissenschaften in Hannover. Ich belegte Seminare bei Oskar Negt, Jürgen Seiffert und Joachim Perels. Sie bestätigten und festigten mein Gesellschaftsbild. Lutz Hieber, für Kultur zuständig, begeisterte mich für den britischen Maler William Turner, und Gerhard schenkte mir ein prächtiges Buch über den Wegbereiter des Impressionismus, das für mich unerschwinglich gewesen wäre. Ich war glücklich. Mein Leben verlief endlich so, wie ich es mir immer gewünscht hatte.

Sooft ich konnte, brauste ich mit meinem klapprigen Käfer in die Bundeshauptstadt. Jedesmal, wenn ich heil ankam, sandte ich ein Stoßgebet zum Himmel. Gerhard bewohnte eine kleine Studentenbude im Stadtteil Poppelsdorf. Meistens brachte ich ihm etwas für seine Wohnung mit, Poster oder eine Lampe, vor allem aber Bücher. Manchmal auch Gedichte, die ich ausgeschnitten hatte. Eines hieß: »Den Haien entrann ich, den Tiger erlegte ich, aufgefressen wurde ich von den Wanzen«. Ich habe immer befürchtet, daß es Gerd mal so ergehen würde, und ihn später oft daran erinnert.

Auch ein anderes Gedicht sollte quasi prophetischen Charakter haben. Es stammt von Ernesto Cardenal: »Als ich Dich verlor, haben wir beide verloren. / Ich, weil du warst, was ich am meisten liebte / und Du, weil ich es war, die Dich am meisten liebte. / Doch von uns beiden verlierst Du mehr als ich, / weil ich andere lieben kann, wie ich Dich liebte. / Aber Dich wird niemand so lieben wie ich«.

Damals war Gerhard durchaus empfänglich für solche Liebesbezeugungen.

Aber das lyrisch-schwärmerische Element in unserer Beziehung war natürlich ich, die Frau. Der Tatmensch Gerhard war im Grunde seines Herzens prosaisch.

Ich erinnere mich, daß er im Rahmen eines Austauschprogramms für »young political leaders« einmal vier Wochen durch die USA reiste und mir von dort einen sehr schönen und sehr langen Brief schrieb. Das Herzstück bildete ein Reisebericht, aber am Anfang und am Ende gab es durchaus private Passagen. Kurz nach seiner Rückkehr war der Brief weg. Ich war in heller Aufregung, denn Briefe von ihm hatten damals schon Seltenheitswert. Ich fand ihn wieder im Büro seines Referenten Heinz Thörmer. Gerd hatte alle privaten Stellen (und einige waren sehr privat) eingeklammert oder durchgestrichen und Thörmer beauftragt, aus dem Rest einen Erfahrungsbericht zu machen, der veröffentlicht werden sollte.

Zum Ausgleich servierte er mir treffliche Einblicke in die Mechanismen der Bonner Bühne und kolportierte wunderbare Geschichten. Natürlich bekam ich auch brühwarm die inzwischen legendäre Anekdote aufgetischt, in der Gerhard nach durchzechter Nacht in der »Provinz« am Zaun des Kanzleramtes rüttelt und brüllt: »Ich will hier rein.«

Stolz berichtete er von seinem ersten Strauß mit Herbert Wehner. Als der bärbeißige Fraktionsvorsitzende den Appell der neuen SPD-Bundestagsabgeordneten abnahm, machte er ein paar Bemerkungen über Schwule in der Art schlechter Herrenwitze. Gerd, der kurz zuvor zwei homosexuelle evangelische Pfarrer gegen den Rauswurf aus der Kirche verteidigt hatte, fuhr ihm in die Parade: »Herbert, so kann man darüber nicht reden.«

Zum Erstaunen aller hat Wehner keinen Tobsuchtsanfall gekriegt, sondern nur gesagt: »Hast ja recht.«

Aber das war vorerst Gerhards einzige Sternstunde. Das Leben eines Bonner Newcomers ist kein Zuckerschlecken. Gerhard mußte zwar nicht wie die meisten bei Null anfangen. Aus seiner Zeit als Juso-Vorsitzender kannte er viele Politiker und Journalisten, aber Wehner regierte die Fraktion mit harter Hand und achtete streng darauf, daß die Hackordnung eingehalten wurde. Die Plätze im einflußreichen Rechtsausschuß, mit dem der Anwalt Schröder natürlich geliebäugelt hatte, blieben verdienten Genossen vorbehalten, ans Rednerpult durfte er nur selten. Die meiste Zeit saß er in seinem Abgeordnetenbüro im Tulpenfeld-Hochhaus und wälzte Akten für den Bauausschuß und für die Enquetekommission »Jugendprotest im demokratischen Staat«, die im Mai 1981 vom Bundestag eingesetzt wurde. Vielleicht hatte Gerhard darum gleich den Vorschlag gemacht, daß die Mandatsträger in den Parlamentsferien mal richtig arbeiten sollten. Er dachte an so eine Art Ernteeinsatz auf dem Bauernhof nach dem Vorbild des Vietcong. Die während dieser Zeit anfallenden Diäten sollten einem wohltätigen Zweck zugute kommen. Gerhard hat auch tatsächlich mal eine Woche bei einem Bauern in seinem Wahlkreis Heu gemacht. Dann ist die Aktion leider eingeschlafen. Sie hat mir gut gefallen und ihm sehr gut getan.

Ich wollte natürlich unbedingt ein paar Bundestagssitzungen live verfolgen, für ein einfaches Parteimitglied war das Parlament ja mit einer gewissen Aura umgeben, und ich dachte, da würde mit dem gebotenen Ernst und mit Würde große Politik gemacht. Die Realität war ernüchternd. Während der Sitzungen herrschte im Plenum meistens gähnende Leere. Die Anwesenden blätterten in der Bildzeitung, die Reden waren öde und formelhaft, als hätte man den Abgeordneten Valium verabreicht. Einer der Volksvertreter, der niedersächsische FDP-Mann Detlef Kleinert, wankte schon am Nachmittag mit einer Alkoholfahne durchs Bundeshaus. Nach elf Jahren Regierungsarbeit schien mir die sozialliberale Ära in Agonie zu versinken.

Für eine erhebliche Verbesserung des Klimas sorgten dann erst wieder die Grünen, die 1983 in den Bundestag einzogen. Im Gegensatz zur Parteiführung gab es bei den jungen SPD-Abgeordneten keine Berührungsängste. Im Gegenteil. Viele suchten den Kontakt und umgekehrt. Auch Gerhard hatte sich mit den neuen Parlamentariern weit mehr zu sagen als mit den Genossen der Kanalarbeiterfraktion. Hier wurde locker angebahnt, was 1990 zur ersten rot-grünen Regierung Niedersachsens führen sollte.

Ich erinnere mich gern an die guten Diskussionen und feuchtfröhlichen Kneipenrunden mit Hubert Kleinert, dem damals noch schlanken Joschka Fischer und seiner Freundin Claudia. Vor allem Waltraut Schoppe war mir auf Anhieb sympathisch. Acht Jahre später übernahm sie das Frauenministerium.

Doch während Gerhards erster Legislaturperiode kämpften die Grünen noch in der außerparlamentarischen Opposition, wo Atomkraftgegner, die Friedensbewegung und Hausbesetzer den politischen Feuilletons die Schlagworte lieferten. In Bonn herrschte dagegen Tristesse. Auch im Sammelbecken der SPD-Linken, dem Frankfurter Kreis. Gerhard gehörte dazu und nahm mich öfter mit zu den Sitzungen. Die Vordenker Oskar Lafontaine, Freimut Duve, Heidi Wieczorek-Zeul wetterten wortreich gegen die Regierungspolitik, gegen den anstehenden Nato-Doppelbeschluß, gegen Plutoniumwirtschaft, illiberale Antiterrorgesetzgebung und gegen Kahlschläge im Sozialhaushalt, die sich Kanzler Helmut Schmidt gerade von der FDP hatte aufdrücken lassen. Aber sie wetterten leise. Die Liberalen liebäugelten offen mit dem Bruch der Koalition, und Gerhard berichtete säuerlich, daß die Prätorianer des Kanzlers im Fraktionsvorstand jeden Widerstand gegen Kabinettsbeschlüsse gnadenlos niederbügelten.

Wer wie die Abgeordneten Karl-Heinz Hansen und Manfred Coppik auf die Gewissensentscheidung des Abgeordneten pochte und die Regierungsbeschlüsse nicht mittragen wollte, mußte damit rechnen, daß gegen ihn ein Parteiausschlußverfahren eingeleitet wurde. Coppik resignierte und trat freiwillig aus, für Hansen warf sich Gerhard mutig vor dem Parteirat in die Bresche. Doch der Ausschluß wurde nur aufgeschoben. Zwei Monate später mußte Hansen die SPD verlassen.

Mich erinnerte das fatal an die Methode, mit der Sozialdemokraten die Pazifistin Rosa Luxemburg während des Ersten Weltkrieges aus der Partei getrieben hatten, und ich war ziemlich erschüttert darüber, daß so etwas immer noch möglich war.

Der angehende Berufspolitiker Gerhard konnte meinen Unmut zwar verstehen, sah das alles aber ein bißchen nüchterner: »In einem Jahr ist der Junge vergessen.« Damit sollte er recht behalten. Verständlicherweise verhielt sich der Parlamentsneuling fortan ein bißchen vorsichtiger und verkniff sich gröbere Anti-Schmidt-Attacken. Er ärgerte nur noch einmal Wehner, weil er mit 21 anderen Abgeordneten forderte, eine Milliarde Mark vom Wehretat abzuziehen und in die Entwicklungshilfe zu stecken.

Als Gerhard aber auf dem Bundesparteitag ohne Not der Aufstellung von neuen Pershing- und Cruise-Missile-Raketen zustimmte, trieb er es mit der Anpassung für meine Begriffe ein bißchen zu weit und machte sich unglaubwürdig. Das Nein zum Nato-Doppelbeschluß war einer der Eckpfeiler seines Wahlprogramms gewesen, viele junge Menschen aus der Friedensbewegung hatten ihm gerade deshalb ihre Stimme gegeben.

Gerhard versuchte mich davon zu überzeugen, daß seine Vorgehensweise richtig und rational sei. Er erklärte mir etwas von Parteiräson, von Schmidts Rücktrittsdrohung im Falle einer Abstimmungsniederlage und von der dann ins Haus stehenden Kanzlerschaft Kohls, die man ja wohl nicht wollen könne. Kurz gesagt, er redete wie ein alter Hinterbänkler.

Mein Politikverständnis war etwas romantischer. Ich hielt ihm sein gebrochenes Wahlversprechen vor, bestand auf dem Primat der Moral vor kalter Machtarithmetik und erinnerte daran, daß in Bonn vor kurzem 300000 Menschen, angeführt von den Sozialdemokraten Heinrich Albertz und Erhard Eppler, gegen den Nato-Doppelbeschluß demonstriert hatten.

Es sollte nicht die letzte Auseinandersetzung dieser Art bleiben.

Diesmal behielt die Romantikerin recht. Bekanntlich nützte der Kniefall der Parteilinken niemandem. Zwölf Monate später war die Regierung Schmidt Historie, und dank der fahnenflüchtigen FDP hieß der Kanzler Helmut Kohl. Auch der große alte Mann der SPD, Herbert Wehner, verließ die politische Bühne. Kurz bevor er die Tür des Sitzungssaales durchschritt, drehte er sich noch mal um und prophezeite mit tonloser Stimme, Bonn sei für die Partei in den nächsten zwölf Jahren verbrannte Erde.

Gerhard wurde das so richtig bewußt, als er bei den vorgezogenen Bundestagswahlen 1983 seinen Wahlkreis nicht mehr direkt gewinnen konnte und nur über die Landesliste ins Parlament einzog. Da packte ihn plötzlich der große Katzenjammer. Er versank im

Selbstmitleid. Tagelang streute er sich Asche aufs Haupt, tigerte wortlos durchs Haus, und selbst abends konnte ihn ein guter Roter nicht trösten. Er verfluchte Helmut Schmidt und seine Betonfraktion, die ihm das angetan hatten.

Diese Seite an ihm hatte ich noch nicht kennengelernt. Ich begriff allmählich, wie der Genosse Schröder funktioniert. Zu Beginn seiner zweiten Legislaturperiode gestand er mir einmal bei einem Glas Wein in seinem Bonner Stammlokal Hoppegarten, ihm fehle eigentlich jede Lust, »in der Opposition herumzuhocken«. Er ahnte, daß mit Schmidts Abgang mehr als nur eine Regierung kaputtgegangen war. »Die SPD hat ihre Identität als moralischer Verein gefährdet«, sagte er einem Reporter.

Auf meine Frage, warum er dann nicht einfach die Politik sausen lasse und in seine Kanzlei zurückkehre, zuckte Gerhard die Achseln und bestellte noch einen Schoppen. Ich vermute, er wußte es damals wirklich nicht. Frust und vagabundierender Tatendrang müssen bei ihm immer eine Weile gären, durch zwei, drei äußere Anlässe fermentiert werden, bis sie sich in einem seiner berühmt-berüchtigten Überraschungscoups entladen. Manche halten das für blinden Aktionismus. Aber sie irren. Denn dieser Aktionismus wird von einem inneren Kompaß gesteuert, der meistens ziemlich korrekt anzeigt, was langfristig gut für ihn und gut für seine politische Arbeit ist.

Diesmal wies die Nadel nach Hannover. Gerhard wollte bei den nächsten Landtagswahlen als Spitzenkandidat der niedersächsischen SPD kandidieren. Er hatte, wie er mir sagte, das Gefühl, die Erneuerung der Partei sei nur von der Provinz aus zu bewerkstelligen.

Mir war das sehr recht. In den Bonner Zeiten war Gerhard ständig unterwegs und nur an den Wochenenden in Hannover. Und auch dann standen tagsüber meistens Termine im Wahlkreis an. Ich hoffte einfach, daß wir uns ein bißchen öfter sehen.

1982 haben wir uns beide scheiden lassen. Im gleichen Jahr kauften wir ein wunderschönes kleines Bauernhaus in Immensen bei Lehrte, wo auch meine Eltern wohnten. Es hatte einen großen Garten, wir pflanzten Bäume und legten einen Teich an. Es war ideal für die Kinder.

Als wir einzogen, war das natürlich die Sensation im Dorf. Mich kannten ja die meisten. Aber den Juso Schröder? »Bundestagsabgeordneter ist er nun und lebt mit Hiltrud in unordentlichen Verhältnissen«, referierte meine Mutter amüsiert den Klatsch im Edeka-Markt.

Immensen war skeptisch. Am Tag des Umzugs wunderte ich mich über die Bataillone mehr oder weniger engagierter Hilfstruppen. Sie streiften durchs Haus, rückten das wenige Mobiliar von rechts nach links und steckten neugierig die Köpfe in alle Ecken. Einer drängelte sich auf der Treppe an mir vorbei: »Darf ich mal, Mädel«, sagte er, »ich will das französische Bett sehen.« Eine andere nicht eingeladene Besucherin klagte völlig verzweifelt: »Wo haben sie denn nun die weißen Fliesen mit den roten Fugen? Oben im Bad sind keine und im Keller auch nicht.«

Das halbe Dorf war angetreten, um zu gucken, wie es bei den neuen Nachbarn aussieht. Gerd holte Bier und Mettbrötchen für alle und gab das Grundstück offiziell zur Besichtigung frei. »Das ist konsequente Basisarbeit«, sagte er und amüsierte sich prächtig.

Die heile Welt in der »Villa Kunterbunt« ist später oft beschrieben worden. Manche Presseberichte haben natürlich maßlos übertrieben, aber die ersten Jahre waren tatsächlich ein chaotisches Idyll. Vor allem für meine Töchter. Die kleine Franca akzeptierte Gerd sofort als ihren Ersatzvater, die zehnjährige Wiebke hielt zunächst ein wenig Distanz. Aber Gerd gab sich wirklich Mühe, ein allseits geliebtes Familienoberhaupt zu werden. Er fuhr sogar gegen meinen Rat mit Wiebke und Franca über Land, um ihnen den Wunsch nach einem Pony zu erfüllen.

Ich kenne meine Töchter. »Das erste Tier, das ihnen unter die Augen kommt, muß es sein«, warnte ich ihn. Gerd ist zwar ein kluger Kopf, aber er hat nicht den geringsten Pferdeverstand. So kam es, wie es kommen mußte. Sie hielten am ersten Gestüt, die Mädchen sahen ein Pony über die Weide traben, und schon standen sie am Zaun und heulten Rotz und Wasser: »Gerd, Gerd, dieses hier oder gar keins.« Was blieb ihm übrig. Er nickte, zückte das Portemonnaie und ließ sich von dem feixenden Pferdehändler kräftig übers Ohr hauen.

Gerd nahm auch gelassen hin, daß er sich den Platz am Frühstückstisch erst mit einem, später mit zwei riesigen Neufundländern teilen mußte. Obwohl ihm das politisch bald schwer zu schaffen machte. Das erste Tier hieß nämlich Bosse. Genauso wie Helmuth Bosse, Vizepräsident des Landtages und einer von Gerhards Rivalen um die Spitzenkandidatur im niedersächsischen Wahlkampf. Die Zeitungen schrieben genüßlich, er habe den Hund aus reiner Häme so getauft. Als Bosse (der Neufundländer) wenig später starb, sagten wir natürlich, der arme Hund ist ein Opfer der Presse. Daß sein Name wirklich vom Züchter stammte, hat die Journalisten natürlich nie interessiert. Die Geschichte war einfach zu gut, und sie trauten Gerd anscheinend schon damals jede Bosheit zu.

Selbst den wenigen sozialdemokratischen Sympathisanten im niedersächsischen Mediengeschäft war er anfangs nicht geheuer. Sie hielten den Anspruch des jungen Abgeordneten, Ministerpräsident Ernst Albrecht aus dem Amt zu jagen, schlicht für Größenwahn. »Der Monarch«, wie ihn sogar SPD-Abgeordnete ehrfürchtig titulierten, saß so souverän im Sattel wie vor zweihundert Jahren die hannoverschen Kurfürsten auf dem englischen Thron. Dabei war sein Regierungsstil genauso dubios wie die Umstände seiner Wahl.

1976 trat der sozialdemokratische Ministerpräsident Alfred Kubel mitten in der Legislaturperiode aus gesundheitlichen Gründen zurück. Obwohl die sozialliberale Regierungskoalition über eine Einstimmenmehrheit verfügte, wurde der CDU-Kandidat Albrecht im zweiten Wahlgang gewählt. Da SPD und FDP ein Zusammengehen mit der CDU ablehnten, krönte der Landtag Albrecht im dritten Wahlgang zum Ministerpräsidenten und tolerierte eine Minderheitsregierung. Gerüchte um Bestechung und Betrug machten die Runde. Geld ist sicher genug dagewesen. Als Albrecht noch Finanzchef der Keksfirma Bahlsen war, pflegte er sechsstellige Summen an die CDU zu transferieren.

Willy Brandt sprach in Bonn von »Mehrheiten, die im Zwielicht gebildet wurden«. Der Korruptionsverdacht hat in den nächsten Jahren weitere Nahrung gefunden. Vorerst aber profilierte sich Albrecht als Law-and-order-Mann. In keinem anderen Bundesland, nicht mal in Bayern, wurde der Radikalenerlaß so scharf ausgelegt wie in Niedersachsen. Albrecht ließ selbst Kindergärtnerinnen mit DKP-Ausweis aus dem Staatsdienst entfernen. Junge Wissenschaftler bekamen keinen Job, weil sie für studentische Selbstverwaltungsgremien kandidiert hatten. Das prominenteste Opfer seines Extremistenwahns war Professor Peter Brückner. Wissenschaftsminister Eduard Pestel entzog dem international renommierten Sozialpsychologen die Lehrerlaubnis wegen angeblicher Terrorismusverherrlichung. Nach jahrelangem Kampf vor den Gerichten wurde Brückner vollständig rehabilitiert. An die Uni Hannover durfte er trotzdem nicht zurück, Albrecht wies Pestel an, das Hausverbot nicht aufzuheben. Brückner starb krank und zermürbt von der Rufmordkampagne.

Mitte der achtziger Jahre, in dem hysterischen Klima von RAF-Terror und Kommunisten-Phobie, verschaffte sich Albrecht auf diese Art einen Ruf als gestrenger Landesvater und gewann zwei Landtagswahlen haushoch gegen den aus Bonn importierten ehemaligen SPD-Wohnungsbauminister Karl Ravens.

Doch der Erfolg stieg Albrecht mehr als tolerabel zu Kopf. Er mutierte zum Autokraten, wie »Die Zeit« konstatierte. Albrecht fühlte sich jenem Typus »überdurchschnittlicher Menschen« zugehörig, deren »Alleinherrschaft« eine »bessere Ordnung garantiert«, wie er in seinem Buch »Der Staat – Idee und Wirklichkeit« offenbarte. Der »Massenmensch«, lautete Albrechts Credo, ist »blaß, ja, in geistigem Sinne gestaltlos« und braucht vor allem eines: »Führung«.

Albrecht führte, daß es krachte. Um Informationen über die Extremistenszene zu sammeln, gründeten niedersächsische Verfassungsschützer eine terroristische Vereinigung. Die Gang bombte ein Loch in die Celler Strafanstalt, weil – so die hanebüchene Begründung – Fluchtpläne des in Celle einsitzenden Terroristen Debus entlarvt werden sollten.

Landeskriminalbeamte verschoben Waffen und bestellten bei der Mafia belastende Aussagen gegen den des Versicherungsbetrugs beschuldigten René Düe. Immer mit von der Partie war der zwielichtige Agent provocateur Werner Mauss. Innenminister Wilfried Hasselmann rechtfertigte später das kriminelle Treiben seiner Beamten vor diversen Untersuchungsausschüssen mit dem von keinerlei Verfassungskenntnis getrübten Hinweis: Wenn Agenten und Verfassungsschützer Gesetze übertreten, »machen sie sich nicht strafbar«.

Der Innenminister spielte auch in der sogenannten Spielbankenaffäre eine unrühmliche Rolle. Kasinogeschäftsführer Marian Felsenstein, im Zweitberuf bankrotter Wäschehändler, erkaufte sich jahrelang die Lizenzverlängerung, indem er einen Aufsichtsbeamten des Innenministeriums schmierte und Kasinogewinne in die CDU-Parteikasse zahlte. Der Geldbote war meistens Wilfried Hasselmann.

Viele der anderen Kabinettsmitglieder waren ebenfalls keine Unschuldslämmer. Justizminister Hans Puvogel mußte zurücktreten, als Studenten seine Dissertationsarbeit aus dem Jahre 1936 ausgegraben hatten. Sie trug den Titel »Die leitenden Grundgedanken bei der Entmannung gefährlicher Sittlichkeitsverbrecher«. Puvogel bescheinigte darin »nur rassisch wertvollen Menschen eine Daseinsberechtigung« und plädierte für die umstandslose »Ausscheidung minderwertigen Lebens«.

Finanzminister Walter Leisler Kiep hat seinen Hut nehmen müssen, weil seine Verwicklungen in der Bonner Parteispendenaffäre ruchbar geworden waren.

Wirtschaftsministerin Breuel durfte ihn Jahre später beerben, obwohl sie es mit ihrem »ordnungspolitischen Durchbruch zugunsten des Kapitals« fertiggebracht hatte, das Pro-Kopf-Einkommen der Niedersachsen auf zehn Prozent unter Bundesdurchschnitt zu drücken.

Die Frau hat einfach immer Glück. Nach ihrem Wirken als Chefin der Treuhand, das nicht gerade für alle Ex-DDR-Bürger segensreich war, wurde sie neuerlich belohnt – mit dem hochdotierten Posten der Expo-Generalkommissarin.

Wie Albrecht es schaffte, sich angesichts einer endlosen Skandalkette an der Macht zu halten, ist leicht zu beantworten. Die Machenschaften blieben bis Ende der achtziger Jahre unter der dicken Decke schwarzen Filzes. An den Schaltstellen von Ministerialbürokratie und Landesverwaltung hatte er treue Gefolgsleute postiert oder Zeitgenossen, die ihm etwas schuldig waren.

Der zynische Machtmensch log im Parlament, daß sich die Balken bogen, genauso wie später vor dem Spielbankenausschuß. Kritik bügelte er arrogant vom Tisch, und im Landtag saß eine Opposition, die diesen Namen nicht verdiente.

Ich war 1978 in die SPD eingetreten, weil ich Albrecht verhindern wollte. Er erschien mir wie der Prototyp des gefährlichen Technokraten. Nicht nur weil er das Atommüllendlager Gorleben und die Wiederaufbereitungsanlage in Dragahn genehmigt hatte. Mir waren auch Hobbyjäger widerlich, die wie Albrecht an Buß- und Bettagen zahme Fasane im Oldenburger Wald aussetzen ließen, um die arglos herumstehenden Tiere waidgerecht abzuschießen.

Mit Karl Ravens aber konnte man wohl nicht gewinnen. Ich habe ihn im Wahlkampf 1982 gesehen. Er hatte längst resigniert und die Fraktion ebenso. Albrecht holte mit 50,7 Prozent die absolute Mehrheit in Niedersachsen. Daraufhin gab Ravens bekannt, er werde in vier Jahren nicht mehr antreten. Doch als Gerhard nach seiner Wahl zum Vorsitzenden des mächtigen SPD-Bezirks Hannover seinen Hut in den Ring warf, schlug ihm Ablehnung entgegen. Auf Drängen von Ravens schickte die Bonner Kanalarbeiterriege als Gegenkandidatin Anke Fuchs, die Ex-Bundesministerin für Jugend, Gesundheit und Familie, und aus Niedersachsen bewarb sich, wie schon erwähnt, Landtagsvizepräsident Bosse.

Der konservative Landesvorstand bevorzugte Fuchs. Warum, war klar. Gerhard Schröder stand für eine neue Politik. Er erklärte klipp und klar, er strebe eine rotgrüne Koalition an. Es würde eine harte Auseinandersetzung geben. Gerhard bestieg unseren VW und tingelte wieder einmal durch die Kreis- und Ortsverbände, um für seine Ziele zu werben. Er rackerte wie noch nie, nach zwölf Monaten zeigte sein Tacho, daß er 45000 Kilometer abgefahren hatte.

Für mich war das eine sehr schwere Zeit. 1981 hatte ich an der TU-Hannover begonnen, Sozial- und Politikwissenschaften zu studieren, nun stand ich kurz vor dem Abschluß und wollte zum Endspurt ansetzen. Da brach eines Tages meine Mutter zusammen. Vater und ich brachten sie ins Krankenhaus. Die Diagnose ließ mich erstarren: Krebs im Endstadium. Die Beschwerden waren ohne Vorankündigung aufgetreten. Die Tragödie traf uns völlig unvorbereitet. Unser alter Hausarzt versicherte, daß man versuchen werde, das Ende durch eine Operation hinauszuzögern. Aber er sagte auch, das beste wäre für sie, wenn sie aus der Narkose nicht mehr aufwachen würde, weil alles, was danach käme, nur noch qualvoll sein könnte.

Ich wollte das nicht hören, wollte nicht glauben, daß überhaupt keine Hoffnung mehr bestehen sollte. Mein Vater bat die Ärzte, alles Menschenmögliche zu tun. Er war völlig am Boden zerstört. Das schlimmste war, daß wir Mutter noch vor kurzem das Versprechen geben mußten, ihr nicht zu sagen, wenn sie einmal todkrank sein sollte. Vater und ich faßten noch in dieser durchwachten und durchweinten Nacht einen Entschluß: Wenn sie die Operation überstehen sollte, wollten wir sie keinesfalls im Krankenhaus sterben lassen, sondern wir würden sie gemeinsam zu Hause betreuen. Meine Mutter überlebte den Eingriff, aber an der traurigen Voraussage hatte sich natürlich nichts geändert.

Sie mußte große Schmerzen ertragen und wurde zusehends schwächer. Für meinen Vater war das alles zuviel. Am Bett meiner Mutter bekam er seinen zweiten Herzinfarkt. Ich war gerade nach Hause gelaufen, um kurz einmal nach den Kindern zu sehen. Die völlig kraftlose Frau machte eine Stunde lang Wiederbelebungsversuche, dann verständigte sie mich am Telefon.

Als ich Vater in die Klinik gebracht hatte, sagten mir die Ärzte, daß auch für ihn wenig Hoffnung bestehe. Er hatte es längst gewußt und lehnte jeden operativen Eingriff ab.

Wenige Wochen später fiel meine Mutter ins Koma und starb. Ich hatte zuletzt das Gefühl, daß sie genau wußte, wie es um sie stand. Aber sie wollte einfach nicht darüber sprechen.

Ich war sehr niedergeschlagen und brauchte eigentlich jemanden, dem ich meinen Kummer anvertrauen konnte. Aber Gerhard war seit Wochen nur noch zum Schlafen zu Hause, und wenn er spätabends kam, fiel er todmüde ins Bett.

Nach der Beerdigung machte ich ihm deswegen Vorwürfe, und am nächsten Morgen schlich er ganz schuldbewußt durch die Wohnung. Nachmittags war er aber schon wieder unterwegs – auf Stimmenfang in Emden.

Natürlich habe ich trotzdem ja gesagt, als Gerd mich fragte, ob ich ihn heiraten wolle. Ich liebte ihn, und als Gefährtin eines Politikers mußte ich mich wohl damit abfinden, daß ein »normales« Familienleben nicht zu organisieren war. Selbst an unserem Hochzeitstag machte der Streit um die Kandidatenkür keine Pause.

Die Trauung war für den Vormittag des 15. Juni 1984 angesetzt, abends hatte mein frischgebackener Ehemann eine Veranstaltung im emsländischen Meppen. Obendrein erschien er achtzehn Minuten zu spät auf dem Standesamt in Lehrte. Es war die klassische Szene:

Braut, Trauzeugen und Gäste standen sich die Beine in den Bauch. Der Bräutigam kam mit fliegenden Rockschößen angebraust und hechelte: »Liebling, ich hatte die Ringe vergessen.« Immerhin war sein Outfit dem Ereignis angemessen. Er trug einen dunkelblauen Anzug und hatte es tatsächlich geschafft, über dem grünen Hemd eine Krawatte korrekt zu befestigen. Das war sonst nicht gerade seine Stärke.

Nach fünf Minuten waren Gerhard Fritz Kurt Schröder und Hiltrud Marion, geborene Hensen, »kraft Gesetzes rechtmäßig verbundene Eheleute«. »Alles klar?« fragte der Standesbeamte, der auf den schönen Namen Heinz von Engel hörte. Sicher, wollte ich sagen, wir machen das ja beide nicht zum erstenmal. Aber ich verkniff mir die Bemerkung lieber. Sonst stünde morgen wieder alles in der Zeitung.

Ein langer Kuß besiegelte die Zeremonie. Nochmals herzlichen Dank, Herr von Engel. Anschließend gingen wir essen, zu Lino ins Ristorante Roma, mit Kind und Kegel und ein paar guten Freunden. Danach mußte Gerd auch schon wieder los.

Die richtige Feier holten wir am folgenden Wochenende in Immensen nach. Es war ein unterhaltsames Fest, aber nicht gerade das, was ich mir unter einer zünftigen Wedding-Party vorstellte. Es war eher eine Mischung aus Staatsaktion und öffentlichem Spektakel. Ums Buffet und vor allem um den Tresen drängelte sich die komplette SPD-Prominenz aus Niedersachsen, sogar Karl Ravens war da. Dazwischen viele Fotografen und Journalisten, sogar aus Bonn war ein ganzer Schreibertroß eingetroffen. Aber das war erst ein kleiner Vorgeschmack auf das, was mich in den nächsten Jahren erwarten sollte.

Anfang Juli kürten die Delegierten des Landesparteitages in Osnabrück meinen Mann zum offiziellen Herausforderer von Ernst Albrecht. Ich freute mich von ganzem Herzen, schon weil ich überzeugt war, daß er als einziger Albrecht wirklich Paroli bieten konnte.

Zwei Jahre blieben ihm noch bis zu den Wahlen, und die PR-Maschine lief – rasanter denn je – sofort nach unserer Hochzeit an. Wieder war es nichts mit ein bißchen stillem Glück. Es gab später im Wahlkampf eine kleine Geschichte, die unsere Ehe sehr schön auf den Punkt bringt: Die SPD klebte ein riesiges Plakat, von dem Gerd und ich herunterlächelten. Darunter ließ der Wahlkampfmanager drucken »Politik ist nicht alles«. Als er uns einen Andruck zeigte, war ich begeistert. Gerd nicht minder. Beim Hinausgehen stach ihn allerdings der Hafer. Er nahm einen Filzstift und ergänzte den Slogan: »... aber ohne Politik ist alles nichts«.

Um den Kandidaten bei den Bürgern im Land bekannt zu machen, organisierte die Partei eine Sommerreise durch Niedersachsen. Das Motto hieß »Schröder auf Touren«. Es war die reinste Ochsentour. Die Karawane aus Beratern und Journalisten hielt in mindestens hundert Städten und Gemeinden. Überall warteten Dixieland-Kapellen, Bratwurststände und örtliche Honoratioren. Ein Schilderwald pflasterte seinen Weg: »Lernen sie Gerhard Schröder persönlich kennen«.

Die Niedersachsen nahmen das Angebot an. Der Kandidat hatte sich immer ein lokales Thema ausgesucht, über das er faktenreich parlierte. Danach hieß es Händeschütteln, Biertrinken und die Leute im Einzelgespräch bearbeiten. Die Botschaft lautete immer gleich: Ernst Albrecht hat sich seit zehn Jahren in der Staatskanzlei verschanzt und weiß nichts von den Sorgen der Bürger draußen im Lande. Ich dagegen stehe hier, um mir Ihre Probleme anzuhören. Wenn Sie mich in zwei Jahren zum Ministerpräsidenten machen, werde ich mich darum kümmern.

Ich war gern die meiste Zeit dabei und bewunderte, wie Gerhard den Redenmarathon durchhielt. Am liebsten setzte ich mich mitten ins Publikum oder zwischen die Presseleute. Der Kandidat stand mit den Honoratioren vorn im Blitzlichtgewitter, und ich hatte keine Lust, als Dekoration des Kandidaten angestarrt zu werden. Er hätte das am liebsten aber ganz anders gehabt. Ich weigerte mich auch, für Fotos zu posieren, weil das Gedränge derer, die mit aufs Bild wollten, beängstigende Ausmaße annahm. Das hob seine Laune nicht.

Mir war dieses Ballyhoo anfangs einfach nicht geheuer. Ich fand es viel interessanter zu beobachten, wie die Menschen auf meinen Mann reagierten. Während seiner Rede machten sie ihre Bemerkungen und rissen Witze, kommentierten das Gehörte je nach politischer Couleur mit einer abfälligen Handbewegung oder zustimmendem Lächeln. Da wir oft in den Auftrittsorten übernachteten, saßen Gerhard und ich abends noch lange mit den Einheimischen zusammen und diskutierten über große Politik im allgemeinen und das Leben im besonderen. Das waren für mich eigentlich die ergiebigsten Momente. Hier konnte man ein rot-grünes Reformprojekt an den kleinen Dingen des Alltags messen. Erläutern, was Müllvermeidung heißt, mit den Bauern über alternative Landwirtschaft reden, über die Zerstörung der Natur durch immer mehr Autoverkehr, über fehlende Radwege und die Bedrohung unserer Kinder durch die Atomkraft.

Natürlich wechselten unsere Gesprächspartner nicht mit fliegenden Fahnen in Gerhards Lager über. Die niedersächsische Diaspora war von einem bodenständig konservativen Menschenschlag bevölkert, der alles Neue erst einmal bedächtig abwägen muß. Ich hatte schon das Gefühl, daß viele Leute Ernst Albrecht immer noch Respekt entgegenbrachten, aber eher wie einem mächtigen ungeliebten König.

Gerhard merkte das ebenfalls. Er präsentierte sich auf der ganzen Tour in Hochform und sammelte mit seiner saloppen, unkomplizierten Art viele Sympathiepunkte. Sein hemdsärmeliger Charme, seine Schlagfertigkeit und die direkte, unverblümte Sprache kamen an.

Die Umfrageergebnisse bescheinigten jedenfalls, daß er alles richtig machte.

In dieser Zeit erschienen auch die ersten Pressestimmen über meine Person. Die Journalisten waren sehr freundlich. Das hannoversche Szeneblatt »Schädelspalter« verglich mich gar mit Jacqueline Kennedy. Es kann einen schlimmer treffen, aber ich hielt das dann doch für etwas spinnert. Gerd dagegen gefiel der Vergleich ausnehmend gut. Er sagte: »Sieh's mal so, wir sind jetzt so etwas wie eine Firma, die Politik verkauft.«

Andere schienen das auch so zu sehen. Ich bekam Einladungen für eigene Veranstaltungen. Das waren natürlich meistens Parteiversammlungen, und der Landtagsabgeordnete bat mich, einen Vortrag über Naturschutz oder Atomenergie zu halten, um am Ende ein paar Gramm Albrecht-Häme draufkippen zu können.

Für mich war das eine völlig neue Erfahrung, und ich habe die ersten Auftritte mit sehr gemischten Gefühlen absolviert. Um den Druck loszuwerden, begann ich ein Tagebuch zu schreiben. Wenn ich es heute durchblättere, muß ich lächeln. Es enthält eine triste Sammlung zerquälter Passagen über den Streß der Wahlkampftouren, über meine Ängste, den Erwartungen von Öffentlichkeit und Partei nicht zu genügen, und formuliert arge Zweifel, ob unsere junge Ehe die Belastungen eines Politikerlebens aushalten würde. Ein Dokument schierer Panik.

Der Tod meines Vaters verschärfte die Krise noch,

obwohl Gerhard diesmal alle Termine strich und sich liebevoll um mich kümmerte. Rückblickend gesehen, war das eigentlich der spannendste, gemütlichste und schönste Wahlkampf, den ich je mitgemacht habe.

Viel dazu beigetragen hat eine Künstlerinitiative, die Hela Rischmüller-Pörtner, eine Freundin und Kollegin aus Gerds Anwaltskanzlei, in Gang gesetzt hatte. Ende Juni 1985 organisierten wir in dem kleinen Wendlanddorf Gümse auf dem Grundstück des Malers Uwe Bremer ein Fest, um den kreativen Wahlhelferverein der Öffentlichkeit zu präsentieren. Die Teilnehmerzahl übertraf unsere kühnsten Erwartungen. Es kamen Schriftsteller wie Günther Grass, Lew Kopelew und Reinhard Lettau, berühmte Künstler wie Horst Janssen, niedersächsische Maler wie Karl Schaper, Schauspieler, viele Musiker und selbst ein Fernsehstar wie Désirée Nosbusch. Als auch noch Willy Brandt erschien, wehte ein Hauch von 1969 über Bremers Wiesen, als führende Intellektuelle »mehr Demokratie wagen« wollten und Willy nicht zuletzt dank ihrer Unterstützung erster sozialdemokratischer Kanzler der Republik geworden war.

Es war eine tolle Party. Zwar fing es schon am frühen Morgen an, in Strömen zu regnen, aber das konnte der Stimmung keinen Abbruch tun. Alles drängelte sich in den vorsorglich aufgestellten Zelten und toastete auf Gerhards Wahlsieg und eine rot-grüne Koalition. Das hörte Willy Brandt gern. Er war ja schon 1982 sicher, daß eine Mehrheit links der Mitte zu gewinnen sein müsse. Zufrieden gönnte er sich eine Zigarrette und ein paar Cognäcchen. Unbemerkt von seiner Frau Brigitte Seebacher-Brandt, die ihm das normalerweise strikt verbot. Auch ein Gespräch mit Willy zu führen war nur unbemerkt von seiner neuen Frau ein wirkliches Vergnügen.

Gerhard und ich haben die Brandts einmal vor Jahren in Unkel besucht. Ich war ziemlich aufgeregt, weil ich Willy sehr verehrt habe. Dann saßen wir drei Stunden da, und geredet hat überwiegend Brigitte Seebacher. Sie wartete auf die Stichworte von Willy, um sich dann in endlosen Monologen zu produzieren. Am Ende stocherten alle lustlos, bis auf Seebacher natürlich, in der Diätkost herum, mit der sie den Gourmet Willy täglich quälte. Es gab warme rote Beete. Gerhard haßte rote Beete. Aber als er sah, daß Willy sie schicksalsergeben hinunterschluckte, aß auch er seinen Teller auf.

Ich fand, die ganze Szenerie war unwürdig für diesen großen Mann. Genauso wie die Bild-Serie über das neue Unkelner Eheglück, für die er sich überreden ließ, auf dem Balkon mit Kochschürze beim Kräuterschnippeln zu posieren.

In Gümse jedenfalls war Willy Brandt bester Laune und zu allen Schandtaten aufgelegt. Horst Janssen zog ihn gleich zu Beginn mit den Worten an den Tresen: »Wir sind ja beide Alkoholiker, ich zutiefst und du am Rande.« Der Maler war an diesem Tag zweifellos der beliebteste Trinker und die schillerndste Figur. Jeder wollte von ihm wenigstens eine Skizze mit nach Hause nehmen. Man schob ihm Bierdeckel hin, Regenschirme, Mützen und sogar Damenstrümpfe. Schüchterne schickten die Kinder vor: »Geh man zu Onkel Horst, und laß dir 'ne Zeichnung machen.«

Janssen saß den ganzen Abend vergnügt an seinem Tisch und zauberte mit Filz, Bleistift und Kugelschreiber die wunderbarsten Bilder. Nach jeder Zeichnung belohnte er sich mit einer neuen Getränkeorder. Am Ende konnte er zwar nicht mehr gerade stehen, aber er war einer der wenigen Menschen, mit denen man sich selbst in diesem Zustand fabelhaft unterhalten konnte, was ich ausgiebig und mit Vergnügen tat.

Er hat mich sogar eingeladen, ihn in Hamburg zu besuchen, und das Angebot tatsächlich nicht vergessen.

Wenn Janssen ernsthaft arbeitete, trank er keinen Tropfen. Das waren dann die sogenannten Trockenphasen. Drei Monate nach dem Gümse-Fest rief er mich an und sagte, so eine Phase sei gerade mal wieder angebrochen, und er würde sich freuen, wenn ich bei ihm vorbeischaute.

Mit klopfendem Herzen machte ich mich auf nach Hamburg, ich war ja nicht jeden Tag mit einem Genie verabredet. Vor lauter Nervosität verfuhr ich mich in der Stadt und traf viel zu spät bei ihm ein. Er nahm mir das nicht nur nicht übel, sondern entschuldigte sich erst einmal, daß es bei ihm so unordentlich sei.

Ich hatte es mir viel schlimmer vorgestellt. Es sah

eigentlich nach einem systematischen Chaos aus. Überall lagen Bilder herum, fertige und unfertige, aber sie waren nach Themenzyklen geordnet und beeindruckten mich sehr. Ich hatte bis dahin nur Reproduktionen bewundert, die Wirkung der Originale war atemberaubend.

Der Meister führte mich dann in sein Arbeitszimmer, und ich mußte mich ihm gegenüber an den Schreibtisch setzen. Auf der Schreibplatte türmten sich Stapel von Radierungen und Skizzen, zwischen denen es sich seine Katze gemütlich gemacht hatte. Unwirsch sprang sie weg, als Janssen mit Grandezza ein weißes Tischtuch über die Arbeiten warf. Dann postierte er für mich vorsichtig eine Flasche Champagner und ein Glas auf dem Papierhügel. Er selber begnügte sich mit einem Becher Milch.

Ob auch alles zu meiner Zufriedenheit geregelt sei, fragte er immer wieder, rührend besorgt um mein Wohlergehen. Dann ließ er sich ächzend in den Sessel fallen und begann Anekdoten aus seinem Leben zu erzählen, von seinen Schwierigkeiten mit Frauen, von den Zechtouren mit dem Dichter Peter Rühmkorf in den wilden Fünfzigern, von den noch wilderen Sechzigern. Er war ein glänzender Fabulierer, aber auch ein eminent politischer Kopf, und wir debattierten lange über die Macken und Schrullen der alten Tante SPD.

Der Nachmittag verging wie im Flug. Als ich gehen mußte, signierte er für mich noch Unmengen seiner Bücher und versprach mir Zeichnungen im Wert von

50000 Mark, die ich für karitative Zwecke versteigern sollte. Diese großzügige Offerte hat er dann leider über seiner nächsten Naßphase vergessen. Aber es war ein wunderbarer Tag, und er wird mir unvergeßlich bleiben. Im Sommer 1995 durfte ich sogar eine Janssen-Ausstellung in Celle eröffnen. Es war die letzte, an der er persönlich teilnahm.

In Hannover war die Aufbruchstimmung von Gümse mittlerweile verflogen. Johannes Rau und Oskar Lafontaine hatten die Landtagswahlen in Nordrhein-Westfalen und im Saarland mit absoluter Mehrheit gewonnen. Es war ein offenes Geheimnis, daß Rau 1987 als SPD-Kanzlerkandidat gegen Helmut Kohl antreten würde. Er hatte kategorisch erklärt, daß es mit ihm kein rot-grünes Bündnis geben würde. Anscheinend hegte er auf seine alten Tage den Traum, die SPD könne auch im Bund die absolute Mehrheit schaffen. Jedenfalls war der Orthodoxe Rau nicht gewillt, seine pastorale Wahlkampfdoktrin »Versöhnen statt spalten« durch das Fraternisieren roter Landesfürsten mit der Ökopartei torpedieren zu lassen. Seit Monaten versuchte der hessische Ministerpräsident Holger Börner, die Grünen mit immer neuen Koalitionsbedingungen von der Macht fernzuhalten.

Nun galt es auch den Niedersachsen Gerhard Schröder auf Kurs zu bringen. Rau schickte seine Wahlkampfmanager Bodo Hombach und Wolfgang Clement nach Immensen. Ende Juli standen die beiden vor der Tür und läuteten Sturm. Als ich öffnete, fragten sie jovial: »Dürfen wir reinkommen, ist denn der Gerd da.« Natürlich war er da. Sie hatten sich ja vor zwei Tagen angekündigt.

Bevor es zur Sache ging, besichtigten die beiden Haus und Garten, tranken ein Käffchen und taten überhaupt so, als wären sie hier auf Sommerfrische. Ihr Auftritt erinnerte mich an jene Szenen, die in Mafioso-Filmen das gruselige Prickeln auslösen, wenn einem der Schweiß ausbricht und man genau weiß, gleich passiert was, weil die Schurken so sämig grinsen und Süßholz raspeln, obwohl in ihren Augen pure Mordlust funkelt.

Hombach, Clement und Gerd nahmen sich drei Liegestühle und zogen sich auf die Terrasse zurück. Ich blieb im Wohnzimmer und sah nur, daß Hombach und Clement immer abwechselnd auf Gerd einredeten. Er sagte nicht viel. Und das ist immer ein schlechtes Zeichen. Ich schaute aus dem Fenster und ahnte, jetzt kannst du Rot-Grün vergessen.

Und genau so war es. Als die beiden gegangen waren, sagte Gerd mit zerknirschtem Gesicht: »Ich kann hier nicht gegen Rau Wahlkampf machen.«

»Dann kannst du auch nicht gegen Albrecht gewinnen«, entgegnete ich. Ich war furchtbar enttäuscht, weil ich die Entscheidung für politisch falsch hielt. Und auch Wiebke war sehr enttäuscht. Die nächsten Tage hatte Gerd zu Hause nichts zu lachen. Ich versuchte ihn umzustimmen, zumal seine Umfragewerte nach Bekanntwerden des Kurswechsels rapide in den Keller fielen und Börner in Wiesbaden Joschka Fischer zum ersten grünen Landesminister ernannte.

Das heißt aber nicht, wie es so gern kolportiert wird, ich hätte mich in seine Entscheidungen eingemischt. Schließlich war er der Politiker und mußte wissen, was er tat. Und meistens tat er ja genau das Richtige.

Nachdem sich die Wellen wieder geglättet hatten und wir in Ruhe über die Sache redeten, erklärte mir Gerd, Clements Argument, die SPD dürfe keine Koalitionsaussage machen, sei nur die eine Seite der Medaille. Ihm sei klargeworden, daß man den gradlinigen Niedersachsen eine Doppelstrategie in Bund und Land einfach nicht verkaufen könne, die hätten nicht umsonst zehn Jahre lang für den Betonkopf Albrecht gestimmt.

Ich war immer noch nicht überzeugt. Aber wir ließen »den Monarchen« erst einmal unbehelligt in seiner Staatskanzlei schmoren und verlagerten den Wahlkampf ins sozialistische Ausland. Zwei Reisen standen auf dem Programm. Nach Kuba und in die DDR.

Zuerst bat Erich Honecker den SPD-Spitzenkandidaten des Zonenrandlandes Niedersachsen zu Sondierungsgesprächen. Das war natürlich ein großes Medienereignis, und so setzte sich Mitte Dezember eine lange Autokolonne Richtung Marienborn in Bewegung. Es war ziemlich dichter Verkehr, und wir hatten uns schon damit abgefunden, dem Zeitplan hoffnungslos hinterherzufahren. Am Grenzübergang aber stand die Schutzpolizei, um uns mit Blaulicht bis Quedlinburg zu begleiten. Dabei hätten eher die armen DDR-Bürger Geleitschutz gebraucht. Die Vopos hatten alle Querampeln auf Rot schalten lassen und rasten in einem Höllentempo mitten über die Fahrbahn. Wir sahen die Trabis nur noch rechts und links zur Seite spritzen, einige kippten wirklich in die Straßengräben. Ich schämte mich ein bißchen, weil wir die Verursacher dieser rücksichtslosen Machtdemonstration waren.

Dann zeigten uns die Begleiter ganz stolz die halbwegs restaurierte Altstadt von Quedlinburg, aber der Gesamteindruck war doch erschütternd. Trotz der historischen Baukosmetik wirkte die Stadt grau und verfallen, die Auslagen waren leer, bis auf wenige verschrumpelte Äpfel und Zwiebeln. Die Menschen schleppten sich freudlos und gedrückt durch die Straßen.

In Dresden sah es nicht viel besser aus. Nur die mit Millionenaufwand renovierte Semper-Oper ragte wie ein Juwel aus der tristen Betonsammlung.

Abends im Hotelzimmer, wenn uns die allgegenwärtigen Herren der Staatssicherheit endlich aus ihren Klauen gelassen hatten, wurden die DDR-Realitäten mit keinem Wort erwähnt. Wir fürchteten, wie alle, Wanzen in jeder Ritze.

In Ostberlin empfing uns dann der Staatsratsvorsitzende Erich Honecker. Er war genauso trist wie seine Republik und bewegte sich seltsam steif, als habe er einen Stock verschluckt. Er lächelte nur einmal, als Gerd ihm die Zeichnung einer Friedenstaube überreichte, die Franca für ihn gemalt hatte. Er bedankte sich bei meiner

Tochter später mit einem Brief, der in Kurzform den Stand der sowjetisch-amerikanischen Abrüstungsverhandlungen referierte. Für Franca alles unverständlich, aber dennoch eine nette Geste.

Auf Kuba war es nicht viel besser als in der heruntergewirtschafteten DDR, aber Sonne, Meer und die üppig wuchernde Tropenlandschaft machten die Not leichter erträglich. Die Kubaner mußten nicht hungern und frieren, und obwohl die meisten in ärmlichen Hütten lebten, trafen wir fast nur fröhliche Menschen.

Für die niedersächsische Delegation und den großen Pressetroß war das volle Touristenprogramm arrangiert worden. Tagsüber wurden wir mit dem Motorboot durch das Gewirr der aberhundert Trabanteninseln und Korallenriffe gelotst. Auf offener See drückte man den Männern Angeln in die Hand und ließ sie Barrakudas jagen. Natürlich war auch Gerd mit von der Partie, obwohl ich ihm gesagt hatte, daß ich diese Sportfischerei abscheulich fände.

Wir fuhren an die wunderbaren Strände von Varadero, vorbei an schäbigen Cantinas und rauchenden Zukkerraffinerien. Abends streiften wir durch die Bars von Havanna – in jeder zweiten hat angeblich Hemingway seine Daiquiris geschluckt –, oder wir gingen ins berühmte Revuetheater Tropicana und versuchten bei unseren Tanzversuchen neben den grazilen Kubanern nicht allzu hölzern auszusehen.

Gerhard fieberte natürlich dem Treffen mit Fidel

Castro entgegen. Aber er mußte sich in Geduld üben. Unser Dolmetscher sagte, man könne nie wissen wann es El Presidente in den Sinn komme, Audienzen zu geben. Meistens empfinge er so gegen Mitternacht, aber es komme auch vor, daß Besucher noch um vier Uhr nachts aus dem Bett geholt würden.

Wir hatten dann Gott sei Dank einen Termin um acht Uhr am Abend. Als wir überpünktlich im Präsidentenpalast ankamen, traf uns fast der Schlag. In der Halle standen schon 2000 aufgeregte Frauen. Es herrschte ein chaotisches Durcheinander. »Das sind die Teilnehmerinnen eines lateinamerikanischen Frauenkongresses«, erläuterte unser Dolmetscher, »und sie sind alle noch vor Ihnen dran.«

Ich hoffte, er machte einen Scherz. Mitnichten. Denn plötzlich kam Bewegung in die Reihen. Die Damen wurden im Gänsemarsch durch eine Tür geführt und kamen am anderen Ende der Halle wieder zum Vorschein, alle mit einem verklärten Lächeln auf dem Gesicht. Es dauerte eineinhalb Stunden, bis der komplette Frauenkongreß an dem Revolutionshelden vorbeidefiliert war.

Und dann kam der große Moment. Castro ließ bitten. Er saß in seiner Guerillerouniform hinter einem riesigen Schreibtisch und sah noch weit beeindruckender aus als auf den bekannten Bildern. Castro ist breitschultrig, von kompakter Gestalt, und die dunklen Augen im bartumrauschten Gesicht funkeln unternehmungslustig.

Der Damenbesuch hatte ihn offensichtlich in beste Laune versetzt. Denn er redete und redete ohne Punkt und Komma. Castro erzählte seine Lebensgeschichte. Er fing beim bürgerlichen Elternhaus in Havanna an, hangelte sich über sein Jurastudium zur Schweinebucht, verweilte etwas länger bei Buschkrieg, Commandante Ché Guevara und dem Sieg der Revolution, ehe er zu den verfluchten Yankees kam, die ihn seit 30 Jahren auf alle erdenklichen Arten zu ermorden versuchten und Kubas Menschen durch den Wirtschaftsboykott verhungern ließen.

Gerhard saß vor dem Schreibtisch und versuchte ab und an eine Frage anzubringen. Aber er drang nicht durch. Castro glaubte zu wissen, was Gerd wollte, und gab ihm ein paar Wahlkampftips. »Immer in die Fabriken gehen und die Arbeiter agitieren«, empfahl er.

Am Ende beglückwünschte uns der Präsident allesamt zu diesem wirklich guten Gespräch und schüttelte jedem die Hand. Als Gerhard der Hoffnung Ausdruck gab, den Besuch einmal wiederholen zu können, musterte ihn Castro von oben bis unten und sagte spöttisch: »Normalerweise kommen die Politiker zu mir, solange sie in der Opposition sind, sowie sie regieren, läßt sich keiner mehr sehen.«

In den nächsten vier Jahren stand also einer erneuten Kubareise nichts im Wege. Zurück in Hannover, warf sich Gerhard mit ganzer Kraft in die heiße Phase des Landtagswahlkampfes. Er war nur noch unterwegs, schlief kaum und kompensierte den Streß durch erhöhten Speise- und Getränkeverbrauch. Doch die Anstrengung nützte nichts mehr. Als am 26. April 1986 in Tschernobyl der Atomreaktor in die Luft flog und die Meldungen über radioaktive Strahlung die Menschen in Panik versetzten, machten nur noch die grünen Atomkraftgegner Punkte.

Ich merkte das auch in meinen Veranstaltungen. Plötzlich saßen viele besorgte Frauen im Publikum und fragten mich, ob ich genauere Informationen über die Katastrophe habe, wie man seine Kinder gegen die Verstrahlung schützen könne und warum der Spitzenkandidat nicht mit den Grünen koalieren wolle. Ich gab die Wahl verloren, mochte es aber nicht sagen. Andere hofften noch. Eine große Illustrierte ließ eine Woche vor dem Stichtag ein Titelfoto schießen. Es hieß: »Der Sieger«. Gerhard und ich mußten eine Aufnahme von Willy und Ruth Brandt nachstellen, die nach dem SPD-Sieg 1972 an den Kiosken gehangen hatte. Es war ein schönes Bild. Willy hielt seine sympathische Frau in den Armen, beide lächelten glücklich.

Für das Shooting, so heißt die Knipserei in der Fachsprache, wurde aber wahrscheinlich ein weit größerer Aufwand getrieben als vor vierzehn Jahren. Viel Schminke, viele Scheinwerfer, viel Personal. Allein die Kleiderfrage schien ein Welträtsel zu sein. Für den Wahltag bekamen wir dann die Order, auf jeden Fall dieselben Sachen anzuziehen wie auf dem Foto, damit kein Leser merke, daß die Aufnahme nicht aktuell ist.

Wir hielten uns daran, denn die letzten Umfragen signalisierten noch einmal Spannung. Vielleicht könnte es doch für Rot-Grün reichen.

Im SPD-Hauptquartier in der Odeonstraße starrten wir gebannt auf die ersten Hochrechnungen. Es war zum Haareausraufen. Am Ende würde im Landtag ein Sitz fehlen, um Ernst Albrecht aus der Staatskanzlei zu werfen.

Gerhard hatte lange daran zu knabbern.

Daß er nicht auf seinen inneren Kompaß achtete, der auf Rot-Grün stand, sondern den Einflüsterungen der Rau-Gesandten nachgegeben hatte, würde er nicht vergessen und daraus seine Lehren ziehen. Fast noch mehr als die knappe Wahlniederlage wurmte ihn die Diffamierungskampagne der CDU während des Wahlkampfes. Denn sie betraf nicht ihn allein, darunter hatten auch Wiebke und Franca zu leiden. Die beiden mußten in der Schule manch bösen Kommentar einstecken, und Franca, die besonders an ihm hing, war, wenn sie nach Hause kam, nicht nur einmal den Tränen nahe. Mit Anwürfen weit unter der Gürtellinie schlachteten Scharfmacher wie Wilfried Hasselmann Gerhards Juso-Vergangenheit aus, als hätte er und nicht Stalin die Gulags zu verantworten. »Dreckschleuder« und »Kommunist« waren noch die harmlosesten Beschimpfungen. Von mir sprachen die christlichen Demokraten gern als von »Schröders vorübergehend dritter Frau«.

Seine Chancen, sich für die Schmähungen in vier Jahren zu revanchieren, standen allerdings nicht besonders gut. In der Landes-SPD war er umstritten, obwohl ihn die Fraktion mit großer Mehrheit zum Vorsitzenden gewählt hatte. Noch schwerer wog, daß große Teile der niedersächsischen Presse immer noch auf Albrecht-Kurs segelte. Wenn ich Gerhard auf Termine begleitete und am nächsten Tag die Zeitung las, glaubte ich oft, der Berichterstatter sei auf einer anderen Veranstaltung gewesen. Zu meinen eigenen Terminen kam die Presse erst gar nicht.

Dafür gewann Gerhard bundespolitisches Gewicht. Die Partei wählte ihn kurz nach der Wahl in den Vorstand und in die Programmkommission. Er war maßgeblich daran beteiligt, daß die SPD 1986 den Ausstieg aus der Kernenergie beschloß und damit eine wichtige Bastion des Schmidt-Erbes schleifte. Ein paar andere Zinnen hatte Oskar Lafontaine unter Beschuß genommen. In seinem Buch »Der andere Fortschritt« prägte er den Begriff »Ökosozialismus« und machte Jo Leinen, den Kopf der Anti-AKW-Bewegung, im Saarland zum Umweltminister. Gerhard kannte Leinen gut, er hatte ihn in einem Brokdorf-Prozeß verteidigt.

Um die Arbeitslosigkeit zu bekämpfen, empfahl Lafontaine gerechtere Verteilung der Erwerbsarbeit durch Arbeitszeitverkürzung. Er begründete das so: »Was in der Wirtschaftspolitik sozialdemokratisch ist, ist nicht machbar. Und was machbar ist, ist nicht sozialdemokratisch.«

Neun Jahre später hat Gerhard in einem »Woche«-Interview gesagt: »Es geht nicht mehr um sozialdemokratische und konservative Wirtschaftspolitik, sondern nur noch um moderne oder unmoderne.« Woraufhin ihm der SPD-Vorsitzende Rudolf Scharping das Amt des wirtschaftspolitischen Sprechers entzog. Der Parteivize Lafontaine schaute zu und schwieg. Vorerst waren Gerhard und Oskar aber ein Herz und eine Seele.

1987, als Willy Brandt nach 23 Jahren den Parteivorsitz abgab, rief er seine »Enkel« in einem Hotel in Norderstedt zusammen. Neben Hertha Däubler-Gmelin, Heidemarie Wieczorek-Zeul, Björn Engholm und Rudolf Scharping gehörten auch Gerhard und Oskar dazu. Oskar war Brandts Lieblingsenkel und bekam den Parteivorsitz offeriert. Er lehnte ab. Warum, habe ich nie herausgefunden. Ich saß damals in der Hotellobby und wunderte mich über die merkwürdige Atmosphäre, die über dieser Wachablösung lag. Einerseits herrschte abends eine pennälerhafte Ausgelassenheit, es wurde fröhlich gezecht und gefeiert, tagsüber aber, während der Gespräche mit Willy Brandt, waren alle Nachrichten, die man zu hören bekam, diffus, die meisten Teilnehmer wirkten tatenlos und beklommen verschüchtert. Keiner der Vierzigjährigen schien bereit zu sein, die Last der Verantwortung auf seine Schultern zu laden. Und Gerhard mußte seine Qualifikation erst einmal durch einen Wahlsieg beweisen.

Ich hatte das Gefühl, jeder wollte dem anderen die

schwierige Zeit überlassen, um später, wenn die Chancen für die SPD wieder besser stünden, wie ein Phönix aus der Asche zu steigen.

Johannes Rau wurde dann der neue Kanzlerkandidat. Die Ära Brandt war vorbei, aber wohin die SPD steuerte, wußte niemand zu sagen. Nachdem Lafontaine den Vorsitz verschmäht hatte, wagte nicht einmal mehr Willy Brandt ein Orakel. Er wird sich nach dem Fall der Mauer endgültig mit seinen Enkeln überwerfen. Für Brandt bedeutete die Wiedervereinigung die Krönung seines Lebenswerkes. Die Enkel standen dem neuen Großdeutschland eher skeptisch gegenüber. Aber Oskar und Gerhard drückten der Partei wenigstens ihren programmatischen Stempel auf, und Gerhard kniete sich in die Landtagsarbeit.

Ich konnte zum erstenmal seit langer Zeit wieder Atem holen. Und auch die nächsten vier Jahre stand zumindest kein eigener Wahlkampf ins Haus. Wunderbare Aussichten. Wir hatten eine Menge nachzuholen. Schöne Urlaubsreisen zum Beispiel nach Portugal, Frankreich und Italien. Aber als die Kinder noch kleiner waren, sind wir meistens in den Schulferien mit Sack und Pack ins Wendland nach Gümse gefahren.

Wenn die Sippe Schröder im roten Passat-Kombi unterwegs war, ähnelte das gewöhnlich einem Circus-Treck. Auf der Ladefläche verstellten die haarigen Neufundländer den Blick aus dem Rückspiegel, davor hüteten Wiebke und Franca eine Großfamilie mongolischer Rennmäuse. Unter dem Sitz hockten meistens noch zwei oder mehr Hamster. Die beiden Ponys wurden per Anhänger hinterhergezogen.

Der Maler Uwe Bremer bewohnt das Gümser Schloß, ein altes Gemäuer gleich hinter dem Elbdeich. Das dazugehörige Gesindehaus nutzt er zur Hälfte als Atelier, in der anderen Hälfte liegt unsere Ferienwohnung. Der Ort Gümse ist ein verschlafenes Bauerndorf, umgeben von Kornfeldern und Apfelbaumplantagen. Es gibt Teiche und Tümpel, über die Wiesen streichen noch Graureiher, Störche und der rote Milan, im Spätsommer riecht die Luft nach Pilzen und modrigem Laub. Es ist ein herrlicher Platz zum Entspannen und nicht nur ein Paradies für Kinder.

In den Gasthöfen war mancher Schoppen gratis. Die Bewohner des Wendlandes mochten Gerhard, weil er sie im Kampf gegen das Atommüllager Gorleben unterstützte. Besonders gern saßen wir in der Gaststätte »Penökel«, gleich hinterm Elbdeich, nicht weit von Schloß Gümse. Als der Wirt eine Zeitlang in finanziellen Schwierigkeiten steckte, organisierten Uwe Bremer und Gerhard Lesungen mit Burkhard Driest, Gerd Haucke, dem Maler Grützke und anderen Prominenten. Selbstverständlich wurde die eigene Leber im Zuge der Wohltätigkeit nicht geschont. Die Benefiz-Veranstaltungen hatten Erfolg, das Penökel blieb vorerst für alle erhalten.

Auch in der »Villa Kunterbunt« etablierte sich nun so etwas wie ein richtiges Familienleben. Bei uns sah es durch die vielen Tiere tatsächlich aus wie bei Pippi Langstrumpf. Am Heiligen Abend beispielsweise stapften sogar die Ponys durch die Wohnung. Rascal, der Isländer, holte sich seine Feiertagsration Äpfel persönlich vom Eßzimmertisch. Der Haflinger Bobby streckte den Kopf durchs Fenster, sein Hinterteil war einfach zu breit für die Terrassentür. Für Wiebke und Franca waren es die schönsten Jahre. Ihre Spielkameraden besetzten Haus und Garten. Im Sommer rasten ganze Reiterhorden auf selbstgebastelten Steckenpferden durch das frisch angepflanzte Grün. Was den Ansturm überstand, wurde durch die heimlich in den Garten beförderten Ponys dezimiert. In den Nächten campte ein Teil der Immensener Dorfjugend bei Schröders auf dem Rasen.

Wenn im Winter Schnee lag, wurden die Pferde vor die kleinen Schlitten gespannt, und ab ging die wilde Jagd durch die Feldmark. Eine Mordsgaudi für die Kinder. Die Eltern sahen mit Herzklopfen zu, denn es brachen auch schon mal Arme und Schlüsselbeine. Wiebkes beste Freundin Carola von Witzendorff traf es gleich doppelt, als sie unseren Isländer zu reiten versuchte. Schlüsselbeinbruch und abgebrochener Schneidezahn waren die Folgen. Aber wer wollte den Kindern den Spaß verbieten? Der Umgang mit den Tieren hat ja durchaus begrüßenswerte pädagogische Wirkungen.

Wiebke und Franca beklagten sich nie über die Arbeit, die die Pferde machten. Morgens vor der Schule mußte gefüttert werden, nachmittags hieß es Ställe ausmisten und die Tiere bewegen. Winters, wenn die Tränke eingefroren war, schleppten die beiden das Wasser stundenlang vom Haus in die Pferdeboxen.

Zwischendurch ferkelte vielleicht noch eine Sau im Stall um die Ecke bei Frau Hilmer. Dann kam Franca nicht nur mit Verspätung, sondern auch deftig riechend nach Hause. Sie hatte es sich nicht nehmen lassen, die Ferkel eigenhändig unters wärmende Rotlicht zu tragen. Landleben eben, voller Freiheiten, nicht von Erwachsenen durchorganisiert. Mit eigenen Aufgaben und Verantwortung für die Tiere.

Aber die Kinder lernten auch das Gefühl von Verlust und Trauer, wenn die vierbeinigen Lieblinge krank wurden und starben. Die meisten Todesfälle waren naturgemäß bei den Hamstern zu beklagen. Von den kurzlebigen Pelzknäueln hat Franca ganze Bataillone im Garten begraben. Legendär ist immer noch der Hamsterriese »Gonzo«. Er starb erst im biblischen Alter von drei Jahren und hat während seiner Lebenszeit ganze Erdnußplantagen vernichtet. Gonzo bekam einen Ehrenplatz auf dem Hamsterfriedhof unter dem alten Birnbaum. Franca verkraftete den Verlust nur, weil im Pferdestall vier kleine nackte Schwalben samt Nest von der Wand gefallen waren. Sie fanden ein neues Heim in einer usbekischen Kopfbedeckung im Kinderzimmer. Um ihren Appetit zu stillen, war Franca von morgens um vier bis abends um neun Uhr auf Fliegenjagd. Eines Tages fragte sie völlig erschöpft, ob das mit richtigen Menschenkindern eigentlich auch so anstrengend sei. Aber die Aufzucht glückte, und das Schwalbenquartett konnte rechtzeitig in die Freiheit entlassen werden. Von der Fensterbank aus starteten sie und reihten sich ein in die über dem Haus kreisenden Schwalbenschwärme, die bald darauf die Reise in den Süden antraten. Ersatzmutter Franca war traurig, glücklich und stolz zugleich.

Für die ältere Wiebke war das Zuhause der sichere Ort, von dem aus sie die Welt erobern konnte. Kirchentag in Berlin, wie immer mit Caro und Übernachtung im Schlafsack, ein Rockkonzert mit Bombendrohung, das Antikriegshaus in Sievershausen mit ihrem Freund und Alternativkultur im »Anderen Kino Lehrte«. Dazwischen blieb auch noch Zeit für ein bißchen Schule mit möglichst viel Spaß und selbstgegebenen Freistunden. In dieser Beziehung kam sie ganz nach der Mutter. Nur Sport hat sie ganz im Gegensatz zu mir gehaßt. Das Abitur schaffte Wiebke problemlos, aber nicht mit einem Numerus-clausus-Durchschnitt, den man für ein Studium der Tiermedizin brauchte. Ein Jahr mußte sie warten, jobbte auf Messen und verdingte sich zur Feldarbeit im Nachbardorf.

Immer wenn sie unzufrieden war mit diesem Zustand zwischen Baum und Borke, fragte ich mich, ob ich nicht hätte mehr Druck ausüben müssen, um ihr zu exzellenteren Noten zu verhelfen. Heute weiß ich, daß alles ganz richtig gelaufen ist. Wiebke ist eine selbstbewußte junge Frau und zielbewußte Studentin. Sie macht gerade das zweite Staatsexamen.

Auch Gerhard genoß das Leben in der Villa Kunterbunt. Er war öfter zu Hause, und wir saßen bis spät in der Nacht auf der Terrasse und feierten und debattierten mit Freunden. Um Politik ging es selten, es sei denn, die Stern-Journalisten Kai Hermann und Heiko Gebhardt schauten herein. Der Soziologe Oskar Negt war oft zu Gast, der Bildhauer Manfred Neuenhausen, die Maler Karl Schaper, Hinnerk Schrader und Roland und Suzy Dörfler.

Einige der schönsten Abende verbrachten wir mit Vera und H. P. Zimmer. Damals hatte ich dem Fleischgenuß noch nicht abgeschworen, und es dampfte eine knusprige Lammkeule auf dem Tisch. Für die Neufundländer war der Abend allerdings kein Spaß, sie wurden ganz gegen unsere sonstigen Gewohnheiten weggeschlossen. H. P. litt nämlich unter einer Hundephobie und verwandelte die dickfelligen Hausgenossen mit dem Zeichenstift jedesmal in wilde Bestien. Er konnte bis in den frühen Morgen die unglaublichsten Geschichten aus seinem Leben erzählen.

In Erinnerung geblieben ist mir eine Episode aus der Hoch-Zeit des RAF-Verfolgungswahns. Die Zimmers saßen mit Freunden in ihrem bayerischen Domizil beim Abendessen, als ein Rollkommando der Polizei hereinstürmte. »Terroristenfahndung«, schnarrte der Einsatzleiter. »Hier nehmen nur ein paar arme Künstler ihre wohlverdiente Vesper«, antwortete Zimmer. »Sehen wir etwa wie Terroristen aus?« – »Genau«, raunzte der Polizist.

Während Christian Klar, damals Staatsfeind Nummer eins, ausstaffiert wie ein Sparkassenangestellter herumlief, waren in Bayern Menschen mit längeren Haaren und Farbflecken auf der Jacke natürlich als Sympathisanten der Rote-Armee-Fraktion verdächtig. Für H. P. Zimmer ein traumatisches Erlebnis.

Eigentlich hätten wir viel mehr Zeit mit diesen warmherzigen, humorvollen Menschen verbringen müssen, aber niemand ahnte, daß der begnadete Künstler, der Tag und Nacht arbeiten konnte, nur noch kurze Zeit zu leben hatte. Wir besuchten den von einer schweren Krankheit gezeichneten Mann noch einmal in Braunschweig und bewunderten Arbeiten aus seiner Kindheit. Er hatte sie auf dem Küchentisch ausgebreitet, und sie zeigten eine Welt des Krieges und der Zerstörung, ein Thema, das H. P. Zimmer selbst kurz vor seinem Tode nicht losließ.

Gerhard hat viele Arbeiten Zimmers und anderer Künstlerfreunde gesammelt. Auch ein paar Blätter von Willi Sitte, von dem es in der DDR ja immer hieß: »Lieber vom Streß gezeichnet als von Sitte gemalt.« Wir haben ihn einmal mit Hela Rischmüller in Halle besucht, und es war schon interessant zu hören, was er über den Widerstand gegen Hitler und die Aufbaujahre in der sowjetischen Besatzungszone erzählte. Seine umfangreiche Bildersammlung repräsentierte alle Stilrichtungen. Ausgiebig wurde dem guten Saale-Unstrut-Wein zugesprochen. Er wurde reichlich ausgeschenkt. Gerhard und Hela mundete er so ausgezeichnet, daß ich die Dumme war, die zurückfahren mußte, obwohl ich gar keinen Führerschein dabeihatte. Ich schwitzte auf der Transitstrecke Blut und Wasser und fuhr, in meinem Verlangen, möglichst bald nach Hause zu kommen, zu schnell. Und natürlich wurden wir geblitzt und kontrolliert. Für die Weiterfahrt war eine Menge Wegezoll fällig, und Hela, die als einzige von uns einen Führerschein dabei hatte, mußte den Wagen mit reichlich Mühe bis zur Staatsgrenze chauffieren.

Im Laufe der Zeit war unser Haus so etwas wie eine Privatgalerie der befreundeten Künstler geworden. Gerhard eröffnete auch viele ihrer Ausstellungen, und im Anschluß daran gab es meistens ein opulentes Mahl beim Italiener. Wir genossen die anregenden Runden. Bei einigen dieser Treffen war auch der Schriftsteller Reinhard Lettau und verteilte seine geschliffenen Aperçus. Nur der Whiskey durfte ihm dabei nicht ausgehen. Eine Gefahr, die nicht bestand, denn wir waren vorbereitet. Zur Not wurde auf Gerhards Weindepot zurückgegriffen. Obwohl er die edlen Tropfen wie den Schatz des Alberich hütete und nur durch hartnäckiges Insistieren dazu gebracht werden konnte, den besten Teil des Vorrats herauszurücken.

Ein Usbekistanaufenthalt ließ ihn 1984 allerdings fast einmal zum Alkoholgegner werden.

Wir waren auf Einladung des damaligen Parteichefs Konstantin Tschernenko nach Moskau geflogen. Mitten im bittersten Winter. Nachdem die politischen Gespräche abgeschlossen waren, wurde noch ein Besuch in Samarkand geplant.

Auch tief im Süden der UdSSR bedeckten Schneehäubchen die Minarette. Als abends beim Bankett wie üblich literweise Wodka gereicht wurde, lehnte Gerhard ab und verlangte statt dessen eine Probe des berühmten usbekischen Weines. Die Folge waren grausame Magen- und Darmkrämpfe. Ihm ging es nachts so schlecht, daß ich einen Krankenwagen rufen mußte. Unser Dolmetscher fragte besorgt, was Gerhard fehle, und verstand offensichtlich irgend etwas völlig falsch. Denn fortan lebte der Gute in schrecklicher Sorge darüber, daß der ihm anvertraute Staatsgast im Sarg nach Hause fahren müßte und er dafür verantwortlich wäre.

Aber auch Gerhard bekam Todesahnungen. In der Klinik wurde er nach usbekischer Tradition therapiert. Das heißt, er mußte zehn Liter Wasser aus einem Eimer trinken, dann drückten die Ärzte auf seinem Bauch herum, um das Übel herauszubefördern. Danach verschrieben sie ihm trockenen Zwieback. Seine Kehle war von den nächtlichen Torturen in Mitleidenschaft gezogen, er entdeckte Blut im Speichel. Bis ihn der Hausarzt in Hannover über die wahre Ursache aufklären konnte, fürchtete er an Krebs sterben zu müssen.

Im Hotel hatten sie inzwischen auf Anraten des Dolmetschers unser Zimmer mit einem gräßlich stinkendem Pulver desinfiziert, es sah aus, als grassiere die schwarze Pest.

Der vermeintlich todkranke Gerhard wurde anderntags entlassen, und wir bekamen nur deshalb einen Platz im Flugzeug, weil eine DDR-Delegation – allerdings unter wilden Protesten – weichen mußte. Dabei hätten die froh sein können. Die Maschine geriet nämlich in so schweres Wetter, daß wir Angst hatten abzustürzen und uns diesmal beiden schlecht wurde.

Es dauerte drei Wochen, bis Gerhard wieder an einem Bier nippen mochte. Und siehe da, es schmeckte ihm prima. Und das war auch gut so. Denn wer bei den niedersächsischen Sozialdemokraten zu dieser Zeit etwas werden wollte, mußte einiges austrinken können. Den Ritterschlag der grauen Eminenz Egon Franke, bis 1982 Minister für innerdeutsche Angelegenheiten und Chef der rechten Bonner Kanalarbeiterriege, verdankte Gerhard nicht zuletzt seine Promillefestigkeit.

Ich weiß noch, wie Franke vor ein paar Jahren seinen achtzigsten Geburtstag in einem Hannoveraner Schützenfestzelt gefeiert hat. Abgesehen von uns beiden Gratulanten war Helmut Schmidt mit Abstand der Benjamin der Gesellschaft. Ich hätte gewettet, daß das alte Urgestein der SPD höchstens zwei Stunden durchhalten würde. Aber die Veteranen saßen noch nachts kerzengerade an den Tischen und kippten eine Lüttje

Lage nach der anderen, während draußen die Johanniter vergebens auf ihren Einsatz warteten und Gerhard Mühe hatte mitzuhalten.

Ich riet ihm, seine Konditionsmängel durch ein wenig Tennis zu beheben. Wir könnten dann morgens vor der Arbeit immer ein paar Bälle schlagen, das wäre außerdem eine Stunde Gemeinsamkeit. Der eingefleischte Fußballer machte zu meiner Freude tatsächlich mit. Doch mir sollte das Lachen bald vergehen. Bei Mixed-Turnieren war das Ehepaar Schröder chancenlos, denn im Doppel gibt normalerweise einer den Ton an, der andere muß sich unterordnen. Wir konnten uns einfach nicht einigen, wer welchen Part übernehmen sollte.

Aber im Gegensatz zu den meisten Eheleuten regelten wir unsere strategischen Differenzen intern. In den Clubs werden die Felder bei Ehepaarwettbewerben nicht umsonst von Scheidungsanwälten umlagert, die sich hier ihre besten Fälle holen. Man lernt ja auf dem Tennisplatz eine Menge über sich. Ich zum Beispiel habe mangelnde Routine durch Zähigkeit wettgemacht. Wenn ich trotzdem verlor, dann meistens gegen mich selbst, weil mir ein gewisser Killerinstinkt fehlte und ich auch nicht mogeln mochte. Gegen meinen Mann zog ich im direkten Vergleich immer den kürzeren, obwohl ich auch ausdauernd rennen konnte und technisch eigentlich besser war. Gerhard hat, im Eifer des Gefechts, ungerührt Bälle, die zwanzig Zentimeter im Feld landeten, mit »out« angegeben und ließ sich auch von drei unabhängigen Beobachtern nicht irritieren. Geschweige denn von dem jeweils zornrot anlaufenden Gegner. Er wollte immer den Sieg und war dabei gnadenlos gegen sich selbst.

Ich habe ihn mal erlebt, wie er auf einem portugiesischen Hartplatz zwei Tage mit gerissenen Muskelfasern und fußballdick geschwollener Wade weiterrackerte, um schneller Fortschritte zu machen.

Mit der gleichen Beharrlichkeit versuchte er auch im Landtag den Albrechtschen Sumpf trockenzulegen. Zwei Jahre brauchten rote und grüne Rechercheure, bis sie den Spielbankenskandal in mühsamer Detailarbeit zu drei Vierteln aufgeklärt hatten.

Innenminister Hasselmann mußte 1988 wegen Falschaussage vor dem Untersuchungsausschuß zurücktreten. Auch Ernst Albrecht stand kurz vor dem Fall. Ihn rettete seine fast schon bewunderungswürdige Chuzpe. Nach einer verfänglichen Verabredung befragt, blätterte er in einem Notizbuch und sagte dem Ausschußvorsitzenden Wolf Weber ins Gesicht, nein, er habe an diesem Tag einen ganz anderen Termin wahrgenommen.

Leute, die hinter ihm standen, sahen aber, daß das Buch völlig leer war. Ehe Weber das Täuschungsmanöver signalisiert werden konnte, war der Ministerpräsident auf und davon. Die Aussage stand im Protokoll, das fragliche Notizbuch hatte Albrecht später »verlegt«.

Gerhards Mißtrauensantrag im Landtag scheiterte wiederum an einer Stimme aus den eigenen Reihen.

Die Affäre um den Verfassungsschutz, der ein Loch in die Celler Strafanstalt bombte, war noch komplizierter. Die Ermittlungen dauerten bis 1989 und erstreckten sich bis nach Griechenland, wo Agent Werner Mauss sich inzwischen herumtrieb. Auch in diesem Fall überstand der Ministerpräsident nur knapp eine Rücktrittsforderung der Grünen. Albrecht versuchte das ramponierte Image mit höfischem Glanz zu übertünchen. Er kreierte das tumbe Volksmusikspektakel »Lieder so schön wie der Norden«. Sein Haussender NDR übertrug die Platitüden, während der Live-Sendung saß der Monarch natürlich in der ersten Reihe.

Daheim dilettierte der Ministerpräsident am Flügel und ließ die familiären Konzertabende von Boulevardjournalisten in die Welt tragen. Als seine Tochter Röschen standesgemäß in eine altadelige Familie einheiratete, paradierte das Paar im offenen Vierspänner durch den Landkreis, die Kulisse für den Polterabend bildete das landeseigene Jagdschloß Springe. Aber er merkte vielleicht selber, daß der Lack allmählich ab war. Mitten im Wahlkampf zauberte Albrecht plötzlich Rita Süssmuth aus dem Hut, die ihn, falls er noch einmal genug Stimmen zusammenbekäme, nach der Hälfte der Legislaturperiode ablösen sollte.

Die Anstrengungen im zweiten Anlauf um das Ministerpräsidentenamt waren mit denen vor vier Jahren zu vergleichen. Inzwischen standen aber Partei und Fraktion geschlossen hinter Gerd, und er bestritt seine Veranstaltungen brillant. Rot-Grün war keine Frage mehr, und mir machten die eigenen Verpflichtungen als Wahlkampfhelferin sehr viel Spaß. Ich wollte unbedingt, daß wir gewinnen.

Zwei Monate später saß ich mit feuchten Händen auf der Zuschauertribüne des Landtages. Die letzten Wochen waren wie im Rausch an mir vorübergeflogen. Gerhard hatte es mit den Grünen geschafft, und Albrecht war geschlagen. Als wir am Wahlabend im Veranstaltungszentrum Capitol auf die Bühne traten, skandierten 3000 Menschen: »Rot-Grün, Rot-Grün«. Die Parole schlug uns überall entgegen, wo wir auftauchten. Vor zwei Tagen hatte Gerhard den Koalitionsvertrag unterschrieben. Am 21. Juni 1990 sollte er nun vereidigt werden. Und mir zitterten die Knie vor Sorge, daß sich der Alptraum von 1976 wiederholen könnte und Ernst Albrecht von sozialdemokratischen Überläufern auf den Thron gehoben werden würde.

Aber der Spuk war nach vierzehn Jahren vorbei, der »Monarch« mußte abdanken. Mit 79 zu 72 Stimmen wurde Gerhard Schröder zum Ministerpräsidenten gewählt.

Gerd war überglücklich, und ich freute mich, daß in Niedersachsen endlich eine andere Politik gemacht werden konnte.

Kurz nach der Wahl fuhren Gerhard und ich nach Saarbrücken, um Oskar Lafontaine zu besuchen. Er war Kanzlerkandidat und hatte das Messer-Attentat der geistesgestörten Adelheid Streidel ein paar Wochen hinter sich. Gerhard wollte Oskar aufmuntern. Aber der blockte erst einmal jedes Gespräch über Politik ab. Zusammen mit seiner Freundin Christa Müller stiegen wir in Oskars Mercedes, und er chauffierte uns gemächlich über die französische Grenze ins Elsässische. Wir hielten vor einem Nobelgasthof. Drinnen bestellte Oskar in perfektem Französisch ein Fünf-Gänge-Menü. Gerhard nutzte die Aperitifphase, um auf das Attentat zu sprechen zu kommen. Er machte das sehr rücksichtsvoll, bat ihn eindringlich, nicht zu resignieren und weiterzumachen. Oskar schwieg eine Weile, ehe er sagte, daß er einfach noch Zeit brauche zum Nachdenken. Mein Mann war wirklich besorgt um seinen Freund. Aber Oskar schenkte Wein nach, grinste und sagte, keinen Widerspruch duldend: »Schluß jetzt, wir sind zum Feiern hier.«

Ab diesem Zeitpunkt driftete das Essen unaufhaltsam in Richtung Herrenabend. Die Männer mimten die großen Weinkenner, denen niemand auf der Welt etwas vormachen kann.

Als wir nach zwei Tagen auf der Autobahn gen Norden rollten, war ich eigentlich ganz zuversichtlich, daß Oskar in ein paar Monaten wieder der alte sein würde.

Köpfe und Tröpfe

Von der Frau eines Ministerpräsidenten wird erwartet, daß sie repräsentiert. Sie gehört zur Komplettausstattung des Amtsträgers, die der Wähler natürlich immer im Kopf hat, wenn er sein Kreuzchen macht. Er braucht sich dabei gar nicht genau zu erinnern, wie die »Dame an seiner Seite« aussieht, oder bestimmte Eigenschaften mit ihr zu verbinden. Ist sie hübsch, um so besser, wenn nicht, Schwamm drüber. Es reicht, daß der Wähler seinen Minister, Kanzler, Abgeordneten in guten Händen weiß, versorgt mit Streicheleinheiten, wohlerzogenem Nachwuchs und warmen Mahlzeiten, damit der Mann sich mit ganzer Kraft dem Regierungsgeschäft widmen kann. Das war immer so, und daran hat sich im Grunde wenig geändert. Die öffentlichen Inszenierungen von Politik projizieren alle dieses Bild. Der einzige Fortschritt: Heutzutage darf an die Stelle der Ehefrau ruhig die Freundin treten, ohne daß das gesunde Volksempfinden gleich Zeter und Mordio schreit.

Die meisten »Kolleginnen«, die ich kennengelernt habe, hatten sich mit ihrer Rolle arrangiert, fühlten sich ganz wohl, wenn ab und an ein wenig Glanz der Macht auf ihr Schattendasein fiel, und ließen ansonsten den lieben Gott gern einen guten Mann sein.

Ich hatte damit von Anfang an meine Schwierigkeiten. Als Kind der 68er-Generation war ich der Meinung, das ganze Staatstheater aus Empfängen, Banketten und Paraden sei veraltet, reine Geldverschwendung und meistens völlig überflüssig. Soweit wie irgend möglich wollte ich mich dem entziehen. Ich dachte, du willst nicht neben Gerhard im Rampenlicht herumstehen, Blumensträuße entgegennehmen und freundlich winken. Und du brauchst es auch nicht. Viel wichtiger ist es, einen eigenen Arbeitsbereich zu suchen und weiterhin gemeinsam mit ihm politische Ziele zu verfolgen. Schließlich wurde Gerhard Schröder gewählt, weil er ein Programm hatte. Und das hieß vor allem, den verfilzten Muff der Albrecht-Ära durch rot-grüne Reformpolitik zu beseitigen und damit auch ein Signal für den Wechsel in Bonn zu setzen.

Mein erster, nicht zu vermeidender offizieller Auftritt kam allerdings sehr schnell. Und es ging alles glatt. Kurz nach Gerhards Regierungsantritt mußte Niedersachsen die Ministerpräsidentenkonferenz ausrichten. Das Treffen dauerte immer anderthalb Tage und sah auch den Auftritt der Ehefrauen vor. Während die Herren konferierten, wollten die Frauen beschäftigt sein. Also mußte ein Damenprogramm entworfen werden. Was darin geboten wird, liegt in der Hand des Gastgeberlandes. Mir wurde von der Protokollchefin, die schon unter Albrecht gearbeitet hatte, eine perfekte Inszenierung vorgeschlagen. Kultur mußte sein, wohldosiert, damit sich keine der Damen langweilte, und so besichtigten wir im Wilhelm-Busch-Museum eine Käthe-Kollwitz-Ausstellung und fuhren nach Wolfenbüttel in die herzogliche Lessing-Bibliothek, wo man uns seltene alte Bücher zeigte, die sonst unter Verschluß liegen.

Ein Essen in stilvoller Umgebung war außerdem eingeplant. Höchst gespannt lauschte ich den Gesprächen der Frauen, die sich vorrangig um die Beschwerlichkeiten eines Ministerpräsidenten-Alltags drehten, den ich noch nicht so genau kannte. Alles in allem war es ein gelungener Nachmittag, nett und ohne großen Aufwand.

Abends wurde in der Orangerie Herrenhausen, nachdem wir eine schöne Aufführung von »Carmina Burana« erlebt hatten, in einem Barocksaal getafelt, und ich nahm die Erkenntnis mit, daß die Pflichten einer First Lady einfach zu erledigen sind.

In den nächsten Jahren erlebte ich diese Art von Jahreshauptversammlungen der Ministerpräsidenten in Hessen und in Nordrhein-Westfalen. Ich fiel nicht aus dem Rahmen. Später aber in Dresden sah das schon anders aus. Bei Sachsenkönig Kurt Biedenkopf ging es zu wie bei uns zu Hause unter dem »Monarchen« Albrecht. Alles wurde mit feudalem Pomp abgewickelt. Frau Biedenkopf trieb die Damen zuerst in die Schatzkammer

August des Starken, dann in die Königliche Porzellanfabrik Meißen, dann in die Semper-Oper, dann nach der Kultur zum Mittagessen. Richtig grausig war für mich aber das Bankett. Als die Autokolonne mit den Landesoberhäuptern durch die Stadt rauschte, fühlte ich mich an meine erste DDR-Reise erinnert. Wieder waren alle Ampeln auf Rot, der Bürger wurde abgedrängt an den Straßenrand.

Neben mir saß der sächsische CDU-Justizminister Steffen Heitmann, Kohls später Gott sei Dank gescheiterter Bundespräsidentenanwärter. Ein mir gleich unsympathischer Mensch. Er redete ununterbrochen und reckte dabei den rechten Zeigefinger wie Lehrer Lempel in die Luft. Ich hörte zuerst gar nicht hin. Besonders gehaltvoll kann sein Vortrag nicht sein, dachte ich, denn ihm gegenüber rollte Henning Voscherau in regelmäßigen Abständen die Augen genervt in Richtung Decke.

Doch dann begann Heitmann, sich über die Bewohner der Beitrittsländer zu mokieren. Sie seien undankbar, tönte er, und wüßten die Segnungen der Vereinigung nicht zu würdigen.

Ich konnte wieder einmal nicht meinen Mund halten und sagte, daß das mit den Segnungen so eine Sache sei. Der drastische Anstieg der Mieten würde vielen Ostdeutschen doch schwer zu schaffen machen.

Heitmann war pikiert. Es sei doch klar, daß die Billigmieten nicht zu halten gewesen seien. Er, der Minister, hätte dem neuen Besitzer seiner großen Altbauklause anstandslos einen höheren Monatszins bezahlt.

Leider sei er einer der wenigen Ex-DDR-Bürger, die gleich Minister geworden seien, wandte ich ein, er könne sich ja mal spaßeshalber arbeitslos melden.

Heitmann verpaßte die Pointe und meinte, die Mieterhöhungen seien keine Frage des Einkommens, sondern des Prinzips. Der Jurist hob wieder den Zeigefinger und erläuterte mir die rechtsphilosophischen Aspekte von Besitz und freier Wohnungswahl.

Er verwechsle da wohl Sozialdarwinismus mit sozialer Marktwirtschaft, konterte ich und fragte, ob ihm das 1990 der Kanzler so erklärt hätte?

Heitmann sah rot. Er polterte »Frechheit« und andere unschöne Sachen. Ein Wort gab das andere, bis er mir seinen Zeigefinger über Pasteten und Saucieren hinweg drohend unter die Nase schob und zischte: »Das muß ich mir nicht bieten lassen.«

»Ich auch nicht«, sagte Gerhard, der die Debatte bisher kommentarlos verfolgt hatte. Wenn Heitmann es nicht sofort unterlasse, seine Frau mit dem Zeigefinger zu attackieren, ermahnte er den perplexen Sachsen, »passiert was!«

Es kam tatsächlich fast zu Handgreiflichkeiten, weil Heitmann nun Gerhard mit dem Zeigefinger attackierte. Schlimmeres verhinderte nur das Erscheinen der livrierten Kellner, die den Nachtisch brachten.

Meine diplomatischen Fähigkeiten sind schlicht unterentwickelt. Noch weniger Talent besitze ich für rituellen Small talk und werde kribbelig, wenn die Unterhaltung über Stunden im Nichts dümpelt. Mir ist es lieber, man macht aus seinem Herzen keine Mördergrube und tauscht handfest die Argumente.

Diese Eigenschaften führten schon mal zu Mißverständnissen. Als der israelische Präsident Weizmann im Februar 1996 in Bonn weilte, lud der Bundespräsident, wie bei wichtigen Staatsgästen üblich, auch die Länderchefs zum Bankett auf den Petersberg. Ich saß neben dem hessischen Ministerpräsidenten Hans Eichel. Für mein Gefühl unterhielt ich mich recht angeregt mit ihm. Als er sich aber verabschiedete, guckte er ganz traurig und sagte: »Schade, nun haben wir uns den ganzen Abend gestritten, vielleicht wird es ja beim nächstenmal besser.«

Johannes Rau beschwerte sich einmal bei Gerhard, weil ich ihm hartnäckig das unter SPD-Mitgliedern obligatorische Du verweigerte. Aber ich tue mich von Haus aus schwer, Menschen, die mir nicht vertraut sind, zu duzen.

Für mich waren diese offiziösen Repräsentationsveranstaltungen ein unangenehmes Pflichtprogramm. Ich drückte mich, wo ich konnte, was andererseits dazu führte, daß ich eigentlich jedesmal die Gästeliste hätte auswendig lernen müssen, um im Dunstkreis bundesdeutscher Wichtigkeiten fehlerfrei herumschwirren zu können. Wozu mir aber Lust und Zeit fehlten. Antichambrieren, Kontakte knüpfen, Kontakte pflegen, sich an jemanden heranpirschen und sich hohle Komplimente an den Kopf werfen, nein, der Cocktail-Schaulauf war nicht meine Welt. Das galt auch für die anschließenden Diners. So eine mehrgängige Tafelei steht und fällt ja mit der Tischordnung. Wenn man Pech hat, und zieht den schwarzen Peter, ist der Abend gelaufen.

Ich habe oft Stunden neben Leuten verbracht, zu denen mir absolut nichts einfiel. Und den anderen ging es sicher genauso. Die Frau eines Premierministers war so ein Fall. Schon als Gerhard und ich das Paar vom Flughafen abholten, schwiegen wir uns im Fond des Damenwagens an. Abends beim Bankett gab ich mir alle Mühe, sie aus der Reserve zu locken, schließlich war ich die Gastgeberin. Ich versuchte es mit Kultur und dem Lieblingssport der Menschen in ihrem Land, erzählte ihr, daß ich von der Schönheit der Natur ihres Kontinents schwärme, parlierte sogar verzweifelt über das Wetter. Es hatte alles keinen Zweck. Sie saß sprachlos da, und ich verschwendete wieder einmal kostbare Zeit meines Lebens.

Man kann sich ja auch nicht einfach davonmachen. Das heißt, einmal bin ich tatsächlich fast geflohen. Das Ehepaar Mitterrand machte auf einer Deutschlandreise in Hannover Station. Albrecht war noch Ministerpräsident, und wir hatten eine Einladung zum Bankett. Ich freute mich riesig, weil ich Frau Mitterrand kennenlernen würde, die ich wegen ihres mutigen Engagements und ihrer Zivilcourage sehr bewunderte. Aber ich bekam sie zunächst gar nicht zu Gesicht. Ich sollte an einem Katzentisch plaziert werden, fünfzig Meter entfernt vom Kopf der Tafel, wo Gerhards Platzkärtchen stand. Auf dem Platz, der protokollarisch richtig für mich vorgesehen sein mußte, sollte die Chefin der lokalen Bild-Redaktion sitzen. Ich war überzeugt, daß Albrecht das extra arrangiert hatte, um Gerhard zu ärgern. Als ich drohte zu gehen, gab es große Aufregung in der Protokollabteilung. Und man beschloß, die vorgesehene Sitzordnung zu korrigieren.

Auch die Verbands-, Presse- und Opernbälle, die in der Wintersaison von nun an zum gesellschaftlichen Pflichtprogramm gehörten, waren mir eher suspekt. Vom ersten Bundespresseball, auf den Gerhard mich führte, sind bei mir nur drei Bilder hängengeblieben. Eines zeigt riesige Buffetberge, an denen die Promis wie Bergmänner herumschaufeln, als hätten sie wochenlang nichts zu essen bekommen, ein anderes Klatschreporter, die emsig wie Honigbienen um die Tische streichen, und auf dem dritten Bild stehen drei schwer alkoholisierte Minister vor einem mächtigen Bundesadler aus Eis, der genauso schwitzt wie die Zecher und zu dieser späten Stunde längst zu einem unförmigen Klumpen zusammengeschmolzen ist.

Das Feiern schien den Bonner Volksvertretern zuzusagen. Mit der Wohltätigkeit tat man sich schwerer.

Mit Schaudern erinnere ich mich an ein Sommerfest in der niedersächsischen Landesvertretung. Ich nahm teil, weil handsignierte und kolorierte Blätter des Karikaturisten Peter Gaymann zugunsten der Stiftung

»Kinder von Tschernobyl« versteigert werden sollten. Es war ein enttäuschendes Erlebnis. Wieder drängelte man sich ans kalte Buffet und an die Getränkelager. Die Versteigerung interessierte so recht niemanden, und wenn doch, wurde um jede Mark gefeilscht und nicht nur eine goldbehängte mitgebrachte Gattin verlangte Spendenquittungen, auch wenn sie nur über zwanzig Mark waren.

Ansonsten war die Landesvertretung berühmt wegen der herbstlichen Braunkohl-Gelage mit Bratkartoffeln, Bregenwurst und Kümmelkorn. Es wurde jedesmal ein Braunkohlkönig gekürt, der sich mit einer launigen Rede für die Königswürde bedanken mußte. Ich war da als Vegetarierin eigentlich völlig fehl am Platz. Nur einmal habe ich Gerhard gern begleitet, als die Oldenburger beschlossen, ausgerechnet Rudolf Scharping zum Kohl-Regenten zu wählen. Der Presseandrang war wie erwartet, schließlich bewegte sich der Parteivorsitzende, nach den immerwährenden Auseinandersetzungen mit Gerhard Schröder, fast auf »feindlichem« Terrain. Die Journalisten waren wohl in der Hoffnung angereist, es könnte zu neuerlichen Auseinandersetzungen kommen oder die Rede gebe eine Schlagzeile her.

Scharping hat sich dann aber ganz gut aus der Affäre gezogen, er gab sich keine Blöße, was wiederum allen anderen die Stimmung verdarb. Was für ein absurdes Theater. Es verleitete mich nicht gerade dazu, mich nach weiteren Einladungen zu drängeln.

Von der Begleiterin einer Very Important Person wird auf den meisten Veranstaltungen eben doch nur erwartet, dekorativ herumzusitzen oder von den am Tisch sitzenden Männern reihum zum Tanz gebeten zu werden. Aber mit dem Tanzen geht es mir wie mit dem Essen. Ich kann es nur mit Menschen genießen, die ich wirklich mag. Für mich ist Tanzen eine intime Angelegenheit. Entsprechend halte ich die mir fremden Herren selbst beim Slowfox auf Distanz und wirke meistens hölzern wie eine schüchterne Konfirmandin. Auch Gerhard ist nicht gerade ein Fred Astaire. Doch er hat den besseren Part. Einem Homo politicus seines Formats sieht man es selbstverständlich nach, wenn er sich nach zwei lustlos abgedrehten Parkettrunden für den Rest des Abends an die Bar verdrückt, um unaufschiebbar dringliche Gespräche zu führen.

Selbst als der Parteivorsitzende Jochen Vogel Ehrengast auf dem niedersächsischen Presseball war, machte sich Gerhard davon und ließ mich mit Vogel, der ohne Ehefrau erschienen war, allein. Ich kannte ihn bisher nur aus dem Fernsehen und überlegte krampfhaft, was ich mit dem bekanntermaßen spröden Mann reden sollte.

Aber Jochen wollte gar nicht reden. Er griff nach mir und zog mich auf die Tanzfläche. Ich dachte, na gut, wir drehen ein, zwei Runden, dann ist erst mal wieder Pause. Nach einer halben Stunde ahnte ich, was hier passieren würde. Die Kapelle wechselte, aber mein Partner war nicht gewillt, mich aus der Pflicht zu entlassen. Für einen Mann, den die ganze Welt als pedantische Klarsichtfolie verspottete, entwickelte er überraschendes Temperament, war ausgelassen und fröhlich. Dank seines raumgreifenden Tanzstils legte er schnell einen breiten Sicherheitskordon um uns. Die Leute rieben sich verwundert die Augen, wir waren das Paar des Presseballs.

Trotzdem mußte ich nach gut einer Stunde einen Wadenkrampf vorschützen, weil ich einfach nicht mehr konnte. Der Parteivorsitzende war auch im weiteren Verlauf des Abends ein ausgesprochen lockerer Vogel, geistreich, charmant, witzig und höchst sympathisch. Nur einmal ging sein Ordnungssinn mit ihm durch.

Man muß auf diesen Bällen ja immer massenhaft Lose für die Tombola kaufen, der Erlös geht an wohltätige Zwecke. Auch ich beteiligte mich, im Auftrag meiner Töchter, in großem Umfang daran. Als die Ziehung lief, lag vor jedem bald ein unübersichtlicher Papierhaufen. Nur Jochen Vogel hatte seine Lose fein säuberlich auf einem Blatt Papier geordnet und notierte die Gewinnummern mit ernster Miene, als handele es sich um die Wortmeldungen eines Parteitages.

Bei dienstlichen Terminen habe ich ähnlich nette Stunden nur noch mit Königin Nur von Jordanien verbracht. Die gebürtige Amerikanerin ist eine blitzgescheite und weltoffene Frau, die mir nicht nur viel über das Leben in der arabischen Welt erzählt hat, sondern sich auch bestens informiert zeigte über die neuesten Entwicklungen europäischer Literatur und Kunst.

Raissa Gorbatschowa dagegen war für mich eine Enttäuschung. Mit ihrem Mann Michail machte sie auf einer Privattour Station in Hannover. Gorbatschow war schon nicht mehr russischer Präsident. Er sollte Vorträge für irgendwelche Wirtschaftsunternehmen halten. Während des abendlichen Diners wirkte er etwas fahrig und abwesend. Belustigt sah ich, wie Raissa ihm in kurzen Abständen kleine Spickzettel mit Gesprächsstoff zusteckte. Sobald ihr Mann eines der Papierchen gelesen hatte, steckte er es in die Tasche und griff wieder in die Unterhaltung ein. Danach lehnte er sich zurück und schwieg erneut. Raissa selber befragte mich nur über Ibiza, Mallorca und andere Ferieninseln und erkundigte sich, wo man in Hannover exklusiv einkaufen gehen könne. Ich beriet sie, so gut ich konnte. Die Staatskanzlei hat dann in den nächsten Tagen gesalzene Rechnungen bekommen, und ich fühlte mich zum ersten und einzigen Mal ein wenig mitschuldig an der Finanzkrise des Landes.

Da war ich schon viel lieber mit der Münchner »Lach- und Schießgesellschaft« unterwegs. Das Ensemble war jahrelang für Gerhard in Wahlkämpfen aufgetreten, und ich habe eine Zeitlang sozusagen die Tourbegleiterin abgegeben. Vor dem Programm hielt ich immer eine kurze Rede, nach der Veranstaltung saß ich dann mit Henning Venske, Rainer Basedow und den anderen Kabarettisten im Dorfkrug und wunderte mich über den Durst der Künstler. Er ist noch größer als der der Politiker. Natürlich wurde dabei auch manch böser Witz über Gerhard gerissen, so nach der Art: »Schröder und Stoiber fahren nach England in den Urlaub. Stoiber mietet sich einen Wagen, weigert sich aber partout, links zu fahren. Natürlich landet er im Krankenhaus. Schröder besucht den schwer Bandagierten auf der Intensivstation und sagt: ›So wirst du es nie zu was bringen. Nimm dir ein Beispiel an mir. Ich fahre auch immer rechts, doch wenn mir was entgegenkommt, bin ich flexibel genug, nach links auszuweichen.‹«

Gern erinnere ich mich auch an Alfred Biolek als warmherzigen Gastgeber. Weniger an die Talk-Show selber. Denn ursprünglich sollte an meiner Stelle die damals noch relativ unbekannte Autorin Hera Lind auftreten. Weil Bio dann aber kurzfristig umplante und zweimal Schröder haben wollte, lud er die Lind wieder aus. Die Dame glaubte, es sei meine Schuld gewesen. Sie vermutete bei mir einen unstillbaren Hunger nach Rampenlicht und Fernsehpräsenz. Ich erfuhr davon allerdings erst in der Talk-Show von Erich Böhme, in der auch sie geladen war. Diese Veranstaltung, die nach meiner Trennung von Gerhard Schröder lief, trug den aufregenden Titel: »Abschied von Super-Hillu – Das Ende der Powerfrauen!« Aber das nur nebenbei.

Alfred Biolek imponierte mir sehr, weil er nach der Show immer ein großes Festmahl arrangierte, zu dem nicht nur seine Gäste und Mitarbeiter eingeladen waren. Er bewirtete jedesmal auch gute Bekannte und seine Haushälterin mit ihren Freundinnen, was dem ganzen eine lockere Atmosphäre gab. Besonders seine Haushälterin habe ich in guter Erinnerung behalten, ebenso wie Günter Jauch, der angenehm zurückhaltend war und mehr als Small talk zur Unterhaltung beisteuerte.

Ein ähnlich schönes Erlebnis war Gerhards Auftritt im »Großen Bellheim«. Vor allem die Party nach Drehschluß. Sie dauerte erheblich länger als die Szene mit dem Ministerpräsidenten. Gerhard durfte ja nur ein paar Sätze sagen. Aber er war so stolz auf diese Minirolle, daß er Regisseur Dieter Wedel und sein Team ins Gästehaus der Landesregierung bat. Ich erlebte so beeindruckende Persönlichkeiten wie Mario Adorf und Heinz Schubert, der privat so gar nichts von Ekel Alfred hatte, den er in den siebziger Jahren voll aus des deutschen Spießers Wunderhorn schöpfen ließ. Bedauerlich war für mich nur, daß Will Quadflieg nicht dabeisein konnte, ich hätte den engagierten Tierschützer gern kennengelernt.

Die Gesellschaft des Fernsehvölkchens war allemal unterhaltsamer als die Polit-Prominenz, die ab und an in Immensen zum Frühstück anrückte. Das kam öfter vor in Wahlkampfzeiten. Familie Buchholz, die den örtlichen Gasthof »Scheuer« betreibt, war jedesmal hoch erfreut, wenn bedeutende Persönlichkeiten des öffentlichen Lebens, der erste war Björn Engholm, bei ihr einquartiert wurden.

Buchholzens haben extra ein Gästebuch angeschafft,

und falls es jemanden mal nach Immensen verschlägt, kann er den Wirtsleuten keine schönere Freude machen, als anerkennend darin herumzublättern.

Gute Erinnerungen habe ich eigentlich nur an Hans Jochen Vogel und Klaus Bölling. Der Journalist und frühere Leiter der ständigen Vertretung in Ostberlin ist nicht nur ein äußerst kluger und geistreicher Mann, sondern auch sehr kultiviert. Ich weiß noch, wie fasziniert Franca und Wiebke seine vollendeten Tischmanieren bestaunten und bemüht waren, es ihm gleichzutun.

Was man von Fledermäusen lernen kann

Nach diesen Schilderungen ist klar, daß ich in der Rolle als Gesellschaftsdame und »Landesmutti« nicht meinen ganzen Lebensinhalt sah. Zum Glück sahen das die Bürger genauso. Schon wenige Wochen nachdem Gerhard den neuen Landtag eröffnet hatte, meldeten sich Initiativen, Gruppen und Verbände bei mir, deren Arbeit die Albrecht-Regierung 16 Jahre lang ignoriert hatte. Ich sichtete die Angebote, prüfte mit Hilfe der Experten in der Staatskanzlei, welche seriös waren, und begann zu arbeiten. Ich kümmerte mich um die Aids-Hilfe, betreute Projekte in der Behinderten- und Altenarbeit und engagierte mich im Kinderschutzbund. Meinen Schwerpunkt legte ich aber auf den Natur- und Tierschutz.

Wie nötig das in Niedersachsen war und ist, zeigt das Beispiel des sogenannten Hühnerbarons Anton Pohlmann, der seine kriminelle Käfighaltung viel zu lange betreiben durfte. Mittlerweile befaßt sich die Justizbehörde ausgiebig mit dem Fall. Gleich zu Beginn der rotgrünen Koalition haben wir versucht, dem Tierquäler das Handwerk zu legen, scheiterten aber immer wieder an gesetzlichen Bestimmungen, die das grausame Treiben sanktionierten. In Pohlmanns Eierfabriken mußten die Hühner giftige Chemikalien fressen gegen Milbenbefall, die Eier waren verseucht, und die Tiere, die ihr Martyrium überlebten, wurden, wenn sie nichts mehr hergaben, zu Tausenden vergast. Manchmal schaltete man auch einfach die Belüftung aus, und sie erstickten qualvoll. Der Hühnerbaron hat sich inzwischen in die USA abgesetzt und seinen Betrieb verkauft. Die neuen Eigentümer können im gleichen Stil weiterproduzieren. Ich habe das viele Male gesehen, und es reichte, um mir Übelkeit zu verursachen. Das gilt natürlich auch für die Rinder- und Schweinezucht in Massenhaltung. Was den Tieren angetan wird, ist grausam. Einziges Kriterium beim Bau der Ställe ist Funktionalität: problemlose Reinigung, effektive Fütterung, möglichst viel Fleisch auf wenigen Quadratmetern. Ob die Tiere dabei Verhaltensstörungen aufweisen, sich gegenseitig verletzen oder gar dem Kannibalismus verfallen, ist ohne Bedeutung.

Solange aber das Tierschutzgesetz keinen anderen Stellenwert bekommt, wird sich nichts ändern.

Unser Grundgesetz ist wirklich eine der besten Verfassungen der Welt, und es hat sich in den zurückliegenden Jahrzehnten weitgehend bewährt. Aber natürlich sind Verfassungen keine statischen Gebilde. Sie müssen gesellschaftlichen Veränderungen folgen und sich diesen gegebenenfalls anpassen. So sah denn auch der Einigungsvertrag vom August 1990 eine solche Überprüfung vor. Eine gemeinsame Verfassungskommission wurde von Bundestag und Bundesrat gebildet, und die diskutierte über mögliche und notwendige Änderungen und Ergänzungen des Grundgesetzes. Insbesondere die Frage, ob die Staatsziele im Grundgesetz noch zeitgemäß seien oder ob sie ergänzt werden müßten, spielte dabei eine große Rolle.

Niedersachsen hatte frühzeitig angeregt und beantragt, nicht nur ein Staatsziel Umweltschutz, sondern auch das Staatsziel Tierschutz in der künftigen Verfassung zu verankern. Dieser Antrag scheiterte aber in der gemeinsamen Verfassungskommission am Widerstand der CDU/CSU-Vertreter. Die »Tiernutzerlobby« hatte sich nicht von über 170000 Zuschriften von Bürgerinnen und Bürgern beeindrucken lassen, die eindringlich um die Aufnahme des Tierschutzes und der Bewahrung der Mitgeschöpflichkeit in das Grundgesetz gebeten hatten.

Das Verrückte ist: Man kann Tierhaltung auch anders betreiben und trotzdem gut verdienen. In der Schweiz gibt es artgerechte Haltungssysteme, die Züchter machen zwar keine Millionen wie die Großmäster, aber sie nagen nicht gerade am Hungertuch. Bisher sind Tiere quasi vogelfrei, weil die Verfassung das Recht der Tiere auf ein artgerechtes Leben nicht kennt. Ich finde, es ist höchste Zeit, daß sich die Menschheit ein paar Grundfragen stellt.

Warum quälen wir Lebewesen, die Schmerz und

Angst empfinden? Welches Recht haben wir, das zu tun? Wie können wir das ändern? Ich glaube, am Umgang mit den Tieren zeigt sich zuallererst, daß das, was wir Zivilisation nennen, nur eine fadenscheinige Decke ist, die jederzeit auseinanderfallen kann. Sie verhüllt nur notdürftig eine atavistische Roheit, die sich wie in Bosnien, wie in Ruanda oder Nigeria immer ungenierter Bahn bricht.

Ich bin in Sachen Massentierhaltung mit Landwirtschaftsminister Funke aneinandergeraten, und ich habe mich mit der hannoverschen Stadtverwaltung angelegt, um die Fledermäuse im Stadtwald zu schützen. Manche haben gelacht und den armen Ministerpräsidenten bedauert: Jetzt kümmert sich seine Frau auch noch um eklige Fledermäuse. Hat die nichts Besseres zu tun? Nein, ich habe nichts Besseres zu tun. Allein, daß alle achtzehn in Deutschland lebenden Arten vom Aussterben bedroht sind, wäre Grund genug, sich zu kümmern.

Aber es geht nicht nur um die Tiere. Ein Beispiel: Vor acht Jahren wurde die texanische Hauptstadt Austin von einer Plage biblischen Ausmaßes heimgesucht. Da ließen sich eines Nachts eine Million Fledermäuse mitten in der Stadt nieder. Und sie blieben. Seither quoll jeden Abend eine riesige Wolke von Fledermäusen aus dem Pfeilerwerk der Congress Avenue Bridge. Boulevardzeitungen schrieben von Angriffen tollwütiger Flattertiere, und Bürger begannen Unterschriften zu sammeln. Sie wollten der Plage mit Gift ein Ende setzen lassen.

Einer hielt damals dagegen: der Wissenschaftler Merlin D. Tuttle, der als Freund der Fledermäuse den Ehrennamen »Batman« trägt. Tuttle hatte gute Argumente. Er gab zu, daß an Krankheiten, die auf irgendeine Art mit Fledermäusen zu tun hatten, tatsächlich schon fünfzehn Menschen gestorben seien – innerhalb der letzten vierzig Jahre. Aber beim Baden, das bekanntlich als sehr gesunde Beschäftigung gilt, kämen jedes Jahr 5000 Amerikaner um. Tuttle kannte 300 Pflanzen, die ausschließlich von Fledermäusen bestäubt werden können. Und er rechnete vor, daß allein die Fledermauskolonie in Austin jede Nacht 14 Tonnen Insekten vertilgt – unter anderem die auf den Obstplantagen so gefürchteten Fruchtfliegen. Mit dieser Kampagne schaffte Tuttle ein kleines Wunder. Die Tiere wurden nicht aus Austin vertrieben. Im Gegenteil. Die dunkle Wolke, die bis heute Nacht für Nacht unter den Brückenpfeilern hervorquillt, ist inzwischen zur zweitwichtigsten Touristenattraktion der Halbmillionenstadt geworden.

Diese Geschichte zeigt, wer die Fledermäuse studiert, lernt eine Menge über das Ökosystem, ihr Verschwinden warnt uns. Es zeigt, wie gefährdet die Umwelt ist. Wasserfledermäuse leben an artenreichen, nährstoffarmen Stillgewässern. Bei uns gibt es fast nur noch begradigte und damit beschleunigt abfließende Bäche, die oft durch Überdüngung der angrenzenden Felder umgekippt sind. Abendsegler lieben naturnahe

Laub- und Mischwälder mit deutlicher Altersstruktur. Die moderne Forstwirtschaft bevorzugt jedoch schnellwachsende Nadelholzkulturen und fegt die Wälder säuberlich aus. Breitflügelfledermäuse brauchen gesunde Dorf- und Stadtstrukturen mit ausreichenden Grünflächen, Parks und Gärten. Und wo in der zersiedelten Kulturlandschaft finden wir heute noch natürliche Streuobstwiesen, auf denen sich Langohrfledermäuse heimisch fühlen? Wie soll die Zwergfledermaus jagen, wenn ihr Orientierungspunkte wie Hecken, Feldholzinseln oder schöne Alleen fehlen?

Es ist wirklich so, Fledermäuse benötigen genau das gleiche wie unsere Kinder. Wo die Umwelt gesund ist, da können Fledermäuse und Kinder leben. Eine Welt aber, in der die Fledermaus keinen Lebensraum mehr hat, die ist auch für unsere Kinder nicht mehr lebenswert. Und noch etwas macht mir die Tiere sehr sympathisch. Sie brauchen ein bißchen Unordnung. Ein paar lose Dachpfannen, damit sie unter die Dächer schlüpfen können, alte Gemäuer und abgestorbene Bäume als Nachtquartier. Wenn überall Ordnung herrscht, ist das für Fledermäuse tödlich. Im wahrsten Sinne des Wortes.

Mit meinem Engagement für diese Tiere habe ich mir richtigen Ärger eingehandelt, weil ich für ein wenig Unordnung im Stadtwald in Hannover plädiert, mich mit Naturschützern gemeinsam gegen das Abholzen alter Bäume gewehrt habe. Der Forstamtsleiter war beleidigt, geradezu empört – ich finde das in Ordnung.

Wir brauchen solche Kontroversen, den Streit habe ich bewußt gesucht. Wir brauchen solche Aufregungen und ein bißchen Chaos, wenn es denn mit dem Umdenken irgendwann einmal klappen soll.

Genauso aufgebracht sind die Jäger, weil ich mich zusammen mit kompetenten Naturschützern und dem BUND für den Schutz der Rabenvögel, also Krähen, Dohlen und Elstern, stark gemacht habe. Da wird mir gesagt, man müsse diese schönen Tiere abschießen, weil sie Kröten fressen, die Nester von Singvögeln wie der Heckenbraunelle ausräubern oder gar Heidschnuckenjunge reißen. Das ist lächerlich, sogar das Bundeslandwirtschaftsministerium bestreitet das. Aber selbst unterstellt, es ist wahr, dann sind es doch nicht Elstern, die die Heckenbraunelle gefährden. Es ist der Mensch, der ihren Lebensraum so eingeengt hat, daß die Elstern überhaupt zur Gefahr werden können. Es gibt in der Natur keine einzige Art, die es darauf anlegt, andere Arten zu vernichten. Außer dem Menschen. Es war der Mensch, der die Natur aus dem Gleichgewicht gebracht hat. Und ausgerechnet dieser Mensch, der es schafft, weltweit täglich dreißig Arten auszurotten, will jetzt mit dem Jagdgewehr ein neues Gleichgewicht herstellen. Daran glaube ich nicht. Wir sind doch keine Götter. Wer die Heckenbraunelle schützen will, der muß diesen Vögeln neuen Lebensraum schaffen. Und nicht Rabenvögel abschießen.

Manchmal graust mir vor den Menschen. Ich habe die Tiertransporte gesehen, die täglich durch unser Land rollen. Ich habe miterlebt, wie auf einem Pferdetransport von Polen nach Frankreich, nachdem erst ein kleiner Teil der großen Entfernung zurückgelegt worden war, zehn Tiere getötet werden mußten, weil sie den Strapazen der Fahrt schon nicht mehr gewachsen waren. Ich habe Rinder gesehen, die mehrere Tage quer durch Europa gekarrt wurden, ohne ein einziges Mal gefüttert oder getränkt zu werden. Ich kenne die erschütternden Bilder von den Mißhandlungen in den Umladehäfen von Genua und Triest. Zerschunden und vor Hunger und Durst halbtot, werden die Tiere mit dem Kran auf die Lkws geschmissen. Den deutschen Kontrollkommissaren, die vor Ort die Transporte überwachen, ist das egal. Die »genauen Berichte« der Gutachter stellen lediglich fest, ob die Tiere lebend angekommen sind. Damit hat es sich. Die Tiertransportlobby leistet erstklassige Arbeit. Es lohnt sich.

Nicht nur niedersächsische Transportunternehmen verschieben auf diese Art Rinder bis nach Beirut und Nordafrika, obwohl in der Umgebung unausgelastete Schlachthöfe stehen. Für jedes Tier kassieren sie von der EU 1000 Mark Exportprämie. Das ist natürlich weit profitabler, als Fleisch zu verschicken oder die Kühe in den nächsten Schlachthof zu bringen.

Ich habe auch versucht, direkt vor Ort in Gesprächen Sensibilität zu wecken, war in den Betrieben der

Transporteure, um etwas an der Situation der Tiere zu ändern. Aber als ich mit einem Fernseh-Team von Zeit-TV bei der Firma Lindhorst in Winsen an der Aller erschien, wollte mich der Juniorchef lieber gleich wieder vom Hof schmeißen. »Sie wollen sich nur profilieren«, schrie er mir ins Gesicht. Daneben stand der Kreistierarzt, der die Tiere zum Transport freigab, und fand das richtig.

Ich habe mit meinem Mann darüber geredet, weil ich dachte, er oder das Landwirtschaftsministerium könnten für eine Einschränkung der Transporte sorgen. Tatsache ist leider, daß einer Landesregierung schnell Grenzen gesetzt sind. Der Schlüssel des Problems liegt wie so oft in Brüssel. Solange die EU die Richtlinien für Tiertransporte nicht verschärft, ändert sich gar nichts. Aber dort wird alles, was Tierschützer, Tierärzte und Journalisten an schrecklichen Fakten zusammengetragen haben, vom Tisch gewischt. Die Agrarbürokraten sind bis jetzt nicht bereit, die Subventionen für den Lebendtransport auch nur ansatzweise zu streichen.

Tierquälerei für ein bißchen Profit. Es gibt keinen anderen Grund für die barbarischen Methoden, mit denen Tiere in Mastfabriken schlachtreif gemacht werden.

Bis 1990 war es in Niedersachsen noch üblich, daß in der Tierzucht Ferkeln die Zähne abgekniffen und Gänsen die Schnäbel abgeschnitten wurden. Jedes Jahr wurden Hunderte von Enten bei lebendigem Leibe zerfetzt – zur Jagdhundausbildung. Die rot-grüne Landesregierung hat das dann alles verboten und auch gegen die Tiertransporte unternommen, was in ihrer Macht stand. Aber das ist natürlich zuwenig, und es hätte viel früher passieren müssen und noch engagierter.

Die Frage ist nur, warum regen sich darüber sowenig Leute auf? Erst wenn Supermärkte gammeliges Fleisch anbieten, dann gibt es einen bundesweiten Skandal. Das kann man sehen und vielleicht sogar riechen. Aber daß das sogenannte »gesunde Fleisch« von Käfig-Hühnern und von Hormon-Kälbern stammt, darüber sehen wir lieber hinweg. Selbst wenn wir wissen, daß es der Gesundheit unserer Kinder schadet.

Genauso haben wir ja auch auf die Tschernobyl-Katastrophe reagiert. Wir haben ein paar Wochen lang keine Pilze gegessen, haben statt des Hirschrückens ein Schweinefilet neben den Rotkohl gelegt, und dann war alles wieder vergessen.

Im Frühjahr 1992 bereiste eine Delegation niedersächsischer Landtagsabgeordneter Weißrußland. Nach ihrer Rückkehr erzählten sie von den verstrahlten Zonen, von der unübersehbaren Armut, dem völlig überforderten Gesundheitssystem und vor allem vom Leid der Kinder. Ihre Berichte waren so erschütternd, daß die Landesregierung beschloß, die Stiftung »Kinder von Tschernobyl« zu gründen. Als mir die Leitung angetragen wurde, habe ich spontan zugesagt. Seit Herbst 1992 fahre ich nun vier-, fünfmal im Jahr nach Belorus, und die Stiftung nimmt einen großen Teil meiner Zeit in Anspruch. Ich halte Vorträge und gebe so viele Interviews wie möglich, um die Öffentlichkeit auf das Elend in dieser Region aufmerksam zu machen. Ich suche Sponsoren und verhandele mit ihnen, ich koordiniere mit Geschäftsführer Lutz Bardelle und Professor Eckel die Lieferungen von Medikamenten und Diagnosegeräten, und bald müssen wir unsere Anstrengungen verdoppeln. Denn auch Rußland und die Ukraine, wo ebenfalls ganze Landstriche verstrahlt sind, bitten die Stiftung um Hilfe.

Ukrainische Leiden

Sascha ist ein »besonderes« Kind. Das Ukrainische kennt kein Wort für »behindert«. Es gibt nur normale und eben besondere Menschen. Ein schöner Euphemismus, der für Sascha aber leider ohne Bedeutung ist. Behinderte Kinder bekommen in der Ukraine weder eine ausreichende Schulbildung noch vernünftige Lehrstellen, meist nicht einmal Prothesen. In den staatlichen Orthopädie-Werken werden nämlich nur Prothesen für Erwachsene hergestellt, und die wiederum sind nichts Besonderes: einfache mechanische Massenware in drei genormten Größen, ähnlich den Gliedern von Schaufensterpuppen. Der vierjährige Sascha aber will nicht warten, bis er volljährig wird. Er will richtige Hände und Gitarre spielen wie sein Vater.

Sascha ist ein Tschernobyl-Opfer, eine sogenannte Mißgeburt. Seine Heimatstadt Kowel liegt fünfhundert Kilometer entfernt vom Reaktor, im westlichen Teil des riesigen Landes, der früher Galizien hieß. Gottfried Galler, der für die Kinderhilfe Walsrode oft in dieser Gegend arbeitet, erzählte mir eines Tages von dem aufgeweckten Jungen und fragte, ob die Stiftung auch Kindern in der Ukraine helfe. Bis jetzt nicht, mußte ich zugeben, unsere gesamten Mittel seien in Weißrußland verplant. Aber für besondere Fälle hätten wir eine Art Notprogramm. Unser Geschäftsführer Lutz Bardelle durchforstete also den Stiftungsetat nach Reserven, ich suchte in unserer Spenderkartei nach beherzten Samaritern und Unternehmen, die bereit wären, schnell ein paar Mark lockerzumachen. Und kurze Zeit später konnten wir Sascha und seine Mutter tatsächlich nach Hannover holen und ihm zwei Arm- und Handprothesen anpassen lassen. Als mich die beiden nach der Prozedur in der Staatskanzlei besuchten, wußte ich nicht, wer von ihnen glücklicher war. Die zierliche blonde Frau strahlte über das ganze Gesicht, und ihr Bub probierte mit diebischer Freude die neuen Bewegungsmöglichkeiten aus. Kneifen, Knuffen, an den Haaren ziehen, mit allem werfen, was nicht niet- und nagelfest ist, buchstäblich die ganze Welt neu begreifen.

Ein paar Wochen später brachte uns Galler den kleinen Iwan, der ebenfalls eine Handprothese brauchte. Dann schickte er die neunjährige Julia. Auch ihnen konnte geholfen werden, und das sprach sich schnell herum. Bald übergab uns Galler eine Liste, auf der achtzig Kinder standen, die in Kowel nach dem Reaktor-Unfall mit fehlenden Extremitäten geboren worden waren. »Und Kowel«, sagte Galler, »liegt am äußersten Rand des kritischen Gebietes, innerhalb der Zone sind Geburtsfehler und Strahlenkrankheiten epidemisch.«

Irgend jemand hat mal geschrieben, Tschernobyl sei

keine abgeschlossene Katastrophe, sondern eine andauernde. Wer immer es war, er hat leider recht. Im Kuratorium waren wir uns schnell einig, daß es nicht damit getan sein kann, in Hannover ein paar Einzelfälle zu versorgen. Alle »besonderen« Kinder mit fehlenden Gliedmaßen sollten mit den gleichen Chancen aufwachsen wie ihre normalen Altersgenossen. Also mußten wir versuchen, im Lande selbst eine Orthopädie-Werkstatt einzurichten. Die Frage war nur, ob dieses Projekt eine Chance hatte. Die Bedingungen in der Ukraine stimmten uns nicht gerade optimistisch.

Unsere erste Reise dorthin war eine der schwierigsten Missionen, die ich je für die Stiftung unternommen habe. Die ukrainische Akademie der Wissenschaften hatte die Landesstiftung um Ultraschallgeräte und Medikamente gebeten, und am 23. Januar 1995 reisten wir nach Kiew. Wir wollten sondieren, wie wir am besten helfen könnten.

Der Empfang war zunächst freundlich, aber das Gesprächsklima bald frostig wie das Wetter. Über das Rollfeld fegte ein eisiger Wind, in der Stadt fielen die Vögel tot von den Bäumen. Auf den zusammengeschobenen Schneehaufen am Straßenrand lagen halbverhungerte Hunde. Wir hatten einen Termin beim Vizepräsidenten der Akademie, Juri Sosulja, einem glatten Funktionärstypen mit einem Hang zur Arroganz. Anschließend sprachen wir mit Andrej Serdiuk, dem stellvertretenden Gesundheitsminister, einem engagierten, aufgeschlossenen Mann. Schnell wurde uns klar, daß beide Institutionen einen erbitterten Kleinkrieg um knappe Ressourcen führten. Die Gelehrtenkader der Akademie waren nach dem politischen Umbruch so clever gewesen, sich die Übernahme jener Kliniken zu sichern, die intensive Kontakte nach Japan, Kanada oder in die USA hatten und (für östliche Verhältnisse) relativ gut ausgestattet waren. Den Rest, vor allem die seit Jahrzehnten vernachlässigten Krankenhäuser auf dem Land, überließen sie dem Gesundheitsministerium. Sosulja erwartete natürlich, daß wir ausschließlich »seine Kliniken« besichtigten und dort auch die mitgebrachten Ultraschallgeräte ablieferten.

Mein Unbehagen über dieses Ansinnen versuchte Sosulja mit eisigem Blick wegzuwischen. Schließlich habe uns nicht der Gesundheitsminister, sondern die Akademie der Wissenschaften eingeladen. Auf solche Spitzfindigkeiten konnten wir uns natürlich nicht einlassen. Erstens forderte das Konzept der Stiftung, Geräte nur an wirklich bedürftige und von uns ausgesuchte Krankenhäuser zu vergeben, zweitens wollte sich die Delegation einen möglichst umfassenden Einblick in das ukrainische Gesundheitswesen verschaffen. Als ich Sosulja unsere Position höflich, aber bestimmt erläuterte, drohte der Vizepräsident mit nicht näher definierten Konsequenzen und Komplikationen bei unserer Arbeit. Unsere Dolmetscherin Galina mühte sich, peinlich berührt, die Tirade in einen halbwegs zivilisierten Jargon zu übersetzen.

Am nächsten Tag begann unser Besichtigungsprogramm. Auf dem Plan standen ausschließlich Kliniken der Akademie. Am folgenden Tag ebenso. Wir protestierten immer wieder und bestanden darauf, auch die Häuser des Gesundheitsministeriums zu sehen. Ohne Erfolg. Daraufhin wandte ich mich an die deutsche Botschaft mit der Bitte um Unterstützung. Aber im Gegensatz zu seinem hilfsbereiten Kollegen in Minsk entpuppte sich der Geschäftsträger Alexander Arnot als misanthropischer Amtsschimmel, dem die Ukraine im allgemeinen und Querulanten wie wir im besonderen heftig auf den Magen schlagen. Man will, scheint es, mit unseren »Kleinigkeiten« nicht belästigt werden.

Nach eingehender Beratung mit meinen Begleitern Professor Eckel und Professor Brabant beschloß ich, Sosulja ein Ultimatum zu stellen. Nicht zuletzt auf die Sympathie der ukrainischen Medien vertrauend, die unsere Anwesenheit sehr positiv kommentiert hatten, ließ ich an die Adresse der Akademie ausrichten, daß wir entweder in der Ukraine unabhängig und ohne politischen Druck arbeiten wollten oder sofort die Geräte einpacken und abreisen würden. Dieser Ton schien zu fruchten. Sosulja gab zähneknirschend klein bei.

Im Gesundheitsministerium nahm man die Nachricht mit Genugtuung zur Kenntnis und erstellte schnell eine zusätzliche Liste der Kliniken, die unbedingt ein Ultraschallgerät brauchten. Uns blieb ja nur wenig Zeit, um das erweiterte Programm zu bewältigen, und wir wollten sofort loslegen.

Aber wir hatten uns zu früh gefreut. Sosulja setzte alle Hebel in Bewegung, um der Delegation das Leben so schwer wie möglich zu machen, und der Arm der Akademie reichte weit. Vizeminister Serdiuk hatte schon am ersten Tag raunend vor alten kommunistischen Seilschaften gewarnt. Plötzlich gab es massive Schwierigkeiten beim Zoll. Die Beamten verweigerten die Herausgabe der sechs Ultraschallgeräte. Der Grund – Verstoß gegen die Einfuhrgesetze – war absurd. Da die Stiftung in der Ukraine noch nicht über einheimische Partnerorganisationen verfügte, die als Empfänger von Hilfslieferungen angegeben werden konnten, hatten wir die Geräte an das Kiewer Delegiertenbüro der deutschen Wirtschaft geschickt. Aber ausländische Organisationen dürfen keine medizinischen Apparaturen importieren, hieß es nun. Der Hinweis, daß das mit dem Einverständnis der Akademie geschehen sei, rang dem Zollkommissar nur ein spöttisches Grinsen ab. Schikanen wie zu Hoch-Zeiten der Sowjetmacht.

Vier Jahre nachdem sich die Ukraine von der UdSSR gelöst hatte, schien vieles wieder beim alten zu sein. Am 21. Janur 1990 hatte die demokratische Oppositionsbewegung »Ruch« mit einer 500 Kilometer langen Menschenkette zwischen Lemberg und Kiew für staatliche Souveränität demonstriert. Diese Aktion sollte an die erste ukrainische Unabhängigkeitserklärung von 1918 erinnern. Sie hielt damals nur vier Jahre, dann marschierten Truppen ein und spalteten das Land entlang der Dnjepr-Linie. Den Osten besetzten die Russen, der Westen fiel an Polen.

1939, nach dem Hitler-Stalin-Pakt, annektierte dann die Rote Armee die Gesamtukraine. Über die kläglich gescheiterte 1. Republik spottete der galizische Schriftsteller Joseph Roth: »Man hatte in aller Eile neue Minister und Generäle ernannt … Es gab einen großen Wirrwarr im Lande; zwischen Machthabern und Bewohnern des Landes, und auch unter den Machthabern selbst herrschte Verwirrung.« Die Beschreibung gleicht dem jetzigen Zustand auf fatale Weise.

Um Investoren ins Land zu locken, verspricht Präsident Leonid Kutschma unermüdlich die Privatisierung der staatsmonopolistisch organisierten Wirtschaft und erhält Beifall von Demokraten und Nationalisten. Im Parlament, wo die Kommunisten die stärkste Fraktion stellen, wird jedoch noch der kleinste Reformansatz gnadenlos niedergestimmt. Das ist vor allem in der Ostukraine populär. Zwischen Dnjepr und Don liegt eines der größten industriellen Ballungszentren der ehemaligen UdSSR, die Hälfte der Bevölkerung sind Russen. In den gigantischen Kohlegruben, Stahl- und Rüstungskombinaten fürchten die Menschen nicht ganz zu Unrecht, eine ökonomische Roßkur würde Millionen noch weiter ins Elend stürzen. Daß Rußland als fester Kunde ausgefallen und das Gros der Staatsbetriebe längst bankrott ist, fällt nicht ins Gewicht. Die

Arbeiter gehen trotzdem zur Schicht und werden fürs Herumstehen bezahlt. Der Lohn reicht allerdings oft nicht einmal mehr, um die Grundnahrungsmittel zu bezahlen. Billige einheimische Produkte sind kaum mehr zu bekommen. Selbst in den Regalen der staatlichen Kaufhäuser stapeln sich fast ausschließlich unerschwingliche Westwaren. Eine horrende Inflationsrate sorgt dafür, daß sich die Ukrainer aus ihrer Landeswährung Karbowanez ohne Gewissensbisse Zigaretten drehen können. Auf den Kiewer Märkten regiert längst wieder die Tauschwirtschaft, der andernorts fast wertlose Rubel wird hier als kostbare Devise gehandelt.

Die Angst vor Strahlenschäden, Streß im täglichen Überlebenskampf und Perspektivlosigkeit haben die Menschen zermürbt. Die Suizidrate steigt kontinuierlich. Anatolij Tschurprikow, Direktor der psychiatrischen Klinik in Kiew, sagte, daß schon 25 Prozent der Kinder ein auffälliges Verhalten zeigen. Eine Therapie in seiner Klinik kann niemand mehr bezahlen. Das alte sozialistische Fürsorgesystem ist zusammengebrochen, eine Alternative gibt es nicht. Wer aus der Bahn rutscht, dem bleibt nur noch das »nationale Heilmittel« Wodka. Und nirgends am Horizont ist ein Lichtstreif zu sehen. Der Marktwirtschaft trauen die Ukrainer nicht, weil die Kapitalströme regelmäßig an der drittgrößten Atommacht der Welt vorbeifließen. Den Russen eigentlich auch nicht. »Aber unter Breschnew hatten wir wenigstens etwas zu essen.« Solche Sätze hörte ich weit öfter als Heldengeschichten aus der Umbruchzeit.

Nach dem kommunistischen Putschversuch gegen Gorbatschow zwangen aufgebrachte Kiewer Demokraten den Bürgermeister, die tonnenschwere Lenin-Figur auf dem Platz der Revolution in kleine Stücke zu sägen. An dem blechernen Regenbogen hoch über dem Dnjepr-Ufer ging der Volkszorn damals vorbei. Heute ragt das Denkmal wie ein Menetekel aus dem Stadtbild. Unter dem Halbrund stützen ein Ukrainer und ein Russe den Sowjetstern. Eine Gruppe steinerner Kosaken applaudiert. Niemand käme mehr auf die Idee, das Ensemble die Klippen hinunterzustoßen. Es mehren sich politische Stimmen, die für eine erneute Annäherung an Rußland plädieren.

Von den fünfzehn Millionen Bauern, die auf der fruchtbaren Schwarzerde-Steppe elendig verreckt sind, als Stalin zum großen Kulakenlegen blies, von dem gräßlichen Hunger, von Kannibalismus und rotem Terror sprechen nur noch ein paar Dichter. In ihrer Not haben die Ukrainer selbst Tschernobyl verdrängt, letzte und schlimmste Heimsuchung unter der Sowjetmacht.

Hundert Kilometer nördlich der Hauptstadt Kiew versucht man die radioaktive Zeitbombe unter einer provisorischen Betondecke, dem »Sarkophag«, zu bannen. 1992 versprach die Ukraine den Katastrophenreaktor bis zum Jahr 2000 abzuschalten. Die G-7-Staaten wollten das milliardenschwere Abbruchunternehmen bezahlen. Vier Jahre später war nicht eine Mark überwiesen. In der bankrotten Ukraine hat die Einstellung des Tschernobyl-Direktors Sergej Paraschin eine gewisse Logik. Er sagte: »Man schaltet kein Atomkraftwerk ab, daß pro Jahr 200 Millionen Dollar einbringt, Millionen Menschen Strom liefert und 25000 eine Beschäftigung bietet.« Statt dessen haben die Ukrainer Gas-, Öl- und Kohlekraftwerke stillgelegt, um die raren Devisen nicht für Rohstoffimporte ausgeben zu müssen. Hauslieferant Moskau verlangt inzwischen Weltmarktpreise. 1993 stand die Ukraine allein bei russischen Erdgas- und Öllieferanten mit 1,3 Milliarden in der Kreide. Uran ist für die Ukrainer weitaus billiger. Die Brennstäbe der AKWs tauschen sie in Moskau gegen die vielen Atomsprengköpfe ein, die nach dem GUS-Zusammenbruch auf ihrem Hoheitsgebiet herrenlos herumstanden.

Das alles sollte westlichen Politikern zu denken geben. Eine ähnliche Zwangslage hat 1986 die Sowjets veranlaßt, Tschernobyl zum größten Atomkomplex der UdSSR hochzurüsten. Anfang 1986 hatten Spezialisten gerade begonnen, die vier 1000-Megawatt-Blöcke des Billig-Graphit-Reaktortyps RBMK nochmals um 2000 Megawatt zu erweitern. Das Arbeitstempo war so aberwitzig, daß engagierte Zeitschriften wie die »Literaturnaja Ukraina« kurz vor der Katastrophe Ärger mit den Zensurbehörden riskierten. »Die Komprimierung des Terminplans«, schrieb die Journalistin Ljubow Kowalewska, gehe einher mit »großen Mängeln und Schlampereien.« Aber das zählte nicht. Die UdSSR hatte ein Energieproblem. Die Ölreserven flossen gegen harte

Devisen auf den Weltmarkt, gleichzeitig sanken im uneffektiven Kohlebergbau die Erträge. Zur Substitution der Energiebilanz wollte man Atomenergie. Koste es, was es wolle.

Bezahlt haben die Leute in Pripjat. Pripjat liegt direkt neben dem Unglücks-Reaktor. Als Block 2 am 26. April havarierte, schmückten die Bewohner gerade ihre Häuser für die Erste-Mai-Feierlichkeiten. Auf Stellwänden prangte die sozialistische Variante blinden Gottvertrauens: »Die Beschlüsse des XXVII. Parteitags der KPdSU bestimmen unser Leben«. Dann fegte aus heiterem Himmel ein hochgiftiger Ascheregen über die Stadt. Erst Stunden später wurden die 45000 Menschen evakuiert. Wie viele überlebt haben, ist nicht bekannt. Die »Prawda« berichtete erstmals neun Tage später von der Existenz des verfluchten Ortes. Der Artikel liest sich wie ein heiteres Feuilleton: »Ein eigenartiges, ungewöhnliches Bild bietet Pripjat vom Hubschrauber aus. Schneeweiße mehrstöckige Häuser, breite Straßen, Parks und Stadien, Spielplätze neben Kindergärten und Geschäften. Noch vor einigen Tagen arbeiteten hier 25000 Energetiker und Bauleute, Chemiearbeiter und Binnenschiffer. Und nun ist die Stadt verwaist.«

Bezahlt haben die Menschen auch in Kiew. Hunderttausende schickte man während der Erste-Mai-Kundgebungen auf die Straßen, wo sie von einem hochradioaktiven Wolkenbruch durchnäßt wurden. Von der Reaktor-Katastrophe erfuhren sie am 6. Mai. Über ausländische Radiosender. Es kam zu Panikreaktionen.

Viele wollten fliehen, belagerten Bahnhöfe und den Flughafen, andere tätigten Hamsterkäufe. Stadt- und Gebietsfunktionäre, die ihre Sprößlinge schon am Unglückstag auf die Krim in Sicherheit gebracht hatten, ließen Billigwodka ausgeben. Der Bevölkerung wurde erzählt, außerhalb der 30-Kilometer-Zone um das Atomkraftwerk brauche sich niemand Sorgen zu machen. Es werde geerntet, gearbeitet, sogar »die üblichen Touristenreisen« fänden statt.

Heute sagen Radiologen, es gebe in Kiew kein Kind mehr, das wirklich gesund ist. Dabei haben die Kiewer noch Glück gehabt. Hätte der Wind den Kern der radioaktiven Wolke statt nach Norden Richtung Süden getrieben, sähe die Millionenstadt heute aus wie Pripjat – verwaist.

Auch Iwan Jakowlewitsch hat bezahlt. Sein blauer Paß weist ihn als Liquidator aus. Das Foto zeigt einen stämmigen Mann im besten Alter. Heute, zehn Jahre später, ähnelt der Militärarzt einem Greis. Wenige Stunden nach dem GAU ist Jakowlewitsch nach Tschernobyl beordert worden und hat dort einen Monat Dienst getan. Danach war er ein gesundheitliches Wrack. »Tagsüber betäube ich die Schmerzen und Erinnerungen mit Wodka«, sagte er. Doch nachts ziehen die Bilder des Schreckens durch seine Träume. Eine fahle Sonne im schwarzen Graphitwolkenmeer, die brennenden Mauern der geborstenen Atomfestung, Regimenter, die sich ohne Schutzkleidung ins Inferno stürzten, verkohlte Gesichter und Körper, Todgeweihte, aus deren

Mündern metallischer Atem steigt. »Von den Männern der ersten Stunde sind viele gestorben oder haben sich umgebracht«, sagt Jakowlewitsch. Mindestens 10000 Soldaten, Feuerwehrleute und Pioniere.

Iwan Jakowlewitsch geht zweimal pro Woche in die Poliklinik des Radiologischen Zentrums. Im sogenannten Liquidatorenkrankenhaus werden schwere Fälle, von denen auch er einer ist, studiert und nebenbei ambulant versorgt. Unter ihnen sind Veteranen der Plutoniumwirtschaft, Männer aus der Atomfabrik Semipalatinsk, vom Testgelände Novaja Semelja und Offiziere der atomgetriebenen U-Boot-Flotte.

Als wir Jakowlewitsch besuchen wollten, schwirrten Schwestern eilfertig durch die Gänge, in der Aufnahmestation surrten Computer und Meßgeräte. Stolz führte uns der Chefarzt durch den High-Tech-Park.

»Und wo sind die Patienten?« fragte ich.

»Wir haben sie weggeschickt«, antwortete er.

Sie wollten uns den Anblick nicht zumuten. Der verkrampfte Umgang mit den Strahlenkranken rührt noch aus der Zeit der Reaktor-Katastrophe. Damals wurde den Ärzten strikt verboten, radioaktive Verseuchung zu diagnostizieren. Dieser Regierungsukas galt fast zwei Jahre, erzählte Professor Günther Schellong, der Leukämiefachmann aus Münster. Er betreut in Kiew neun Hämatologie-Zentren, die mit westlicher Methodik arbeiten. »Aber uns bat man erst um Hilfe, als das Kind eines hohen Funktionärs an Leukämie erkrankte«, sagte er. In Schellongs Stationen beträgt die Überlebenschance mittlerweile mehr als 65 Prozent. In weniger privilegierten Kliniken des Gesundheitsministeriums, wo Blutkrebs nach landesweit üblichen Standards behandelt wird, sterben von 100 Patienten 95.

Dort herrschen durchweg Zustände wie in den schlimmsten Kliniken Weißrußlands. Es mangelt an allem. Oft hängt die Genesung der Patienten davon ab, ob Verwandte Lebensmittel oder Medikamente kaufen können. Manche Häuser sind finanziell so schlecht ausgestattet, daß die Kranken Bettzeug und Handtücher mitbringen oder sogar das Gebrauchs- und Verbandsmaterial selber bezahlen müssen.

In der neurologischen Kinder-Abteilung des Instituts für Onkologie und Radiologie verlor Dolmetscherin Galina die Fassung. Sie stürzte weinend aus dem Saal, ich war drauf und dran, es ihr gleichzutun. So unerträglich war die Szenerie.

Links an der Wand dämmerte ein kleines Mädchen. Es hatte gerade eine Tumoroperation hinter sich. Das walnußgroße Loch in ihrer Hirnschale war mit einem Lappen abgedeckt. Der Achtjährige auf der anderen Seite sollte morgen operiert werden. Er lag in einer viel zu kleinen Kinderkarre und schrie ununterbrochen, die Gliedmaßen zuckten ruckartig. Seine Mutter sprach zärtlich auf ihn ein, streichelte sein Gesicht. Doch er beruhigte sich erst, als sie den Jungen summend in den Armen wiegte.

»Die Kinder kommen aus den verstrahlten Zonen«, sagte der Stationsarzt und ging zum letzten Bett der

Reihe. Er schälte ein wimmerndes dürres Etwas aus einem Bündel Tücher. Es schrie, die Ärmchen ruderten hilflos. Die Beine hingen bewegungslos am Körper. Vom Nacken bis zum Steiß zog sich eine häßliche rote Narbe über die verschrumpelte Babyhaut. Das Mädchen wurde mit offenem Rücken geboren und hat einen Wasserkopf. Es ist vier Monate alt, wirkte aber zerbrechlich wie ein frischgeborener Säugling.

»Chronisch unterernährt«, sagte der Arzt. Später erzählte er, daß schwerbehinderte Kinder von den Eltern häufig verstoßen und gleich nach der Geburt in den Krankenhäusern gelassen werden. Man brauche nur ein Papier zu unterschreiben, und sie gelten als Waisen. Weil dann niemand mehr für die Kinder zahlt, sind sie die letzten in der Nahrungsmittelkette. Daß heißt, Waisen kriegen, was die anderen übriglassen. Meistens bleibt nichts übrig.

»Das ist grausam«, sagte ich zu dem Doktor.

»Ja«, antwortete er leise, »das *ist* es. Aber wir haben einfach kein Geld, um den Kindern genug Essen zu kaufen.«

Abends hatte uns die Akademie zu einer Ballett-Aufführung im berühmten »Schewtschenko«-Opernhaus eingeladen. Es gab »Spartakus«. Aber die Inspektionen hatten lange gedauert, und nach allem, was wir mit ansehen mußten, stand uns der Sinn nicht gerade nach Zerstreuung. Ich wollte den Theaterbesuch am liebsten absagen. Zum Umziehen war sowieso keine Zeit mehr.

Aber Dolmetscherin Galina protestierte: Wir dürften uns dieses einmalige künstlerische Erlebnis nicht entgehen lassen. Und sie hatte recht. Galina war mit uns tagelang durch das Elend gewatet, sie fand, daß wir wenigstens ein paar positive Bilder mitnehmen müßten. Außer einem Kurzbesuch im Höhlenkloster, das griechische Mönche vor tausend Jahren in die Felsen über dem Fluß gruben, habe ich von der »Mutter der russischen Städte« so gut wie nichts gesehen. Dabei ist Kiew eine liebevoll restaurierte Schönheit.

Als wir durch die klirrende Winternacht zur Oper fuhren, bewunderte ich die prächtigen byzantinischen Kirchen, deren Spiegelbilder sich im Wasser des Dnjepr kräuselten. Wir sahen die alte Handwerkerstadt Podol und streiften das Künstlerviertel an der legendären Andrejewskij-Straße. In Nr. 13 wohnte lange Jahre der berühmte Michail Bulgakow. Und im Hintergrund leuchteten stets die goldenen Kuppeln der Sophienkathedrale, als würden sie am Himmel schweben.

»Spartakus« war ein großartig choreographiertes Tanzstück in Bolschoi-Manier. In den Pausen drückten wir uns allerdings verschämt in den Ecken herum. Alle waren festlich gekleidet, und wir wirkten in unserer Straßenkleidung etwas deplaziert. Dem Schönen wurde durch ausgesuchte und aufgeputzte Garderobe Referenz erwiesen, trotz des alltäglichen Elends.

Bevor wir abreisten, wurden wir noch von der Kommission des Obersten Rates für Tschernobyl-Angelegenheiten empfangen. Der Vorsitzende, Wladimir Michailowitsch Jazenko, hatte alle ukrainischen Strahlenopfer erfassen lassen. Es war eine Liste des Grauens entstanden, akribisch geordnet nach der Schwere des Verseuchungsgrades.

20000 Menschen werden zur ersten Kategorie gezählt, darunter 5237 Invaliden. Die eine Hälfte ist inzwischen begraben. Bei den anderen besteht so gut wie keine Hoffnung mehr. Das gilt auch für viele Kandidaten der zweiten Kategorie: 180000 Liquidatoren, 130000 Evakuierte und deren Nachkommen. Für das Jahr 1992 führt Jazenkos Liste allein 12000 Liquidatorenkinder mit schweren Geburtsfehlern auf. Zur dritten Kategorie gehören 1,5 Millionen Umsiedler und Menschen, die sich weigern, die verstrahlten Gebiete zu verlassen. Sie müssen ihr Leben in Furcht vor Tumoren, Leukämie, Hirnschäden und Tschernobyl-Aids, dem Zusammenbruch des Immunsystems, verbringen. Bei 80000 Kindern hat man bisher Schilddrüsenanomalien festgestellt. 1988, sagte Jazenko, waren von den Erwachsenen noch 61,5 Prozent bei relativ guter Gesundheit. Drei Jahre später noch 28,7. Heute sind 125000 tot und fast alle anderen krank.

Manchmal ist es verblüffend, wie unterschiedlich verschiedene Menschen dieselben Dinge wahrnehmen. Anfang 1996 fuhr Bundesumweltministerin Angela Merkel ebenfalls in die Ukraine, um, wie sie in den Zeitungen sagte, »kurz mit eigenen Augen« nach dem

Rechten zu sehen. Es war ein Pflichtbesuch. Schließlich sollte die gelernte Physikerin zwei Monate später in Wien die internationale Konferenz zum 10. Tschernobyl-Jahrestag leiten. Von den grausigen Folgen des GAUs sah sie nichts. Sie wollte davon auch nichts sehen. Es galt, die Katastrophe möglichst herunterzuspielen, damit Atomlobbyist Helmut Kohl mit ihr zufrieden wäre und sich der Imageverlust des internationalen Reaktorkartells in Grenzen hielte.

Frau Merkel machte ihre Sache ausgezeichnet. Sie fuhr nach Slawutisch, einer Stadt, die einmalig ist in der Ukraine. Gleich nach dem Reaktor-Unfall wurde sie mit sowjetischen Hilfsgeldern in unmittelbarer Nähe von Pripjat aus dem Boden gestampft. In Slawutisch gibt es hochsubventionierte Arbeitsplätze, schöne Kindergärten, schmucke Einfamilienhäuser, ein bestens ausgerüstetes Krankenhaus und ein Luxusrestaurant, das der Bürgermeister anläßlich des Merkel-Besuchs in roten Samt schlagen ließ. Für 200000 Dollar aus internationalen Hilfsfonds. Er konnte sich das leisten. Denn auch die Ministerin ließ sich nicht lumpen. Drei Millionen Mark brachte sie mit für ein Tschernobyl-Forschungszentrum. Was da erforscht werden sollte, blieb allerdings nebulös. Merkel protestierte jedenfalls nicht, als der Bürgermeister einen Toast auf die Sicherheit des Reaktors ausbrachte, die durch den Betonmantel nun wieder gewährleistet sei. Dazu sang der Slawutische Kinderchor »Stille Nacht, Heilige Nacht«.

Daß die ukrainischen Politiker den Reaktor besser

bis zum Jahr 2000 hätten abschalten sollen, kam erst am nächsten Tag zur Sprache. Anläßlich eines Ortstermins im maroden AKW-Komplex. Merkels Mahnung, diskret untermischt mit werbenden Worten für die Qualität deutscher Atomtechnologie, beeindruckte Tschernobyl-Direktor Sergej Paraschin wenig. Paraschin empfand es als zutiefst heuchlerisch, daß ausgerechnet Tschernobyl geschlossen werden sollte, und er sagte das auch. Auf dem Territorium der früheren UdSSR, rechnete er vor, stünden fünfzehn AKWs desselben Typs. Er wollte den Reaktor lieber richtig sanieren. Mit den Millionen, die ihm vor Jahren von der Londoner Kreditanstalt für Wiederaufbau und Entwicklung versprochen worden waren. Leider, fauchte er die Ministerin an, sei in Tschernobyl davon nie ein Penny angekommen. Aber das wollte Frau Merkel schon nicht mehr wissen. Sie hatte genug gesehen und gehört.

Während der Wiener Konferenz lauschte die Vorsitzende schweigend dem russischen Märchen, es habe seit 1986 lediglich 31 Tote und 140 Strahlenkranke gegeben. Angela Merkel widersprach auch nicht, als OECD-Experten in der Ukraine und Weißrußland weder einen Anstieg von Krebs noch genetische Schädigungen erkennen wollten, und sie nickte wie immer beflissen, wenn westliche Atomlobbyisten behaupteten, ihre AKWs seien bombensicher – trotz der Fast-Katastrophen von Biblis und Harrisburg.

Am Ende warnte Frau Merkel die Welt vor dem Versuch, »Tschernobyl als Instrument für den Ausstieg aus der Kernenergie zu mißbrauchen«.

Vor einem Monat war Kanzler Kohl höchstpersönlich in der Ukraine. Er hat auch nicht viel gesehen. Aber wie es der deutschen Minderheit in der Ukraine ergeht, das hat ihn denn doch interessiert.

So viel Blindheit und Ignoranz machen mich wütend. Denn sie verhindern, daß den Menschen in den Tschernobyl-Regionen schnell und in großem Umfang geholfen wird. Zwei Jahre lang habe ich versucht, bei der EU Geld zur Anschaffung von Ultraschallgeräten zu bekommen, denn wir brauchen viel mehr, als die Stiftung zusammentragen kann. Bei den Bürokraten bin ich aber buchstäblich gegen Wände gerannt. Die Bittstellerin wurde von Kommission zu Kommission geschickt, dann zu Unterkommissionen, die sie, wenn noch nicht Feierabend war, wieder an eine neue Kommission verwiesen. Nie war jemand zuständig. Nach drei Anläufen in Brüssel glaubte ich, Kafka zum erstenmal wirklich verstanden zu haben.

Irgendwann hörte mir tatsächlich mal eine Unterkommission zu. Ich breitete eine Stunde lang Fakten und Zahlen aus, packte alles, was ich an Überzeugungskraft aufbringen konnte, in meinen Vortrag und war mir sicher, die Beamten wenigstens ein klein wenig aufgerüttelt zu haben. Da piepste so ein schnittiges Karriereblondchen im Designer-Kostüm: »Die brauchen da überhaupt keine Ultraschallgeräte.«

Woher sie das denn wisse, fragte ich.

Sie sei auch mal zwei Tage in Minsk gewesen, sagte sie spitz mit Triumph im Blick, und habe einen Doktor getroffen, der mit Ultraschall arbeite.

Ich wäre fast vom Stuhl gefallen. Natürlich gibt es in Minsk, auch dank unserer Hilfe, mittlerweile Ultraschallgeräte, aber immer noch viel zu wenig. Diese Ecu-Touristen besichtigen ja nur die Uniklinik, gehen auf Empfänge, um wichtige Leute zu treffen, und glauben, sie könnten sich ein Bild machen.

Ich reiste zutiefst enttäuscht wieder ab. Kurz vor dem zehnten Tschernobyl-Jahrestag haben sich einsichtige EU-Mitarbeiter dann aber doch an meine Rede erinnert und sich darum bemüht, uns Hilfe zukommen zu lassen. Jedenfalls haben sie der Stiftung 900000 Mark überwiesen.

Das Geld können wir gut gebrauchen und wir werden es sinnvoll einsetzen. Es gibt natürlich auch Fälle, wo große Summen grandios in den Sand gesetzt werden. Ich erinnere mich da an einen Unesco-Auftrag.

Wir wurden gebeten, für die UN-Behörde ein Krankenhaus im Pripjat-Tal, an der ukrainisch-weißrussischen Grenze, auszustatten. Die Unesco schickte uns einen netten Brief und eine Bedarfsliste für medizinische Geräte im Wert von rund einer Million Mark. Das ist schon eine enorme Investition. Die Stiftung hatte in dieser einsamen Gegend schon mal gearbeitet, und uns kam die Sache ein bißchen merkwürdig vor. Aber wir packten einen Teil der Sachen ein und fuhren los. Die Unesco wird schon wissen, was sie tut, dachten wir zumindest. Sogar noch, als wir den Zielort erreichten, ich glaube, das beschauliche Dörfchen hieß Strichin: zehn Scheunen, zwanzig Häuser, einundzwanzig Hundehütten. Dann kam die Klinik. Das heißt, es war mehr eine zweigeschossige Baracke. Vor der Tür wartete schon das Personal in Gestalt eines runden, rotwangigen Männchens. Die kochmützenartige Kopfbedeckung identifizierte ihn hierzulande eindeutig als Chirurgen. Nach einer umständlichen Begrüßung bat er uns in sein Sprechzimmer, wo sich bald zehn Menschen auf fünf Quadratmetern drängelten. Dann forderte ich ihn, schon leicht amüsiert, auf, doch mal zu erzählen, wie es denn hier so zugehe in seinem Krankenhaus.

Nun, sagte er bedächtig, viel zu tun wäre eigentlich nicht. Zur Zeit hätte er 35 Patienten, alles alte Leute. Sie verbrächten den Winter hier. Holzholen und Kohleschleppen sei für sie viel zu mühselig, und bei ihm seien die Zimmer und das Essen immer warm. Jetzt, wo es Mai würde, gingen die Alten allmählich wieder nach Hause.

Ob er die teuren Geräte angefordert habe, fragte ich.

»Hmm, nicht direkt«, sagte der Chirurg, lüftete die Mütze und kratzte sich lange am Kopf. »Es gab da einen Anruf«, fuhr er fort, »und jemand fragte mich, ob das Krankenhaus dies und jenes gebrauchen könne.« Sicher, hätte er geantwortet: »Wir haben nichts und können alles gebrauchen.«

Wir mußten unsere Geräte natürlich wieder mitnehmen. Der Chefarzt war sogar erleichtert. Was sollte er mit einem Ultraschallgerät. Ein kleiner Werkzeugkasten, als Gastgeschenk überreicht, machte ihn völlig glücklich.

Ich habe der Unesco den Fall in einem netten Brief geschildert. Mit dem Hinweis, daß es so natürlich nicht gehe. Wer wirkungsvolle Hilfe in unbekanntem Terrain leisten will, kann nicht im Büro sitzen bleiben und Hilfsgüter wie der Otto-Versand per Brief oder Telefon verteilen. Man muß vor Ort präsent sein, um die richtigen Entscheidungen zu treffen. So haben wir es jedenfalls immer gehalten.

Auch im Fall unserer orthopädischen Werkstatt. Während der Unterredung mit dem stellvertretenden ukrainischen Gesundheitsminister Serdiuk hatte ich erfahren, daß die Zahl der mit fehlenden Gliedmaßen geborenen Kinder in den Zonen drastisch steige. Serdiuk erzählte, es gebe in Kiew mittlerweile einen mit westlicher Hilfe errichteten Betrieb, der moderne orthopädische Prothesen herstelle, aber das sei die einzige Firma in der ganzen Ukraine und die könne unmöglich den Bedarf im ganzen Land decken.

Als Gottfried Galler uns die prekäre Lage in Kowel schilderte und wir noch einmal unsere Erfahrungen im Kiewer Verwaltungsdschungel debattierten, machte ich Eckel und Bardelle dann den Vorschlag: »Wir werden einfach in Kowel eine zweite Orthopädie-Werkstatt einrichten.«

Sie brauchten nicht lange zu überlegen, sie nickten, und ich konnte sehen, wie es schon in ihren Köpfen arbeitete. Die Vorteile waren ja auch nicht von der Hand zu weisen: Die Kinder brauchen Prothesen, und die sind dort viel billiger zu produzieren als in Deutschland. Obendrein liegt der Ort an der polnischen Grenze und ist relativ leicht über Warschau zu erreichen, und wir haben in Kowel, anders als in Kiew, sehr gute Kontakte über Gottfried Gallers Walsroder Initiative.

Sofern die Stadtverwaltung einverstanden wäre, dürfte es nicht allzu schwierig sein, Detailfragen wie Standort, Baugenehmigungen etc. zügig abzuklären. Einmal beschlossen, ging tatsächlich alles Schlag auf Schlag.

Wir brauchten natürlich einen Partner, der die produktionstechnische Seite übernimmt. Ich fand ihn in Duderstadt, wo das Orthopädie-Unternehmen Otto Bock seinen Stammsitz hat. Nachdem ich dessen Produktion gesehen hatte, war ich mir sicher, daß die Firma Bock unser Partner werden mußte. Ihre Prothesen lassen sich durch elektrische Impulse der Muskeln steuern und sind erstklassig verarbeitet. Aber das schönste war, ich brauchte nicht viel Überredungskunst anzuwenden. Die Manager begeisterten sich sofort für das ukrainische Abenteuer. Prompt kam eine Woche später auch aus Kowel das Signal, daß man sich auf eine Zusammenarbeit freue.

Nur Geschäftsführer Lutz Bardelle machte ein etwas sorgenvolles Gesicht, denn von der Million, die das alles kosten würde, hatten wir noch keine Mark in der

Kasse. Aber auch das Problem werden wir in kurzer Zeit mit erhöhtem Arbeitseinsatz beseitigen.

Ende Juli war ich bereits wieder mit Professor Eckel, dem Orthopädie-Spezialisten Dr. Friedrich Groß, Cornelia Dettmer, unserer stellvertretenden Geschäftsführerin, und dem Otto-Bock-Prokuristen Christian Gruppelaar auf dem Weg in die Ukraine. Am Warschauer Flughafen nahm uns Gottfried Galler in Empfang. Die restlichen 300 Kilometer legten wir mit dem Kleinbus zurück. Im Gegensatz zur Ukraine und Belorus wirkt das polnische Kernland regelrecht verträumt. Hier hat man die Kollektivierung anscheinend nie so ernst genommen. Statt wüster und überdimensionierter Kolchos-Äcker, stehen Raps, Mais, Gerste und Rüben auf übersichtlichen Parzellen. Dazwischen schmiegen sich von Eichen umstandene Gehöfte in die wellige Ebene. Wunderschöne Alleen teilen den Horizont, und die Flüsse mäandern durch ihr unbegradigtes Bett. Selbst die Dörfer tun dem Auge wohl. Sie sind einfach, aber intakt, die Menschen machen einen fröhlichen und zufriedenen Eindruck.

Doch als die Grenze näher kam, mußte ich hin und wieder an unseren Ausflug nach Kiew denken. An die Armut der Menschen, die schrecklichen Zustände in den Krankenhäusern und vor allem an die nervenzehrenden Querelen mit dem Zoll und der Akademie. Hoffentlich hatten wir uns nicht zu blauäugig an das neue Projekt gewagt.

Ich schaute Eckel an, das hilft meistens. Der Professor lächelte und strahlte wie immer souveräne Tatkraft aus. Sehr gut. Dann konnte auch ich mir ab sofort alle Unkereien verbieten. Sie wären auch völlig unbegründet gewesen.

An der Grenze erwartete uns der stellvertretende Bürgermeister Sergej Schulgan schon mit großem Bahnhof. Neugierig musterten Kinder in Landestracht die Fremden und begrüßten uns mit Blumen, Brot und Salz. Auch das Regionalfernsehen stand bereit. Chefredakteur Igor Tarasienko erwies sich gleich als großer Pragmatiker. Er dirigierte den Kameramann, machte erste Interviews und löste nebenbei gleich noch unser größtes logistisches Problem. Drei Ultraschallgeräte, die wir verteilen wollten, mußten diebstahlsicher gelagert werden. »Die nimmt der Sender in Verwahrung«, schlug er vor und sicherte sich damit ein paar schöne Exklusivgeschichten.

Auf der Fahrt nach Kowel wollten wir etwas über die Gegend, die Stadt und ihre Bewohner wissen. Vizebürgermeister Schulgan, ein ausgesprochen netter älterer Herr, nickte. Dann zeigte er aus dem Fenster und sagte zärtlich »Galitschina«, Galizien. Das sei ein ganz besonderer Teil der Ukraine. Hier seien die Sümpfe weiter und tiefer als irgendwo sonst, die Wälder grüner und die Erde schwarz und reich. »Nur die Menschen sind arm«, lachte Schulgan.

Ja, sagte ich, daß hätte ich gelesen. »Ist Galizien nicht im Grunde ein mitteleuropäisches Land?«

Jahrhundertelang gehörte es zum polnischen Königreich, später markierte Galizien die Ostgrenze der k.u.k. Monarchie. »Man kann es sehen«, sagte Schulgan. Er deutete auf ein Dorf. »Unsere Kirchen sind schön rund und barock, im Osten sind sie eckig und byzantinisch.« Dann folgte ein kleiner Vortrag über Kowel.

Die Stadt hat 75 000 Einwohner und ist ein wichtiger Eisenbahnknotenpunkt. Was aber nichts heißt, meinte Schulgan, obwohl in der Ukraine 80 Prozent des Transportwesens auf der Schiene abgewickelt werden. Der Durchschnittslohn des Ukrainers beträgt umgerechnet 45 Mark im Monat. Schulgan verdiente 20 Mark mehr. »Eher eine symbolische Summe«, sagte er, die Zeiten seien schlecht, kaufen könne er sich davon eigentlich nichts. »Aber schließlich bin ich stellvertretender Bürgermeister.« Die Frage, ob ein Durchschnitts-Deputierter des Obersten Rates in Kiew seine 250 Mark wert sei, beantwortete er mit einem feinen Lächeln.

Zu unserer großen Freude warteten im Koweler Rathaus schon Sascha, Iwan und Jula, die von uns in Hannover Prothesen bekommen hatten. Es gab ein großes Hallo, herzliche Umarmungen und erstklassige Bilder für Redakteur Tarasienko, der uns nicht von der Seite wich. Wie er erzählte, sollte es über unseren Besuch mehrere Berichte geben und einen Zusammenschnitt, der in allen GUS-Staaten laufen würde.

Ehe wir müde, aber glücklich über den harmonischen Auftakt in unser Quartier gingen, luden die Rasnikows, Saschas Eltern, die Delegation für Samstag zum Essen ein. Wir nahmen gerne an.

Am nächsten Morgen empfing uns Bürgermeister und Dichter Anatolij Semenjuk. Der intelligente ernste Mann sagte uns, daß ihm die steigende Krebsrate und die vielen mißgebildeten Kinder in der Stadt große Sorgen machten. Er bat Professor Eckel um eine realistische Einschätzung der Lage. Der Professor konnte ihm wenig Tröstliches sagen. Seiner Meinung nach sind die derzeit diagnostizierten Fälle lediglich der Beginn einer Welle schwerwiegender Erkrankungen. »In zehn bis zwanzig Jahren wird man erst das ganze Ausmaß sehen.«

Die anschließende Besichtigungstour in Begleitung von Herrn Schulgan war für uns fast schon traurige Routine. Es gab eine Sektion der »Union der Ukrainischen Tschernobyl-Geschädigten«. Aber hier wie überall kämpften die Umsiedler und Liquidatoren vergeblich um Entschädigungen und bessere medizinische Versorgung. Wie nötig das ist, sieht man an den Krankenhäusern. Sie werden wie überall mit Engagement und Können geführt, haben aber entsetzlich unter der Mangelwirtschaft zu leiden. In der Frauenklinik stapelten sich kaputte Biomotor-Geräte aus DDR-Beständen, die tschechischen Inkubatoren funktionierten auch nicht mehr. Im Zentralkrankenhaus arbeitete man mit Ultraschallungetümen, die eigentlich ins Museum gehörten. Lebensmittel, Medikamente, moderne Geräte waren in allen Kliniken so gut wie nicht existent, ebensowenig Verbandsmaterial, Handtücher, Bettzeug. Wir halfen, wo wir konnten, mit unseren Ultraschallgeräten und Medizinvorräten, aber das war natürlich alles nur ein Tropfen auf den heißen Stein. Ich kann immer nur wieder den Hut ziehen vor den Ärzten, die unter solchen Bedingungen den medizinischen Betrieb überhaupt aufrechterhalten und dabei nicht den Mut verlieren.

Angeführt von Dr. Groß und Gruppelaar sahen wir uns die Kliniken gründlich an, um für unsere Orthopädiewerkstatt geeignete Räumlichkeiten zu finden. Sie sollten möglichst zu einem Krankenhaus gehören, damit Logistik und Administration nicht völlig neu aufgebaut werden müßten und den Patienten zusätzliche Wege erspart blieben. Die Kliniken der Stadt hofften natürlich alle, daß unsere Wahl auf eines ihrer Häuser fiele. Aber Groß und Grupelaar waren weder vom städtischen Zentralkrankenhaus noch von der Poli- oder Frauenklinik richtig überzeugt.

Einziger Lichtblick an diesem Tag war der Kindergarten Nr. 4. Hier fehlte es zwar auch an Spielzeug, Tabletten, Essen und Waschutensilien. Aber die Kinder störte das heute nicht. Sie hatten Großes vor. Die Leiterin hatte ihre Schützlinge in ukrainische Trachten gesteckt und ein Showprogramm einstudiert. Hochkonzentriert hüpften die Kleinen durch komplizierte

Volkstänze, sangen dreistimmig Lieder und sagten mit todernsten Gesichtern Gedichte auf, die wir nicht verstehen konnten. Am schönsten war es jedoch, ihre Erleichterung zu erleben, als alles vorbei war und sie wieder ungezwungen durch die Räume toben konnten. Versorgt mit Süßigkeiten – unsere Gage für die schöne Aufführung.

Jede Reise ist ja ein Gefühlsbad. Die Leute in Kowel waren überwältigend freundlich und versuchten uns jeden Wunsch von den Lippen abzulesen. Und doch gab es auch hier wieder Augenblicke, in denen ich mutlos wurde.

Wir trafen uns an einem Nachmittag mit den Vertretern des Vereins »Besonderes Kind«. Die Mitglieder sind 167 Familien, die ein oder auch zwei behinderte Kinder haben. Deren Behinderungen aber sind zum Großteil nicht auf das Tschernobyl-Unglück zurückzuführen. Die Landesstiftung kann da laut Satzung nicht helfen. Die Leute wußten das und kamen trotzdem, weil in diesem riesigen Land einfach niemand da ist, der ihnen zuhört oder Hilfe bringen könnte. Sie erzählten uns, der Staat zahle ihnen jeden Monat 15 Mark Entschädigung. Aber der Mindestpreis für ein Medikament in der Ukraine beträgt schon 5 Mark. Ihre Kinder sind zum Teil schwerstbehindert: spastisch gelähmt, hirnkrank oder Epileptiker und brauchen Spezialarzneien, die von einem ukrainischen Gehalt gar nicht zu bezahlen sind. Es gibt keine Rollstühle, keine Spezialbetten, keine Gehhilfen. Einige Eltern müssen Fünfzehn-, Sechzehnjährige wie einen Sack Kartoffeln über der Schulter tragen.

Und wir standen hilflos dabei und konnten nichts tun. Wir haben für jede Reise nur einen bestimmten Etat. Darin sind auch Mittel für spontane Hilfeleistungen enthalten. Der Spielraum ist eng. Wenn ich jemandem eine Operation verspreche, schlägt das leicht mit 50000 Mark zu Buche. Trotzdem bat ich Frau Dettmer auszurechnen, ob wir nicht wenigstens einem der bemitleidenswerten Jungen in Hannover einen Eingriff ermöglichen könnten. »Ja«, sagte sie. »Für einen reicht das Geld.«

Tags darauf wollten wir in Golobi, etwas außerhalb von Kowel, eine orthodoxe Kirche besichtigen. Als wir hineingingen, traten uns zwei Frauen in den Weg, Mutter und Großmutter eines großen Spastiker-Mädchens, das schwer und fast bewegungslos in ihren Armen hing. Ich hatte die Mutter gestern schon bei dem Behinderten-Verein gesehen. Sie nahm meine Hand und bat mit tränenerstickter Stimme um Hilfe für ihr Kind. »Paschalustja! Paschalustja!«, Bitte! Bitte! flehte sie. Ich versuchte, distanziert zu bleiben und Zeit zu gewinnen, murmelte etwas von Dokumenten, die wir brauchten, weiteren Besprechungen und erneuter Prüfung des Falles. Es war schrecklich. Aber was sollten wir machen? Ich hatte gestern das letzte Stiftungsgeld ausgegeben. Und Versprechungen, die wir nicht einhalten können, wollte und durfte ich nicht machen. Die Frau schluchzte und wendete sich ab. Als wir in der Kirche waren, kam plötzlich die Großmutter herein. An ihrem Hals hing die Enkelin wie ein Stein, ihre Beine schleiften über den Boden. Die Alte schleppte sich mühsam zum Altar, bekreuzigte sich und das Kind. Dann begann sie zu beten. Das Mädchen hing inzwischen über der Schulter der Großmutter mit grotesk verdrehtem Kopf, so daß ihre Augen mich anblickten, groß und ausdruckslos. Es konnte nicht sein, daß sie mich erkannte. Oder doch? Ich drehte mich weg, wie es vor der Kirche die Mutter getan hatte. Ich spürte immer noch diesen durchdringenden Blick im Nacken, ich schämte mich.

Das klingt wie eine Szene aus einem schlechten Melodram. Aber mir hat es wirklich fast das Herz zerrissen. Ich fühlte, ich kann nicht weggehen, ohne diesem Mädchen wenigstens eine Geste der Hilfsbereitschaft angeboten zu haben. Vor dem Gotteshaus versprach ich der Mutter, das Kind sobald wie möglich nach Hannover zu holen.

Wie gesagt, jede Reise ist ein Wechselbad extremster Gefühle. Noch am selben Abend gerieten wir in eine Hochzeitsfeier. Auf dem Heimweg sahen wir vor einem Lokal Leute ausgelassen tanzen. Ehe ich mich versah, hatte mich jemand gepackt und in die Tiefen der Schenke gezogen. Aus den Augenwinkeln bemerkte ich noch, daß Eckel, Groß, Frau Dettmer und Gruppelaar das gleiche Schicksal blühte. Drinnen hämmerte eine Folklore-Kapelle auf die Instrumente ein, es herrschte unbeschreiblicher Lärm, ein wildes Geschiebe und Gezerre. Aber es hatte Methode. Geschlossen und leicht lädiert, landete unsere Delegation vor den Brautleuten. Er war neunzehn, sie siebzehn. Ein schönes Paar mit weizenblondem Haar und glutvollen dunklen Augen. Die beiden musterten uns amüsiert. Von hinten johlte und schubste die Menge. Dann verstand ich. Hierzulande werden auch Fremde gern zur Gratulationskur »gebeten«. Man deckte Tische ein, und wir mußten essen und trinken. Natürlich wollten wir uns revanchieren, also zückten wir unsere Brieftaschen und veranstalteten eine Sammlung. Die Party nahm schnell bacchantische Züge an. Bald hatte ich in jeder Hand ein Glas Wodka, weil der klare Sud unablässig durch den Saal gereicht wurde. Wir tanzten, tranken und amüsierten uns prächtig. Wie lange der fröhliche Taumel dauerte, kann ich nicht mehr sagen. Ich weiß nur, daß unsere Doktoren große Schwierigkeiten hatten, heil aus der Schenke herauszukommen.

Bei den Rasnikows ging es etwas ruhiger zu. Ukrainische Wohnungen sind sowjetische Wohnungen, und sowjetische Wohnungen sind sehr, sehr klein. Familie Rasnikow bewohnte zu dritt einen Raum mit winziger Küche und Bad. Im Zimmer werden die Betten tagsüber als Sofas genutzt. Das war zwar etwas provisorisch, aber das Prunkstück einer sowjetischen Wohnung ist sowieso der Küchentisch. Bei Rasnikows stand er im Zimmer, er hätte gar nicht in die Küche gepaßt. Und doch war er für das, was auf ihm Platz finden sollte, fast zu klein. Es gab ein atemberaubendes Buffet aus blini, krabi, krewetki, bifschtek, kotleti, pelmeni, piroschki, karschapuri, schulien, zipeljonok und natürlich borschtsch. Also Pfannkuchen, Krabben, Shrimps, Frikadellen, Rindfleisch, Klöße, fritierte Kartoffeln, Pilze in Sauerrahm, Hühnchen und natürlich Borschtsch. Alles bergeweise und in köstlichen Variationen. Die Getränke hatten allerdings keinen Platz mehr auf dem Küchentisch. Wein, Wodka und Bier standen griffbereit und ebenfalls in unbezwingbaren Mengen auf kleinen Beistelltischchen.

Mich aber interessierte vor allem, ob Sascha mit seinen Prothesen zurechtkam und welche Fortschritte er gemacht hatte.

Als wir ankamen, saß er auf seinem Dreirad und sauste in halsbrecherischen Manövern um den Spielplatz. Dann raste er im Treppenhaus an uns vorbei, riß sich seine Mütze vom Kopf und belegte mich für die nächsten zwei Stunden mit Beschlag. Zuerst mußte ich seine Malbücher ansehen. Ich blättere das Œuvre durch, lobte hier den schönen Baum, da das bunte Haus, erriet, daß der große Mann mit der kleinen Gitarre seinen Vater darstellte und der kleine Mann mit dem viel zu großen Instrument natürlich ein Selbstporträt war. Mitten im Heft entdeckte ich eine Seite, die nur mit Strichen bedeckt war. Verwundert fragte ich Sascha, was das denn sei. »Große und kleine Striche«, antwortete er selbstbewußt. Und seine Mutter erzählte, daß diese Seite Saschas ersten Malversuch zeigte. Stundenlang habe er vorher auf Schmierpapier geprobt, bis er die Striche mit seiner neuen Prothese sauber und gerade in das Heft übertragen konnte. Beim Essen saß ich neben dem Jungen, und er führte mir auch noch vor, daß er inzwischen mit Messer und Gabel essen konnte. Er strahlte und ich auch.

Später erzählte Herr Rasnikow mit leiser Stimme von dem Tag, als Sascha geboren wurde. Die Rasnikows, beide Zahnärzte, waren jung verheiratet und freuten sich auf das erste Kind. Rasnikow war frühabends ins Krankenhaus gefahren, um seinen Sohn zu sehen. Bevor sie ihn zu seiner Frau ließen, nahmen ihn die Ärzte beiseite und sagten ihm, daß Sascha ein »besonderes« Kind sei und keine Hände habe. Wie immer in solchen Fällen machten sie ihm das Angebot, das Kind in der Klinik zu lassen, wenn sie es nicht haben wollten. Verstört ging er in das Zimmer seiner Frau und sah, wie glücklich sie das bis zum Hals dick vermummte Baby in den Armen wiegte. Bis ihm dämmerte, daß sie es noch nicht wußte. Mein Gott, sie hat das Kind noch nicht aus den Tüchern gewickelt, sie hat es gar nicht richtig gesehen. Rasnikow brachte es nicht übers Herz, seiner Frau die Wahrheit zu sagen.

Er irrte stundenlang durch die Stadt. In seiner Wohnung saßen die Großeltern, Bruder, Schwester, die ganze Verwandtschaft und wollten feiern und auf den Sohn anstoßen. Schließlich ging er doch nach Hause. Als er dort die fidele Gesellschaft musterte, wurde ihm klar, daß er auch hier nicht erzählen konnte, was mit Sascha los war. Er brachte quälende Stunden hinter sich. Während die Familie den frischgebackenen Vater hochleben ließ, setzte er eine grinsende Maske auf, kippte einen Wodka nach dem anderen und wurde einfach nicht betrunken.

Nachts lag Rasnikow im Bett und zermarterte sich den Kopf darüber, was aus dem Kind werden sollte und wie man ihm helfen könnte. Sonderschulen, Therapien und dergleichen gab es in der UdSSR nicht. Auf eine normale Schule dürfen Behinderte nicht gehen, und Prothesen hat der letzte Fünfjahresplan wieder nur für die Erwachsenen vorgesehen.

Rasnikow sagte, er wäre am nächsten Morgen wild entschlossen gewesen, achtzehn Jahre hart zu arbeiten und alles zu sparen, damit er Sascha diese Prothesen kaufen könnte. Im Laufe der Zeit hatten die Rasnikows unzählige Organisationen angeschrieben und gefragt, ob sie ihrem Jungen nicht helfen könnten. Sie hatten eigentlich schon aufgegeben, als sie Gottfried Galler trafen, der ihnen dann den Kontakt zur Stiftung vermittelte.

»Das ist unser letzter Versuch gewesen«, sagte Herr Rasnikow und blickte liebevoll zu seiner Frau. Die stand auf, hob das Glas und strahlte uns mit glänzenden Augen an: »Spasiba«, Danke. Wir schluckten schwer, aber ehe wir alle anfingen zu weinen, rettete Sascha die Szene. Eben hatte er noch selig in der Sofaecke geschlummert. Jetzt hob er den Kopf und vermeldete krähend: »Mama, ich kann nicht schlafen! Macht aber nichts, Mama, heute will ich auch nicht schlafen!« Uns liefen die Tränen vor Lachen die Wangen hinunter.

Am Sonntag stand noch die Besichtigung des Eisenbahnerkrankenhauses aus. Wir hatten noch immer keine Entscheidung darüber getroffen, wo die orthopädische Werkstatt installiert werden sollte. Die Stadtkliniken müßten alle mit zuviel Aufwand nachgerüstet werden. Aber die Bahnklinik schien Groß und Gruppelaar sehr gut zu gefallen. Sie hatte hundert Betten, eine Kinderstation, und zur Feier des vierten Unabhängigkeitstages sollte am 24. August 1995 ein neues Gebäude eingeweiht werden. Das Krankenhaus und die Ärzte machten einen hervorragenden Eindruck. Man kämpfte zwar auch hier mit den üblichen wirtschaftlichen Problemen, aber die Räume waren für unser Projekt geradezu ideal. Groß und Gruppelaar warfen nur einen kurzen Blick in den Neubau und nickten zustimmend.

Dann tauchten sie ab auf die Stationen, untersuchten Patienten, ließen sich Prothesen zeigen und stellten Modellvergleiche an. Die Werkstatt wurde in Gedanken schon aufgebaut.

Wir teilten dem Bürgermeister Semenjuk unsere Standortwahl mit. Im städtischen Zentralkrankenhaus und bei Teilen der Stadtverwaltung gab es lange Gesichter. Aber Semenjuk war über solchen Kleinmut erhaben und versprach sofort, daß Kowel für die Gehälter der Werkstatt-Techniker geradestehen würde. Da das Eisenbahnerkrankenhaus die Räumlichkeiten mietfrei zur Verfügung stellte und auch zwei Orthopädieärzte bezahlte, könnten wir möglichst viel Geld in die technische Ausstattung stecken. Wenn alles gutginge, würden hier 1996 schon 200 Prothesen im Jahr gefertigt werden.

Bürgermeister Semenjuk und der nette Herr Schulgan bedankten sich noch einmal und sicherten der Stiftung weiterhin jegliche Unterstützung zu. Die beiden ließen es sich nicht nehmen, uns bis zur Grenze zu begleiten. Genauso wie Sascha, Iwan, Jula und ihre Familien. Und auch TV-Chef Tarasienko war zur Stelle. Er berichtete, daß sein Film über die Arbeit der Stiftung mit überwältigender Resonanz im Regionalfernsehen gelaufen sei. Zum Abschied drückte er mir eine Videoaufzeichnung in die Hand.

Diesmal haben wir die Ukraine mit dem guten Gefühl verlassen, unsere Spendengelder wirklich sinnvoll angelegt und viele neue Freunde gewonnen zu haben.

Die Euphorie hielt leider nicht allzulange an. Auf dem Rückweg machten wir uns Sorgen um Gottfried Galler. Er saß bis Lublin kreidebleich und nervös mit uns im Auto und sagte kein Wort. »Mir ist nur ein bißchen schlecht«, wehrte er unsere besorgten Fragen ab. Aber sein Zustand verschlechterte sich von Minute zu Minute. Schließlich rückte er damit heraus, daß er starke Herzschmerzen habe, dann berichtete er von zwei überstandenen Herzinfarkten. Wir hielten sofort an. Professor Groß und Professor Eckel untersuchten ihn und blickten sich vielsagend an: Das ist vielleicht sein dritter. Es war sein dritter. Die Ärzte überlegten, ob sie ihn in eine Warschauer Klinik bringen sollten. Eckel entschied, daß es besser wäre, Galler so schnell wie möglich nach Hannover in die Herzklinik zu schaffen. Was tun? Galler sollte das Auto nach Deutschland zurückfahren, er hatte also kein Flugticket, und Herzkranke dürfen eigentlich auch gar nicht fliegen. Aber Eckel meinte, sein Zustand sei so dramatisch, daß er das Risiko eingehen müßte. Wir bugsierten ihn ins Flugzeug und bekamen den Patienten auch ohne größere Probleme bis Düsseldorf. Dann legten wir Galler in ein 1.-Klasse-Zugabteil und bangten drei Stunden lang um sein Leben.

Gallers Zustand verschlechterte sich. Wir saßen im Nebenabteil und versuchten unsere Nerven im Zaum zu halten. Ich griff mir ein Buch, legte es aber nach fünf Minuten wieder weg. Die Männer erzählten verzweifelt Witze, aber auch das half nur eine Stunde lang. Eckel und Groß standen ab und zu auf, um nach dem Kranken zu sehen. Ihre Gesichter wurden immer ernster. Kurz vor Hannover kamen sie gar nicht mehr aus Gallers Abteil zurück. Wir befürchteten das Schlimmste.

Am Hauptbahnhof Hannover stand dann schon ein Krankenwagen bereit und fuhr den Patienten mit Blaulicht in die Klinik. Früh am anderen Morgen, an Schlaf war in dieser Nacht sowieso nicht mehr zu denken, rief mich Eckel an. Erleichtert hörte ich, daß Galler dem Tod gerade noch mal von der Schippe gesprungen war.

»Er hat Glück gehabt«, sagte Eckel.

»Wir auch«, antwortete ich.

Reisen sind wirklich Gefühlsbäder, aber diesmal war es entschieden eines zuviel.

Die Clintons aus Niedersachsen

In der ZDF-Talk-Show »Willemsens Woche« hatte ich Ende September von Sascha erzählt, von der Not in der Ukraine und unserer orthopädischen Werkstatt. In sechs Monaten würde sich zum zehnten Mal der Tag der Reaktor-Katastrophe von Tschernobyl jähren. Die Medien hatten dem Unglück wieder große Aufmerksamkeit gewidmet, und ich war für TV-Einladungen dankbar, um für die Stiftung werben zu können. Doch rechtes Interesse wollte bei Gastgeber Roger Willemsen heute für mein Thema nicht aufkommen. Was ich ebenso gut verstehen konnte wie die Weigerung von Jutta Scharping, mit mir in dieser Sendung aufzutreten. Schlagzeilen beherrschten nämlich wieder einmal die Schlammschlacht um die SPD-Kanzlerkandidatur.

»Hat Ihnen der »Stern« Parteischelte in den Mund gelegt, die Ihr Mann nicht sagen durfte?« fragte Willemsen. Da war zwar etwas dran, aber ich sagte nein.

»Wissen Sie, was Gerhard Schröders größter Traum ist?« Ich sagte wieder nein, weil ich es tatsächlich nicht wußte.

»Er will Wimbledon gewinnen«, zitierte Willemsen ein altes Interview. »Aber da stehen seine Chancen wohl noch schlechter, als Kanzler zu werden.« Er amüsierte sich.

Vor zwei Wochen hatte Scharping meinen Mann als wirtschaftspolitischen Sprecher der Partei entlassen und vorerst aus dem Rennen geboxt, per Autotelefon. Gerhard erreichte die Kündigung in Neuharlingersiel. Er war gerade mit einem Dutzend Bonner Journalisten auf Sommerreise durch Niedersachsen. Scharping hatte den Zeitpunkt klug gewählt. Die Presse konnte die Schmerzen des Rivalen hautnah abmalen. Und Gerhard war wirklich ziemlich angeschlagen. Kurz nach der Degradierung rief er mich an und erzählte mir von der Entlassung. Sie sei aber nur die Reaktion auf eine Kündigung, die er höchstselbst kurz vorher ausgesprochen habe, hieß seine Version. Wie immer, wenn es ihm richtig schlecht ging, sollte ich sofort an seine Seite eilen. Ich habe mich ins Auto gesetzt und bin nach Diepholz gefahren, dem nächsten Halt der Reisegesellschaft.

Dort herrschte in Erwartung des hohen Besuches Volksfeststimmung. Vor einem exorbitanten Betonwürfel namens Veranstaltungszentrum brutzelten Maiskolben, die Bauernschaft verkaufte folkloristische Laubsägearbeiten und »Mettwurst von glücklichen Tieren«. Nebenan grasten preisgekrönte Heidschnukken. Am Getränkestand herrschte Hochbetrieb. Drinnen warteten 500 Honoratioren und Ökoaktivisten auf den Ministerpräsidenten und sein Referat zum Thema »Naturschutz Diepholzer Moorniederung«. Das Kreismusikschulorchester arbeitete sich durch die letzten Takte von Händels Feuerwerksmusik. Dann war Gerhard dran.

Ich hatte ihn kurz vorher getroffen und war besorgt. Normalerweise bekommt er jedes Publikum nach zwei Minuten in den Griff. Diesmal hangelte er sich fahrig vom Biotopen-Schutz zur Flurneuordnung. Im Foyer war derweil die Hölle los. Sein Pressestab versuchte die »Flurneuordnung« der SPD ins rechte Licht zu rücken. Die Taktik war dieselbe, die Gerhard bei mir ausprobiert hatte: Den Journalisten wurde ein Brief präsentiert, den er auf der Fahrt von Neuharlingersiel nach Diepholz diktiert hatte: »Lieber Rudolf, ... unter diesen Umständen halte ich es nicht für sinnvoll, die Aufgabe eines wirtschaftspolitischen Sprechers weiter auszuüben. Mit freundlichen Grüßen ...«

Auf der eilig einberufenen Pressekonferenz rang Gerhard sichtlich um Fassung. Denn die Journalisten kauften ihm die Geschichte, anders als ich zu diesem Zeitpunkt, nicht ab. Im Gegenteil. Gerhard, der sonst so virtuos auf der Medienklaviatur spielen konnte, wurde genüßlich unter Sperrfeuer genommen: »Ist das das Ende der Kanzlerambitionen?« »Karriereknick?« »Persönliche Konsequenzen?«

Ich saß hinten an der Wand und verfolgte gequält die Jagdszenen. Am Ende sagte Gerhard trotzig: »Wenn ich so werden würde, wie Scharping mich haben will, würde sich meine Frau scheiden lassen.« Da hatte er zweifellos recht.

Aber ich befürchtete, daß er diesmal das Theater einfach zu weit getrieben hatte. Seit drei Tagen war er mit den Journalisten unterwegs. Eigentlich sollte es um Landespolitik gehen. Aber das Reisetagebuch las sich wie eine gespreizte Balztour, die den Vertretern der schreibenden Zunft beweisen sollte, daß er der bessere Mann sei als Scharping.

Dienstag, 29. 8. 95: Im Nationalpark Harz hieb Gerhard den Wildhütern jovial auf die Epauletten: »Klasse Uniform«. – »Danke, Herr Ministerpräsident«, kam es brav zurück. Danach ging es auf dem Rad durch die jubelnde Menge in den Königskrug zu Kaffee, Kuchen und Scharping-Schmäh.

Mittwoch, 30. 8. 95: In Dangast Mittagessen am Deich. Auf der Karte standen Weißwein, Schnitzel und Scharping-Schmäh. Später glitt der Troß mit dem Schiff durch idyllische Feenkanäle und Feuchtwiesen. Der Himmel war blau, die Stimmung prächtig. Kapitän Jan Kröger drückte die Quetschkommode. »Bubi, Bubi, mach's noch einmal.« Alle brüllten mit. »Rudi, Rudi, mach's noch einmal, haha.« Gerhard stand an der Reling und sinnierte zum Mitschreiben: »Stellt euch mal vor, was die in der Baracke sagen würden, wenn ich auch noch übers Wasser laufen könnte.« Die Kameras surrten, und die Fotografen lagen ihm zu Füßen.

Abends Bier und Hintergrundgespräche. Thema: große Politik und große Scharping-Schmäh. Am nächsten Morgen reiste das Gros der Korrespondenten ab. Sie hatten viel Spaß gehabt und Scharping endgültig abgeschrieben. Zu früh, wie sich herausstellte.

Donnerstag, 1. 9. 95: Nach dem Rauswurf erlebte der Ulenhof in Rheden seine erste und wahrscheinlich einzige historische Stunde. Normalerweise ist hier die Welt zu Ende. Die Schafzuchtstätte duckt sich verloren in die weite Moorlandschaft, durch die dürren Weiden pfeift der Wind. An dem Tag aber hatten frische Medienkohorten das Gehöft besetzt. »Spiegel«, »Spiegel-TV«, »Stern«, »Süddeutsche«. Die »Heute«-Nachrichten improvisierten ein Studio im Holzschuppen. Jeder wollte einen O-Ton von Gerhard und natürlich neue Scharping-Schmäh. Aber Gerhard flüchtete sich nun in die Rolle des Landesvaters beziehungsweise in die Arme der Blaskapelle »Heiwiwiwi«. Das waren zehn rüstige Landmänner, die allesamt Heinrich und Wilhelm hießen und zusammen einige hundert Lenze zählten. Dankbar schmetterten die alten Herren: »So ein Tag, so wunderschön wie heute«. Gerhard lächelte säuerlich. Dirigent Heinrich erläuterte das Konzept der Truppe: »Bei uns können Sie nicht mitmachen, Herr Ministerpräsident. Erstens heißen Sie nicht Willi, zweitens sind Sie kein Rentner.« Gerhard antwortete nachdenklich: »Wer weiß, seit heute hab' ich ja viel Zeit.«

Danach wurden wir und die Pressetruppen in drei Pferdewagen verladen und holperten auf eine Schafweide. Einige Journalisten fuhren mit dem Auto hinterher. Walter Dreyer, Niedersachsens oberster Schäfermeister, verabreichte Gerhard erst mal einen Doppelkorn. Der tat ihm sichtlich gut. »Wo ist der schwarze Bock, neben den ich mich stellen soll«, gelang ihm schon wieder ein schöner Scherz.

Während des abschließenden Imbisses zwischen Strohballen und niedersächsischem Fachwerk, »sturmfest und erdverwachsen«, hielt Gerhard eine Grundsatzrede. »Man muß wissen, wo man herkommt«, sagte er und schaute sich um. »Dann läßt sich so manche Erregung und Aufgeregtheit gelassen ertragen.« Aber Gerhard war nicht gelassen.

Der Abend klang an der Hotelbar aus. Mit Unmengen Weißwein und fulminanter SPD-Schmäh. Die gipfelte in dem Satz: »In der Bonner Fraktion regiert ein Kartell der Mittelmäßigkeit.« Gerhard hatte vor der ersten Bestellung betont, das Gespräch wäre vertraulich. Einen Tag später stand natürlich trotzdem alles in der Zeitung.

Gerhard und die Journalisten tranken bis spät in die Nacht. Ich war längst im Bett. Am nächsten Morgen hatte sich Gerhard scheinbar gefangen. Als ihn eine NDR-Journalistin fragte, ob er die Hoffnung aufs Kanzleramt denn endgültig begraben habe, sagte er: »Dazu sage ich gar nichts mehr. Aber eine Partei braucht heute einfach Leute, die im Fernsehen gut ankommen.«

Am nächsten Tag fragte die Demoskopie-Firma Infas, wer denn die Deutschen künftig regieren solle. Die Antwort: Schröder lag weit vor Scharping und Kohl.

Ich nahm das nur noch beiläufig zur Kenntnis. Denn in den letzten Tagen hatte ich mit meinem Mann fast kein persönliches Wort gewechselt. Und wenn ich es mir recht überlegte, allzu viele waren es in den letzten drei Jahren auch nicht gewesen. Nach dem Wahlsieg 1989 war er in das Parteipräsidium gewählt worden und gehörte in die Liga jener Top-Politiker, deren Präsenz ständig irgendwo erforderlich wäre. Genau wie seine Meinung zu allem und jedem. Ich hatte Gerhard mal im Scherz gefragt, wie diese Republik eigentlich ohne ihn über die Runden gekommen ist. »Mehr schlecht als recht«, hatte er geantwortet. Und damals hätte ich das sofort unterschrieben.

Jetzt wollte ich ihn nochmals fragen, warum er nicht einfach alles hinwerfen wolle und sich nur noch um Niedersachsen kümmern und um die Familie, anstatt wie ein Torpedokäfer unermüdlich gegen die Bonner Mauer zu knallen, bis er endgültig liegenbliebe.

Früher habe ich immer wieder, wenn auch unter Protest, weggesteckt, daß er von morgens um acht bis manchmal nachts um drei Uhr unterwegs war, für Bundes-Landes-Kommunal-Wahlkämpfe quer durch die Republik, in Fernsehstudios, bei Hintergrundgesprächen, Arbeitsessen und Partei-Konferenzen. Das gehört zum Job. Ich habe hartnäckig um jede Minute der Privatheit gerungen und ihn doch immer wieder unterstützt, weil ich dachte, Gerhard Schröder vertritt die richtige Politik, und weil er das tut, ist er auch der beste Mann fürs Kanzleramt. Manchmal hatten wir tagelang nur eine halbe Stunde Zeit zum Reden, während einer Autofahrt von einem Termin zum nächsten, oder wir sahen uns im TV-Studio und gaben die erfolgreiche Soap-opera »Die Clintons aus Niedersachsen«. Das ZDF-Magazin »Frontal« urteilte jedenfalls: »Sie spielen ihre Rollen perfekt.«

Das war wahr und gleichzeitig ein charmanter Witz. Ich erinnere mich noch an das erste Fernsehporträt, das der WDR 1987 über uns drehte. Die Redakteurin hatte von meinen Soloauftritten im Wahlkampf gehört und wollte einfach sehen, was die Schröders da in Niedersachsen anders machten als »normale« Politikerpaare.

Sie haben uns unter anderem auf dem Hannoverschen Presseball gefilmt, zu dem ich mich trotz Sehnsucht nach einem freien Wochenende überreden ließ. Und es bereitete mir dann ein diebisches Vergnügen zu sehen, wie das Regentenpaar Albrecht es nicht fassen konnte, daß die Kameras nur um den SPD-Chef kreisten.

Im Jahr zuvor war in der Zeitschrift »Cosmopolitan« ein Artikel erschienen, der unseren Mythos begründete. Er trug den programmatischen Titel »Rivalen Hand in Hand« und kündigte eine »kontrastreiche Ehe voller Harmonie« an. Von »den Clintons« konnte noch keine Rede sein, weil die vorerst noch im politischen Hinterland von Arkansas wirkten. Aber von einem »atemberaubenden Duell« war die Rede. Hier der Herausforderer: Gerhard Schröder. Ex-Juso-Vorsitzender, Proletarier von echtem Schrot und Korn, der sich über den zweiten Bildungsweg zum Juristen hochgearbeitet hatte. Da der Titelverteidiger: Großbürger Ernst Albrecht. Arztsohn, Student der Wirtschaftswissenschaften, Hobbytheologe und Hobbyphilosoph, der mühelos den Sprung vom Keksmanager zum Ministerpräsidenten geschafft hatte.

Daß Gerhard der bessere Mann und Mensch ist, machte Cosmo-Autorin Ute Blaich auch an mir, seiner Frau, fest. Das war aber gar nicht mein Verdienst, sondern reflektierte Blaichs Überdruß, »in robuste, biedere, manchmal harte Gesichter von Politikerfrauen« zu sehen. Mein »klares Gesicht hat mädchenhaften Charme«, schrieb sie netterweise. Nun ja, ich war ein paar Jahre jünger. Sie bescheinigte mir, »nicht dem Klischee einer tadellos funktionierenden Politikerfrau« zu entsprechen, »widerborstig«, aber »ohne Ehrgeiz eine emanzipierte Topfrau« zu sein, einen »kritischen« Verstand zu haben und meinen Mann nicht »anzuhimmeln wie Nancy Reagan ihren Ronald«, sondern ihn zu lieben wie Hiltrud Schröder. Dazu kamen ein paar kernige Zitate von Gerhard wie »totale Übereinstimmung ist todlangweilig« und meine flapsige Bemerkung, daß ich alles besser könnte als er. Fertig war ein erstklassig reproduzierbares Gesamtkunstwerk, jedenfalls solange nicht eine ähnliche Verbindung auftauchte.

Dann wurden die ersten Homestorys zugelassen. Die Reporter stolperten über unsere Hunde und sahen im wuchernden Garten zwei reizende Mädchen tollen, Gerhard saß sommers mit freiem Oberkörper am Arbeitstisch, und ich trug bei kleineren Veranstaltungen statt Kostüm noch Jeans und mein »Aufsässigentuch«.

Das Bild vom fast unbekleideten Gerhard hat der Fotograf später noch mal recycelt. In einem Einrichtungs-Magazin unter dem Titel »Wohnkultur in Niedersachsen«.

Zum Klischee vom etwas anderen Politikerpaar trug auch bei, daß es für uns nach Gerhards Wahlsieg 1990 gar nicht in Frage kam, unser schönes, chaotisches, aber kleines Heim in Immensen gegen etwas »Repräsentatives« in Hannover einzutauschen. Als daraufhin das Landeskriminalamt in Immensen anrückte, um das Haus in einen Hochsicherheitstrakt zu verwandeln, legte ich ebenfalls mein Veto ein. Zumindest konnte ich verhindern, daß der Garten planiert und das Grundstück mit einem Zaun in der Höhe einer Gefängnismauer umgeben wurde. Aber die Sicherheitsleute bestanden darauf, zumindest Überwachungskameras zu installieren und alle Fensterscheiben durch schußsicheres Glas zu ersetzen. Dagegen hatte ich nichts, es beeinträchtigte weder die Aussicht, noch erforderte es besondere Methoden der Reinigung. Was besonders unsere Haushilfe Frau Tepp freute. Sie gab sich große Mühe, das Heim des Ministerpräsidenten einigermaßen vorzeigbar zu halten. Ob es unbedingt nötig war, einen Container auf das Nachbargrundstück zu stellen, der rund um die Uhr mit Sicherheitskräften besetzt war, die uns vor Anschlägen beschützen sollten, habe ich zu dem Zeitpunkt bezweifelt. Natürlich gab es immer wieder Drohungen per Post oder anonyme Anrufe. Aber besonders ernst nahmen wir das nicht.

Im Sommer, wenn die Familie auf der Terrasse saß, schauten regelmäßig Ausflügler herein, die dem Ministerpräsidenten »nur mal eben guten Tag sagen« wollten. Warum sollten wir die Bürger vor den Kopf stoßen und durch übertriebene Sicherheitsmaßnahmen und Personenkontrollen abschrecken? Ich erinnere mich nur an einen einzigen Fall, bei dem ich wirklich in Sorge war.

Als Franca eines Morgens die Post auf den Frühstückstisch legte, befand sich unter dem Stapel ein Päckchen, das verdächtig tickte. Ich dachte, dies sei nun tatsächlich mal ein Anlaß, die Sicherheitsbeamten zu rufen. Aber Gerhard winkte ab. Er legte die vermeintliche Bombe auf den Küchenboden, baute einen kleinen Schutzwall davor auf und machte sich höchstpersönlich an die Entschärfung. Die Hunde kamen in den Garten, die Töchter und ich verschanzten uns im Wohnzimmer, jeden Moment darauf gefaßt, daß sich der leichtsinnige Hausherr, das Päckchen und die Küche mit einem großen Knall in Luft auflösen würden. Zum Glück kam nur ein Wecker zum Vorschein und ein Begleitschreiben, auf dem stand: »Es ist fünf Minuten vor zwölf.« Näher spezifiziert war die Warnung nicht.

Gerhard wurde natürlich eine ganze Woche lang von seinem Frauentrio als großer Held gefeiert, und er genoß es weidlich, weil das ja auch nicht jeden Tag vorkam.

Als Bill und Hillary 1992 nach Washington umzogen, begannen fast zeitgleich auch die »Clintons« aus Niedersachsen regelmäßig durch die Medien zu geistern. Ohne unser Zutun. Wer mir wie RTL-Moderator Karl-Heinz Hollmann die Frage stellte, ob ich mich für die zweite Hillary halte, dem antwortete ich: »Quatsch.« Die einzig vernünftige Antwort auf eine einfältige Frage. Es gab nur eine Parallele, die ich zwischen Hillary und Hiltrud – abgesehen von den gleichen Anfangsbuchstaben – ziehen konnte, nämlich, daß wir als Politikerfrauen vor dem Mikrophon mehr als guten Tag zu sagen haben. Das war's dann auch schon. Hillary durfte Politik machen, ich redete ab und zu über Politik, wenn man mal davon absieht, daß im weiteren Sinne alles Politik ist. Meistens sprach ich über meine Arbeit für den Naturschutz und die Tschernobyl-Stiftung.

In den ersten vier Jahren der rot-grünen Koalition habe ich mich öffentlich nur einmal in die Politik über niedersächsische Grenzen hinweg eingemischt. Das war 1991 während des Golfkrieges.

Nach dem Überfall auf Kuweit beschloß die UNO einen Wirtschaftsboykott gegen den irakischen Diktator Saddam Hussein. Weil der angeblich wirkungslos blieb, bombardierte die NATO das Land. Wie es hieß, nur militärische Ziele. Die Bundeswehr kam dabei zu ihrem ersten Auslandseinsatz an der türkisch-irakischen Grenze.

Gerhard, ein Teil der Landes-SPD und die Grünen forderten den sofortigen Rückzug der deutschen Truppen. Ich organisierte zusammen mit den Frauen des Kabinetts, Monika Griefahn, Heidi Alm-Merk, Waltraut Schoppe und Helga Schuchardt, Protestaktionen gegen den »Computerkrieg«, der dort gefeiert wurde. Wir verteilten in Hannovers Innenstadt Flugblätter und sammelten Geld für Tausende irakischer Kinder und Zivilisten, die im digital gesteuerten Bombenhagel allen Beteuerungen zum Trotz verstümmelt wurden und umkamen.

Die Aktionen fanden große Resonanz in der Bevölkerung, weil viele Menschen die zynische Kaltschnäuzigkeit durchschauten, mit der die Industriestaaten am Golf vor allem ihre Ölreserven sichern wollten, ohne andere Druckmittel ausgeschöpft zu haben, und brachten mir eine Einladung vom Bremer Abend-Magazin »Up'n Swutsch« ein. Aber nur, damit Moderator Jürgen Koch seinen Zuschauern sagen konnte, wie kindisch er das Engagement der neuen Landesmutter fände. Ich muß zugeben, auf so viel Bosheit nicht vorbereitet gewesen zu sein. Doch viele Mitarbeiter des Senders klopften mir hinterher auf die Schulter und sagten: »Dem Koch ist in dieser Frage sowieso nicht zu helfen.«

In der »Hannoverschen Allgemeinen« wetterte auch der FDP-Vorsitzende Martin Hildebrandt gegen unsere Kampagne. Was aber nur bewirkte, daß sich in meinem Briefkasten mehr und mehr aufmunternde Briefe stapelten. Unter den Zuschriften war der erste Autogrammwunsch meines Lebens. Er gehörte eigentlich in die Rubrik »Menschliches, Allzumenschliches«. Weil der Brief so schön war, habe ich ihn bis heute aufgehoben. Er lautete so: »Sehr geehrte Frau Schröder. Ich sammle Fotos von Frauen und Männern beim Telefonieren. Diese weltweit einzige Sammlung von Telefonbildern wurde vom Guinness-Buch der Rekorde anerkannt. Darf ich von Ihnen ein derartiges Foto erbitten? Sollten Sie kein Foto mit Telefon haben, nehme ich auch gern eine Autogramm-Postkarte.«

Die Stars in der Politmanege in Niedersachsen waren ganz andere. Allen voran natürlich der Ministerpräsident und zunächst auch Monika Griefahn. Sie war von Greenpeace an die Spitze des Umweltressorts gewechselt. Es folgten die Grünen Jürgen Trittin, der Bundesratsminister ist, die Fraktionsvorsitzende Thea Dückert und ihr Mann, der Abgeordnete Hannes Kempmann. Mit Thea und Hannes war ich gern zusammen. Da wir in vielen Grundsatzfragen die gleichen Ansichten hatten und die beiden sich sehr gut durchsetzen konnten, wußte ich meine Meinung ausreichend vertreten, wenn sie einmal von Gerhards abwich. Das kam aber selten vor. Mit ihm habe ich erst gehadert, als er 1992 als Verhandlungsführer der SPD die Verschärfung des Asylrechts abgesegnet hatte. Dafür dann um so heftiger. Daß er sich dem Druck des Parteipräsidiums beugte, obwohl er im Vorfeld jede Einschränkung strikt ablehnte, war für mich eine große Enttäuschung. Mich ärgerte vor allem die flapsige Art, mit der er seine Volte überspielte. Er traf beim Tennis zwei Damen, die sich beklagten, ihre Turnhalle wäre voller Asylanten und sie könnten nicht mehr duschen. »Da wußte ich, wir haben ein Problem«, sagte Gerhard.

Natürlich hatten und haben die Politiker ein Problem. Nach dem Mauerfall war die Arbeitslosigkeit vor allem im Osten rapide angestiegen. Im Februar 1992 waren zwischen Rügen und Plauen nur noch 5 Millionen Menschen in Brot und Arbeit. 1,3 Millionen hatten ihre Jobs verloren. Die blühenden Landschaften, die Helmut Kohl den Neubürgern 1990 versprochen hatte, entpuppten sich als reine Fiktion.

Auch im Westen kehrte nach dem Rausch der Wiedervereinigung Ernüchterung ein. Die Kosten der Einheit und eine anhaltende Wirtschaftskrise beunruhigten viele Menschen. Angeheizt von nationalistischen Großmachtphantasien, mit denen CDU-Funktionäre ungeniert um die Lufthoheit über den Stammtischen buhlten, mußten Ausländer und Asylsuchende als Sündenböcke für alle Probleme der Gesellschaft herhalten. Bald blieb es nicht mehr bei fremdenfeindlichen Parolen. Mitte September 1991 kam es in Leipzig, Cottbus und Saarlouis zu ersten Gewalttätigkeiten. Im sächsischen Hoyerswerda belagerten Rechtsradikale unter dem Beifall der Bevölkerung tagelang ein Asylantenheim, in dem 150 Gastarbeiter aus Vietnam und Mosambik wohnten. Die barbarische Horde schrie: »Sieg Heil« und »Deutschland den Deutschen«. Erst flogen Steine und Stahlkugeln, dann Brandsätze. In den Fernsehstuben der Nation sah man: Die Polizei stand daneben und schaute tatenlos zu.

Doch Hoyerswerda war erst der Anfang. Die Kapitulation der Staatsmacht ermutigte die Neofaschisten, eine Terrorwelle zu entfesseln, die siebzehn Menschen das Leben kosten würde. Trauriger Höhepunkt war der Angriff auf die Zentrale Aufnahmestelle für Asylbewerber in Rostock-Lichtenhagen. Als ein benachbartes Wohnheim in Flammen aufging, herrschte Volksfeststimmung.

Auch Niedersachsen blieb von der Pogromstimmung nicht verschont. In der Nähe von Hannover tötete ein Brandsatz zwei türkische Kinder. Ich bin damals in Asylantenheimen gewesen, habe an Lesungen teilgenommen und die verängstigten Menschen erlebt.

Den Grundgesetzparagraphen 16 zu ändern war der falsche Weg, meine ich. Auch wenn Gerhard in den Verhandlungen mit der Regierung versucht hat, die Grundsubstanz des Asylrechts zu retten.

Ansonsten sah ich in den ersten vier rot-grünen Jahren keinen Grund zum Klagen, weder als niedersächsische Bürgerin noch als Ehefrau. Die Landesregierung verwirklichte einen Teil von dem, was Oskar Lafontaine

Ökosozialismus nannte. SPD und Grüne bewiesen, daß man sehr wohl gleichzeitig ökologische, ökonomische und soziale Politik machen kann, wenn man den Begriff Koalitionspartner ernst nimmt und auf konstruktiven Dialog setzt. Niedersachsen bekam mit Karl Finke einen großartigen Behindertenbeauftragten, es wurden alternative Energien und ökologische Produktionsweisen gefördert, ein liberales Polizeigesetz verbesserte die Kontrolle der unter Albrecht außer Rand und Band geratenen Exekutive.

Auf Gerhards Initiative hin zog die norwegische Firma Statoil eine Gasleitung durchs Watt, ohne dem Ökosystem zu schaden. Und wo Arbeitsplätze auf dem Spiel standen, sprang das Land ein, wie bei der Dasa in Lemwerder, und rettete Firmen durch Bürgschaften.

Der Umweltschutz mußte erstmals in Papenburg zurückstehen. Trotz Bedenken der Grünen baggerte man die Ems aus, um der Meyer-Werft weiterhin Aufträge zu sichern. Die Vertiefung wurde aber zurückhaltend und sorgfältig durchgeführt, so daß kein größerer ökologischer Schaden entstand.

Eine der wichtigsten neuen Aufgaben, die Gerhard übernehmen mußte, war der Aufsichtsratsposten bei VW. Das Land besitzt zwanzig Prozent der Konzern-Aktien, und ein Großteil der niedersächsischen Metallindustrie ist als Zulieferer abhängig vom Wohlergehen des Konzerns. Und dann sorgten die Auseinandersetzungen um den »Sanierer« Ignacio López, den VW-Chef Ferdinand Piëch von General Motors abwarb, für weltweite Schlagzeilen. Sein alter Arbeitgeber beschuldigte López, geheime Unterlagen unrechtmäßig an sich genommen und zum Dienstantritt mit nach Wolfsburg gebracht zu haben.

Gerhard stellte sich vor den baskischen Manager und Piëch, denn López bestritt entschieden alle Vorwürfe, die zum Teil auch abstrus klangen. López konnte auch nichts Gegenteiliges bewiesen werden. Als General Motors 1993 Strafanzeige erstattete, wurde Gerhard allerdings unsicher. Denn wenn an den Beschuldigungen doch etwas dran sein sollte, fiele das auch auf ihn, den Ministerpräsidenten, zurück. Tagelang gab es bei uns kein anderes Gesprächsthema mehr. Die Frage war: Flüchten oder Standhalten? Ich fragte Gerhard, ob er an die Unschuld von López glaubte, denn ich war von der Integrität des Mannes überzeugt. Er sagte ja.

»Dann darfst du auch in der Öffentlichkeit kein Zeichen von Wankelmut erkennen lassen«. Das war meine Überzeugung. Er sah das letztlich genauso. Seine Standfestigkeit schaffte Vertrauen in der Konzernspitze, aber auch bei den Zulieferern. Als sie ihre Existenz durch López' hartes Kostensenkungsprogramm bedroht sahen, übertrug der Verband der Automobilindustrie Gerhard die Vermittlerrolle. Eine Aufgabe, mit der man normalerweise keinen Politiker beauftragt. Das war die Geburtsstunde des »Automannes« Schröder.

Weil die rot-grüne Koalition so gut funktionierte, war ich als SPD-Mitglied und Ehefrau ziemlich erbost über die Rankünе, mit der die Parteispitze Gerhard eine faire Chance auf die Engholm-Nachfolge verbaute. Der Parteivorsitzende Engholm trat 1993 wegen einer Falschaussage vor dem Barschel-Untersuchungsausschuß zurück. Laut Satzung konnte ein neuer Vorsitzender nur auf dem Parteitag gewählt werden. Da standen die Chancen für Gerhard gut, weil die Delegierten mit ihrem Votum sehr wahrscheinlich gleich auch die Kanzlerkandidatur geregelt hätten.

Gerhard lag in allen Umfragen, ob parteiintern oder quer durch die Bevölkerung, weit vorn. Das konservative Präsidium aber war aus Prinzip gegen Schröder, der Rest der Norderstedter Enkelrunde – Wieczorek-Zeul, Lafontaine und Scharping – wollte selber Kanzler werden. Also heckten sie, angeführt von Nordrhein-Westfalen, das Verfahren der Mitgliederbefragung aus. Und sie bauten noch drei Sicherungen ein: Es wird keine Stichwahl geben. Es wird nur über den Vorsitz abgestimmt. Das Präsidium behält sich aber vor, den Sieger als Kanzler-Kandidaten vorzuschlagen.

Der Diadochenkampf war noch absurder als die »Tragikomödie« nach dem Wahldebakel von 1990, als Lafontaine zum zweitenmal den Vorsitz ablehnte und auch kein anderer der Enkel dem amtsmüden Jochen Vogel die Bürde abnehmen wollte.

1993 wurde Gerhard von Lafontaine der »Illoyalität« bezichtigt, Scharping hatte bei ihm »charakterliche

Defizite ausgemacht«, weil Gerhard zuvor Engholm laschen Führungsstil und das Zusteuern auf eine große Koalition vorgeworfen hatte.

Gerhard mag zwar charakterliche Defizite haben wie jeder andere auch, doch er hatte in beiden Punkten recht. Und loswerden wollten Engholm alle. Seit der pfeiferauchende Bonvivant die SPD führte, fühlte ich mich, wie viele Mitglieder an der Basis, über den Tisch gezogen. Erst die Asylrechtsänderung, dann der Solidarpakt – nach und nach hatte die Parteiführung alle liberalen Positionen in der Rechts- und Innenpolitik geräumt.

Heiner Geißler diagnostizierte schon eine »Christdemokratisierung der SPD«.

Scharping würde diesen Kurs fortsetzen, den großen Lauschangriff durchboxen und das vom Parteitag beschlossene Nein zu deutschen Blauhelmeinsätzen verwässern.

Beim Schaulaufen der Kandidaten war Gerhard der einzige, der klar für ein rot-grünes Bündnis auf Bundesebene plädierte. Unter einem Vorsitzenden Schröder, betonte er, werde es keine Bundeswehreinsätze unter UN-Kommando und keinen großen Lauschangriff geben.

Scharping warb für »Erhöhung der inneren Sicherheit« und »Geschlossenheit der Partei«.

Die einzige Frau, Heidi Wiezcorek-Zeul, fühlte sich berufen, den »Bruderzwist im Hause Bebel« zu beenden. Doch kaum waren ihre Worte verhallt, kam alles ganz anders. Lafontaine zog, um sich die Kanzler-Option offenzuhalten, seine Bewerbung für den Vorsitz zurück und unterstützte Scharping. Scharping war am Ende tatsächlich Vorsitzender, ließ aber sofort durchblicken, daß er selber Kanzler werden wolle. Auch Lafontaine war diesmal der Dumme.

Am Tag der Abstimmung, dem 13. Juni 1993, veranstaltete der Ortsverein Immensen ein kleines Gartenfest. Von da aus war ich mit Franca nachmittags nach Hannover ins Gästehaus der Landesregierung gefahren. Gerhard, Regierungssprecher Uwe Heye und ein Dutzend weiterer Mitarbeiter der Staatskanzlei saßen schon gespannt vor den Monitoren und warteten auf die ersten Ergebnisse. Relativ schnell war klar, daß Scharping das Rennen machen würde.

Ich habe Gerhard öfter verlieren sehen, und das war nicht immer ein erhebender Anblick. Aber diesmal nahm er die Niederlage fast ungerührt auf und zeigte Format. Er atmete auf dem Balkon tief durch und besah sich die Sterne, an denen er wieder einmal vorbeigegriffen hatte. Dann trat er ruhig vor die Kameras, gratulierte seinem Rivalen und bot Scharping die Zusammenarbeit an. Ich fand ihn wunderbar an diesem Abend.

Aber die Niederlage saß tiefer, als er es sich anmerken ließ. Besonders hart hatte Gerhard das intrigante Verhalten seines »Freundes« Lafontaine getroffen. Ich konnte ihm seine Enttäuschung sehr gut nachfühlen und freute mich, als er mir versicherte, daß er auch im Falle eines SPD-Sieges bei den Bundestagswahlen 1994 nicht nach Bonn gehen würde. Was ich nicht ahnte, war, daß seine neue Gelassenheit nur die Ruhe vor dem Sturm war.

Kurz darauf kokettierte er plötzlich mit Franz Josef Strauß' »ungeheurer politischer Begabung« und brach neuen Streit vom Zaun.

»Zeit«-Autorin Nina Grunenberg, die Grande Dame des politischen Journalismus, hatte eine schärfere und von persönlicher Zuneigung ungetrübtere Beobachtungsgabe als ich. Sie merkte schon bei der Mitgliederwahl, daß alle vordergründigen programmatischen Auseinandersetzungen der Kandidaten überlagert wurden von persönlicher Rivalität, Geltungsdrang und dem zweckfreien Willen zur Macht. Grunenberg schrieb: »Wer sie beobachtet, dem fällt nicht Willy Brandt als Vergleich ein, sondern Django, der einsame Revolverheld, der mit dem Sarg unter dem Arm herumläuft. Jeder wirkte, als ginge es für ihn um alles oder nichts.«

Ich habe das alles erst sehr viel später begriffen, vielleicht wollte ich es damals auch einfach nicht sehen. Als Gerhard Anfang 1994 in den Landtagswahlkampf zog, wurde ich von der SPD erstmals ganz offiziell als PR-Zugpferd eingesetzt. Die Partei stellte mir ein Auto und einen Fahrer zur Verfügung, und ich hatte fast ebensoviele Termine wie der Ministerpräsident zu absolvieren. Meine Veranstaltungen waren sehr gut besucht, aber ich hielt keine typischen Wahlkampfreden, sondern erzählte von meiner Arbeit in den letzten vier Jahren. Es war ja eine der Qualitäten der Landesregierung, daß sie ihren Blick über den niedersächsischen Tellerrand hinaushob. Wer sich in Deutschland gegen Atomenergie engagierte, mußte auch Solidarität mit den Opfern der Plutoniumwirtschaft in Weißrußland und der Ukraine zeigen.

Wenn ich Hamelner Bürgern, vor deren Tür sich die Weser am AKW-Grohnde vorbeischlängelt, die Zustände in den verstrahlten Zonen schilderte, machte sie das vielleicht sogar nachdenklicher als ein zahlengespickter Vortrag über die Sicherheitsmängel deutscher Reaktoren. Lediglich am Ende meiner Reden bekam das Publikum einen kleinen Hinweis auf den Wahltermin.

»Ich glaube, ich brauche Ihnen nicht zu sagen, welche Wahlentscheidung ich für richtig halte. Ich habe Gerhard Schröder ja nicht nur geheiratet, weil er so schöne blaue Augen hat.«

Zu Beginn der Kampagne war Gerhard fest entschlossen, die rot-grüne Koalition fortzusetzen, und die Parteien hatten sich die zu beackernden Politikfelder brüderlich aufgeteilt. Die Grünen warben um mehr Einfluß, damit die Regierung auf Reformkurs gehalten wurde. Gerhard zog derweil durch die Lande und predigte »Arbeit, Arbeit, Arbeit«. Er trat überzeugend und medienwirksam als Retter gefährdeter Arbeitsplätze auf, und die Werbeagentur Odeon präsentierte ihn als »starken und gerechten« Landesvater.

Demoskopische Untersuchungen im Vorfeld hatten bei den Wählern eine starke Sehnsucht nach politischer Führung ausgemacht. Gerhards Porträt, »bißchen Lächeln, bißchen Stahl in die Augen«, wie er es nannte, klebte zehntausendfach an Häuserwänden und Stelltafeln. Die Strategie funktionierte nur allzu gut.

Kurz vor dem Wahltag sah es so aus, als läge für die SPD die absolute Mehrheit im Bereich des Möglichen. Gerhard stellte sofort die Strategie um und attackierte auch mal die Grünen.

Und am Ende reichte es tatsächlich. Die SPD dominierte den Landtag mit einer Stimme Mehrheit. Der Sieg war nicht das Ergebnis einer sozialdemokratischen Erweckungsbewegung, die Bürger hatten für die Fortführung der rot-grünen Koalition gestimmt. Nur hatte niemand mit dem absoluten Einbruch der Opposition rechnen können.

Die CDU verlor 5,6 Prozent, und die FDP flog aus dem Parlament. Die Grünen legten 1,9 Prozentpunkte zu, die SPD nur 0,1 Prozent. Trotzdem hieß der einzige Gewinner Gerhard Schröder.

Er war wieder obenauf. Der einzige SPD-Ministerpräsident, der bei Landtagswahlen zugewonnen hatte. Um die Partei zu ärgern, schwänzte der Triumphator

Schröder am Montag nach der Wahl demonstrativ die Präsidiumssitzung. Bald schoß er gegen das Bundeswahlprogramm der Partei, gegen Tempolimit und die Erhöhung der Mineralölsteuer. Im gleichen Atemzug empfahl er Kanzlerkandidat Scharping, auf Bundesebene für ein rot-grünes Bündnis zu plädieren, obwohl er genau wußte, daß der sich eher den Bart abnehmen ließe und Gerhard den alten Koalitionspartner in der letzten Phase des Niedersächsischen Wahlkampfes selbst geschmäht hatte.

Für die Öko- und Antiatomschiene hatte er ja seine Hillu. Gerhard hatte die Wahlreden zunehmend mit Hinweisen auf meine Tätigkeiten im Natur- und Tierschutz und für die Stiftung »Kinder von Tschernobyl« gespickt. Jedem, der es hören wollte oder nicht, hatte er gesagt: »Meine Frau und ich sind politisch eine glückliche Symbiose.«

Das alles hatte Konsequenzen. Der Clinton-Mythos begann jetzt erst richtig zu blühen. Im »Stern« erschien ein großes Porträt von mir, die Redakteurin urteilte »wahlkampftauglich«. Keine Talk-Show, kein Boulevardblatt schien mehr ohne die Schröders auszukommen. Gerhard war begeistert, und die Pressestelle der Staatskanzlei beriet mich. Seriösen Magazinen wurde zugesagt, vor allem, wenn ich die Möglichkeit hatte, über die Arbeit für die Stiftung zu sprechen. Doch auch leichte Unterhaltung war darunter, wie die Promi-Show »3-Zimmer-Küche-Holger« des Hessischen Rundfunks, in der wir als Paar mit vertauschten Rollen durch wacklige Kulissen stapfen mußten. Gerhard mimte also Hiltrud, und ihm rutschten mit bitterem Unterton Sätze heraus, die er so ähnlich tatsächlich schon öfter von mir gehört hatte: »Du immer mit deinem verdammten Ehrgeiz. Du bist nicht so bedeutend wie Bill Clinton oder Mitterrand, und du wirst es im übrigen auch nie, wenn du so weitermachst. Vor allem so nicht.« Etwas übertrieben ausgedrückt, gab das einen Streit wieder, der zwischen uns seit dem Gerangel um den Partei-Vorsitz schwelte und der vor ein paar Wochen neu entflammt war. Denn am 16. Oktober war ein neuer Bundestag gewählt worden, und Gerhard mischte trotz aller guten Vorsätze wieder an vorderster Wahlkampffront mit. Der Grund war ein chronisches Schwächeln des alten Rivalen Scharping.

Die Europawahl im Juni wurde für die SPD zum Desaster. Sie rutschte ab auf 32,6 Prozent, Werte wie in den düsteren fünfziger Jahren. Scharping machte Fehler auf Fehler. Nach der Europawahl leistete er sich einen peinlichen Versprecher und erklärte den Journalisten: »Dies war in der ersten Runde eine Niederlage – weitere werden folgen.« Das war leider die einzige richtige Prognose, die der Vorsitzende in diesem Jahr abgab.

Nachdem der Pfälzer auf einer Pressekonferenz zur Ergänzungsabgabe für Besserverdienende auch schon mal brutto und netto verwechselt hatte, wurde er in den Medien nicht mehr ernst genommen. Das Satiremagazin »Titanic« widmete der »lahmen Ziege« eine ganze Comic-Serie. Der so gebeutelte Kandidat sah ein, daß er Kohl alleine nicht mehr schlagen könnte. Es kam zur Gründung der legendären Troika. Oskar Lafontaine und besonders Gerhard sollten für Scharping retten, was noch zu retten war. Mir erschien ein solches Dreigestirn nach den Auseinandersetzungen der letzten Monate nicht sonderlich glaubwürdig, aber Gerhards Beteiligung daran ließ mich hoffen. Der bis zu diesem Zeitpunkt dahindümpelnde Wahlkampf erhielt jedenfalls wieder Farbe.

Eine große Koalition, wie Scharping sie für möglich hielt, war für mich allerdings undenkbar. Ich konnte nicht verstehen, daß Gerhard eine solche Konstellation unterstützte. Um so irritierter war ich, als er kurz vor der Wahl erklärte, er wäre auch bereit, »Wirtschaftsminister unter Helmut Kohl« zu werden, und am Wahlabend für ein Zusammengehen mit der CDU plädierte.

Ich hatte in diesen Tagen selber einen randvollen Terminkalender und war kaum zu Hause, so daß ich von Gerhards Planspielen aus der Zeitung erfuhr. Es gab einfach keine Gelegenheit, mit ihm ausführlich darüber zu reden. Wenn wir uns sahen, war er abgespannt und fast unnahbar. Selbst auf einer gemeinsamen Kopenhagen-Reise – er sollte einen Vortrag für die dänische Handelskammer halten, ich war mit Red Barnet, dem Chef der dänischen Kinderhilfe, verabredet – waren wir keine Minute allein. Auf dem Rückflug blockte er Gespräche, geschweige denn Kritik an seinem politischen Zickzackkurs rigoros ab.

Seit ihm in Hannover ein grüner Koalitionspartner

als Widerpart fehlte, neigte er manchmal zu einer gewissen Selbstherrlichkeit. Aber so unzugänglich, fast schroff war er noch nie gewesen. Vielleicht lag das daran, daß er neuerdings nur noch hofiert wurde, auch von den Vertretern der deutschen Industrie, mit denen er häufig bis weit in die Nacht hinein Gespräche führte. Mich befremdete dabei, daß er manchen nicht eher entließ, bis der sein offensiv angebotenes Du erwiderte. Auch, daß er die Nähe zum bayerischen Ministerpräsidenten Edmund Stoiber suchte, habe ich nicht verstanden. Er lobte mich zwar nach wie vor in Interviews als seine »wichtigste, konstruktive Kritikerin«, aber mich beschlich Angst davor, möglicherweise die letzte Kritikerin zu sein.

Wir waren nicht mehr so eng beieinander, wie wir es sein sollten. Aber ich redete mir immer wieder ein, der Mangel an Nähe wäre durch den äußeren Druck und den Wahlkampfstreß bedingt, und hoffte, daß Gerhard, wenn alles vorbei wäre, selber merken würde, daß wir so nicht mehr weitermachen dürften.

Nach außen war ich weiterhin loyal und kämpferisch, ließ mich sogar für die Damen-Troika einspannen. Die Sat1-Talk-Show »No sports« hatte die grandiose Idee, die Frauen des SPD-Spitzentrios einzuladen. Noch grandioser war der Einfall, zur Eröffnung des Abends den bekannten Troika-TV-Spot unserer Männer nachzudrehen. Zusammen mit Jutta Scharping und Christa Müller mußte ich vor dem Studio durch die kalte Nacht paradieren, und das Kamerateam gab sich redliche, aber vergebliche Mühe, uns genauso bedeutend aussehen zu lassen wie Rudi, Oskar und Gerhard, wenn sie zur Rettung Deutschlands in Slow-motion unter den Säulen der Berliner Nationalgalerie aufmarschieren.

Jutta und Christa fand ich in bester Stimmung vor. Sie waren entspannt und ausgeruht schon lange im Sender, als ich abgehetzt und auf den letzten Drücker erschien. Ich saß kaum auf dem roten Talk-Sofa, da wußte ich, daß es ein Fehler war gekommen zu sein. Der Moderator Reinhold Beckmann, sonst hauptsächlich für das Ansagen von Bundesligaergebnissen zuständig, entpuppte sich als schlicht gestrickter Unterhalter, der seine Fragen offensichtlich aus der Yellow press abgeschrieben hatte.

»Waren Sie schon mal zusammen in der Toskana?« eröffnete er die Runde und kriegte sich kaum ein vor Vergnügen ob dieser investigativen Meisterleistung. Ich bedeutete ihm, daß ich es ziemlich niveaulos fände, wenn sich Kritik, sofern seine Frage so etwas wie Kritik enthalten sollte, an Urlaubszielen festmachte.

Beckmann entgegnete, schon ein wenig leiser: »Ja, alle reden immer über Äußerlichkeiten.« Ehe es nun weiterging, schickte er erst einmal eine propere Fahrradbotin zum Pizzaholen, dann kam Werbung. Als die Pizza aufgetragen wurde, ich weiß heute noch nicht, warum oder für wen, fragte er Jutta und Christa, wie es denn so sei, das sagenumwobene Eheleben mit Spitzenpolitikern.

Ich glaube, er war tatsächlich ein wenig enttäuscht, weil sie keine schlagzeilenträchtigen Antworten gaben, die jedenfalls für ihn die Sendung noch hätten retten können. Selbstverständlich blieb mir der Hillary-Clinton-Vergleich nicht erspart. Ich ignorierte die Frage und sagte tonlos, ich hätte in Niedersachsen beste Arbeitsmöglichkeiten. Ab da zählte ich die Sekunden, bis der Unsinn endlich vorbei wäre. Auf ein anschließendes Beisammensein in nochmals lauter Runde verzichteten Jutta, Christa und ich allzugern. Sobald das Aufnahmelicht erlosch, flüchtete ich nach Hause.

Im Oktober ging die Bundestagswahl knapp, aber erwartungsgemäß verloren, und Gerhard konnte es nicht lassen, gleich wieder ein paar Querschüsse auf Scharping abzufeuern.

Anfang 1995 bekannte er in Thomas Gottschalks »Late-Night-Show«: »Ich hätte die Wahl gewonnen.« Das sagten zwar auch die Umfragen, aber es half Gerhard nichts. Scharping saß einstweilen fest im Sattel und nannte ihn einen »Provinz-Strauß«. Gerhard konterte, indem er laut darüber nachdachte, welche Wahlen denn die SPD mit Scharping eigentlich gewonnen hätte.

Der Kampf gegen die Bonner Riege schien ihn zu zerfressen. Wenn er zu den Präsidiumssitzungen in die Bundeshauptstadt fuhr und dort übernachten mußte, weil sich die Debatten über den beklagenswerten Zustand der Partei naturgemäß immer länger hinzogen, hörten sich seine späten Anrufe fast immer ähnlich an.

Der Inhalt variierte nur minimal, die Botschaften waren gleich: »Alle sind gegen mich«, klagte er, »alle lehnen mich ab.«

Ich war froh über das kleinste Zeichen alter Vertrautheit. Aber kaum war er wieder zu Hause, flüchtete er in die nächste Terminhetze. Für die Hunde, die Töchter und mich blieb keine halbe Stunde. Wenn Franca und ich mit ihm frühstückten, erlebten wir ihn wortkarg und hinter der Zeitung vergraben. Oder wir bekamen ihn erst gar nicht zu Gesicht. Statt dessen Kaffee und Gespräche gleich um acht Uhr früh mit Referenten, Unternehmern oder Journalisten im Gästehaus der Landesregierung. Strategien mußten besprochen, Kontakte geknüpft oder neue Minen gegen Scharping gelegt werden.

Da ich ihn nicht mehr erreichte, versuchte ich, ein paar der Gesprächskreise wiederzubeleben, die in der ersten Legislaturperiode regelmäßig stattfanden, um das Politikmachen von einer etwas anderen Warte zu beleuchten. Sein alter Freund und Berater Oskar Negt und der kluge Staatskanzleijurist Frank Steinmeier kamen auch noch mal vorbei, aber Gerhard saß mehr abwesend als interessiert dabei. Trotzdem hoffte ich, diese Runde regelmäßig zusammenbringen zu können. Etwas mehr Zeit, um das Haus wieder mit Freunden zu füllen, würde Gerd guttun.

Mit »Spiegel«-Reporter Jürgen Leinemann, der aus unserer Nachbarstadt Burgdorf stammt, und dessen Frau haben wir früher öfter bei uns zusammengesessen.

Sie kamen nicht mehr. Das Zerwürfnis passierte schon im Wahlkampf 1994.

Nach einer Großkundgebung in Hannover waren wir seinerzeit fröhlich zum Italiener gezogen. Das mußte sein, schließlich hatte man als Toskana-Fraktion vor den anwesenden Journalisten einen guten Ruf zu verlieren. Die Stimmung war wirklich gut, bis Leinemann ein paar lobende Worte über die ruhige sachliche Art des Kandidaten Scharping äußerte. Für Gerhard war das ein Anlaß, sich heftig mit ihm zu streiten. Er verließ das Lokal im Zorn. Selbst auf dem Nachhauseweg konnte er sich nicht beruhigen. Wundgescheuert, wie er war, ließ er seine Wut an dem alten journalistischen Weggefährten aus. Gerhard wollte mit Leinemann nichts mehr zu tun haben. Offen wollte er das nicht sagen, deshalb ließ er mir in den Mund legen: »Wir wollen die Leinemanns nicht mehr sehen.« Ich fand das nicht gerade aufrichtig und schon gar nicht komisch. Es gab für ihn nur noch zwei Kategorien von Menschen: Scharping-Freund und Scharping-Feind.

Der TV-Journalist Peter Gatter war einer der ersten, der unsere Ehe, wie wir sie vorführten, hinterfragte. Gerhard gestand ihm: »Bei uns gibt es eine Reihe von Konflikten, die aufbrechen, weil wir zuwenig Zeit für einander haben. Es gibt auch Auseinandersetzungen über Politik, wegen unterschiedlicher Einschätzungen und natürlich, weil ich zuwenig zu Hause tue, viel weniger jedenfalls, als ich sage. Insofern ist das hier keine heile Welt, und wir spielen auch nicht heile Welt.« Er sagte auch: »Die Leute sind ja nicht so blöd, Denver oder Dallas oder die Schwarzwaldklinik für die Wirklichkeit zu halten. Sie wissen oder sie merken irgendwann, daß es eine heile Welt in der unheilen nicht gibt.« Das war 1986. Acht Jahre später schien es so, als versuchte er den Leuten genau das vorzumachen. Mit beachtlichem Erfolg.

Von meiner Seite zumindest war es kein bewußtes Täuschungsmanöver, aber die Terminhetze, der Erwartungsdruck der Medien und die viele Arbeit ließen keine Zeit zum Luftholen und zum Nachdenken. Die Umstände machten es für mich und wohl auch für Gerhard unmöglich, unsere Situation klar zu analysieren und zu überlegen, wofür man das Medien-Theater eigentlich inszenierte. Dabei wäre zwischen uns dringend zu klären gewesen, wo noch gemeinsame Ziele waren. Und ob man sie gegebenenfalls neu justieren müßte. Waren wir vielleicht von unserem gemeinsamen Weg abgekommen?

Zum Teil war ich natürlich selber schuld an der Misere. Auch ich hatte nie mehr Zeit, auch mein Terminkalender war randvoll. Seitdem die Grünen nicht mehr an der Regierung beteiligt waren, wendeten sich Naturschutzverbände und Tierschützer häufig direkt an mich, und ich fühlte mich verpflichtet, deren Interessen, die ja auch meine waren, zu vertreten. Zumal Umweltministerin Griefahn, inzwischen Mitglied der SPD, als Mitstreiterin so gut wie ausfiel. Griefahn geriet 1995 schwer unter Beschuß. Sie sollte in ihrer Funktion als Aufsichtsrätin der Weltausstellungsgesellschaft »Expo 2000« versucht haben, ihrem Mann, der ein Umweltinstitut betrieb, geschäftliche Vorteile zu verschaffen. Ein Untersuchungsausschuß konnte die Anschuldigungen nicht belegen. Aber einige der neuen Parteifreunde nutzten die Gelegenheit, der ungeliebten Seiteneinsteigerin eins auszuwischen und ihre Handlungsfähigkeit einzuschränken. Sie kreideten ihr die verlorenen und damit für das Land höchst kostenintensiven Gerichtsverfahren an, die ihr Ministerium gegen Umweltministerin Merkel angestrengt hatte, um Nukleartransporte nach Gorleben zu verhindern.

In immer größerem Umfang wurde ich um Mithilfe gebeten, wenn es um Aufgaben im Bereich des Umweltschutzes ging. Ob es sich um die Erhaltung von Lebensräumen für Störche und Fledermäuse handelte, den Schutz nordischer Wildvögel oder den Ankauf von Streuobstwiesen – die große Bereitschaft bei Unternehmern, Banken und privaten Sponsoren, diese Projekte zu unterstützen, ließ viele davon gelingen. Für mich wurde es nur fatal, wenn politische Entscheidungen getroffen werden mußten.

In den achtziger Jahren hatte ich immer wieder mit dem Gedanken gespielt, selbst ein politisches Mandat anzustreben. Aber als Gerhard unsere Politikfirma ausgerufen hatte und Ministerpräsident in Niedersachsen werden wollte, rückten solche Gedankenspiele in den Hintergrund. Die Folge war, daß ich später entweder nur meinen Mann auf ein Problem aufmerksam machen konnte, was immer seltener möglich war, oder ich mußte Mitstreiter in den Ministerien oder der Staatskanzlei suchen. Das störte natürlich manche Kreise. Landwirtschaftsminister und Hobbyjäger Karl-Heinz Funke, mit dem ich unweigerlich in Fragen des Tierschutzes, beispielsweise wegen der Abschußgenehmigung für Rabenvögel, aneinandergeriet, titulierte mich feindselig als »höhere Gewalt von Niedersachsen«.

Immer öfter hieß es, ich nähme Einfluß auf die Geschäfte meines Mannes. Der »Stern« sprach gar von »Mitregentschaft«. Das war natürlich Unsinn, weil sich der Ministerpräsident weder von mir noch von irgend jemand anderem dreinreden ließ. Andererseits konnte ich mit keinem Journalisten mehr über meine Arbeit reden, ohne daß mir Fragen zu Gerhards bundespolitischen Ambitionen gestellt wurden. Dann betonte ich natürlich immer wieder, er wäre der bessere Kanzlerkandidat. Und das war auch meine Überzeugung. Da ich aber andererseits über wenig diplomatisches Geschick verfüge, sagte ich offen meine Meinung über Scharping, wenn danach gefragt wurde. Ich war eben auch Parteimitglied, und so wie der Spitzenmann streckenweise agierte, erschien er mir nicht als Rettung für die SPD.

Prompt schrieb die »Bunte«: »Hiltrud Schröder greift in den Kampf um die Kanzlerkandidatur ein.« Ich fühlte mich manchmal wie im Hamsterrad.

In meinen Träumen balancierte ich oft über ein Drahtseil. Aber es war nicht einfach horizontal über einen Abgrund gespannt. Meistens führte es schnurstracks nach oben, immer steiler hinauf in eine nebulöse Wolke, und jedesmal erwachte ich schweißgebadet kurz vor dem Fall, denn ein Netz war nicht in Sicht.

Derweil zog Gerhard die Schraube im Konflikt mit der Partei immer weiter an. Er verhandelte ja seit Jahren mit den Vertretern der Atomindustrie über einen Ausstieg aus der Atomwirtschaft. Im Juni 1995 präsentierte er dem Präsidium ein Energiekonsenspapier, das für die SPD-Gremien jedoch unannehmbar war. Die großen Stromkonzerne wie Veba und Preußen-Elektra erklärten sich bereit, für die alten Reaktoren Restlaufzeiten zu akzeptieren. Im Gegenzug sicherte ihnen Gerhard die Entwicklung eines neuen Reaktortyps zu, machte den Bau aber von der Zustimmung einer großen politischen Mehrheit abhängig. Mit letzterem Passus bot er den Vertretern der Industrie lediglich die Möglichkeit, das Gesicht zu wahren. Nötig war er nicht. Denn wie ihm der verstorbene Veba-Chef Klaus Piltz in einem vertraulichen Gespräch versichert hatte, dachte die Atomindustrie gar nicht daran, neue Reaktoren zu entwickeln. Die Kosten dafür waren inzwischen viel zu hoch, und mit wachsendem Widerstand in der Bevölkerung war zu rechnen. Außerdem fehlte das Personal. Die junge Forscherelite der Republik, bekannte Piltz, zeigte nicht das geringste Interesse, ihre Kenntnisse und Karrierepläne an eine aussterbende Energieart wie Atomkraft zu verschwenden.

In der Sache hatte Gerhard also mal wieder recht. Und er wußte natürlich genau, daß die Kernenergie einer der wenigen politischen Frontabschnitte ist, wo Sozialdemokraten gegenüber der CDU noch Profil zeigen und die Wähler Freund und Feind unterscheiden können.

Ein Zustandekommen des Energiekonsenses wäre ein Erfolg für Schröder gewesen. Um ihn zu verhindern, berief sich die Parteispitze auf die Beschlußlage der Partei. Die hieß eindeutig: sofortiger Ausstieg aus der Kernenergie. Nach Ansicht des Präsidiums wäre es weder den Mitgliedern noch den Bürgern zu vermitteln gewesen, daß man auf diesem Wege neue Reaktoren akzeptierte.

Die Partei wollte lieber erneut zehn Jahre nach der Energiewende rufen, als endlich den ersten Schritt in diese Richtung zu tun.

Lafontaine und Scharping ließen Gerhard auflaufen und lehnten den Kompromiß vehement ab. Für die Journalisten war das eine erneute Steilvorlage, um die angeschlagene SPD ins Kreuzfeuer zu nehmen. Gerhard merkte das und ließ sich benutzen, weil er glaubte, die Medien auf seiner Seite zu haben. Das hatte ja auch immer hervorragend geklappt. Die Schröders waren die Darlings der Republik.

Während ein Zusammenleben zwischen uns kaum

noch existierte, versicherte er mir wenigstens über die Medien unverbrüchliche Treue, und die konnten gar nicht genug davon bekommen. Gerhard sagte, von der »Bunten« im Juli 1995 danach gefragt, was ich ihm bedeute: »Erstens liebe ich sie, zweitens ist sie der einzige Mensch neben meiner Mutter, dem ich rückhaltlos vertraue und vor dem nichts verborgen bleibt. Sie ist ungewöhnlich sensibel, was ich nicht bin. Sie ist für mich ein schwieriges, gelegentlich hartes, immer akzeptiertes Korrektiv in Dingen, wo ich nicht so sicher bin.«

Ich las das, und gab mich der trügerischen Hoffnung hin, zwischen uns sei trotz der Schwierigkeiten grundsätzlich alles in Ordnung. Im Brustton der Überzeugung erklärte ich also in der »Bunten«: »Politik ist der Schwerpunkt unseres gemeinsamen Lebens, selbst wenn dadurch leider die gemeinsame Freizeit auf ein Minimum schrumpft. Ich bin überzeugt, daß eine Politikerehe nur dann funktioniert, wenn die Politik für beide die gleiche Bedeutung hat.«

Aber hatte sie das wirklich noch? Im Grunde war ich noch der gleiche, wie Gerhard meinte, naive Trotzkopf, der mit 28 Jahren in die SPD eingetreten war, um gegen Atomkraft und Umweltzerstörung zu kämpfen und den Benachteiligten in dieser Überflußgesellschaft mehr Rechte zu verschaffen. Inzwischen versuchte ich das nicht mehr mit Flugblättern und Wahlprospekten, sondern nutzte die Möglichkeiten, die sich mir als Frau des Ministerpräsidenten und öffentlicher Person boten.

Doch was war mit Gerhards Idealen? In den letzten Monaten dokumentierte er überwiegend seinen Willen zur Macht. Wofür er sie aber brauchte, konnte ich nicht mehr erkennen. Es fehlte an programmatischer Arbeit, der Tanz in den Medien nahm überhand. Ein gedrucktes Statement aber ist noch nicht die Tat. Auch Gerhard schien in die Profilierungsfalle getappt zu sein, wie Thomas Leif und Joachim Raschke (»Rudolf Scharping, die SPD und die Macht«) das Verwechseln von symbolischer und instrumenteller Politik nennen. Die SPD insgesamt gab ein verheerendes Bild ab. Die Opposition als bessere Alternative zur Regierung konnte man nicht mehr wahrnehmen. Gerhard entdeckte sogar Sympathien für den Kanzler, den er vor Jahren noch einen »Gimpel« genannt hatte.

Anfang 1995 erlebte ich einen Auftritt Helmut Kohls anläßlich der Hannoverschen Industriemesse. Die Eröffnung fand im Opernhaus statt. Ich hatte beschlossen, dem Staatsakt an der Seite des Ministerpräsidenten beizuwohnen, denn ich suchte nach Sponsoren für verschiedene Projekte. Als Kohl dann in ungeheurer Breite daherkam und unglaublich selbstzufrieden seine mächtige Gestalt direkt neben mir in das Gestühl zwängte, fürchtete ich schon, er würde es ohne fremde Hilfe nicht mehr schaffen, sich daraus zu befreien. Meine Befürchtung aber war unbegründet. Er wand sich behende aus dem schmalen Sessel, für mich ein Phänomen, beherrschte seine Leibesfülle perfekt und konnte sich also lustvoll dem Diner zuwenden. Dabei verteilte er zwischen den Bissen Weisheiten über die Weltlage, die Konjunkturkrise, die Messe und die SPD in der Runde.

Gerhard saß genau wie die Industriellen und der Pulk bekannter Presseleute ergeben in seinem Schlagschatten, und keiner wagte ein Wort des Widerspruchs zu erheben, egal was Kohl erzählte.

Als der Kanzler Gerhard die Wette vorschlug, daß er, Schröder, 1998 als Kanzlerkandidat gegen ihn antreten werde – was ja einschloß, daß die SPD die Wahlen nicht gewinnen könnte –, fühlte sich Gerd aufgerufen mitzumachen, wie ein Schulbub beim Lob des Lehrers. Sie kritzelten die Modalitäten, es ging um eine Kiste Rotwein, auf einen Bierdeckel. Ob ich nicht mitwetten wolle, fragte mich ein Begleiter Kohls. »Nein«, sagte ich wütend, »ich will nicht vier weitere Jahre warten, bis die Regierung Kohl abgewählt wird.« Das war ich mir bei aller Partei-Kritik als SPD-Mitglied schuldig.

Im Herbst flogen wir für eine Woche nach Mallorca. Wir mieteten eine Wohnung in der Finca des Ehepaares Graulich, das vor kurzem von Deutschland auf die Insel übergesiedelt war. Sie hatten ihr Leben inzwischen völlig umgekrempelt und fingen neu an. Vielleicht etwas, worüber wir auch nachdenken sollten. Aber ich merkte, daß sich über lange Zeit Unausgesprochenes nicht wie durch ein Wunder aufarbeiten läßt. Der Gesprächsfaden war abgerissen, wir bewegten uns weiter in der alten Tretmühle.

Morgens beim Frühstück waren die deutschen Zeitungen unentbehrlich, das Faxgerät wurde ständig im Auge behalten, es könnte ja bedeutsame Nachrichten aus der Staatskanzlei ausspucken. Das einzig »Sensationelle« war die Mitteilung über die Trennung des hannöverschen Oberbürgermeister Herbert Schmalstieg von seiner Frau. Die neue Gefährtin war Justizministerin Heidi Alm-Merk. Gerhard war zunächst höchst amüsiert, um dann aber immer wieder laut darüber nachzudenken, ob Herbert das alles schaden könnte. In der Landes- und Bundespolitik herrschte die Ruhe vor dem Sturm, der Wochen später, beim Mannheimer Parteitag, losbrechen würde. Anzeichen dafür waren keine auszumachen, wenngleich Scharping weiterhin glücklos agierte und die Parteibasis litt. Nach einem neuen Retter rief niemand in diesen Tagen, auch nicht nach Gerhard Schröder.

Wir waren nicht mehr allzuoft einer Meinung, und das wollte ich in diesem Urlaub ausräumen. Es gelang weder ihm noch mir. Ich war überzeugt, das »political animal«, wie Erhard Eppler Gerhard Schröder einmal genannt hatte, konnte sich im Moment gar nicht anders verhalten, und hoffte auf bessere Tage. Irgendwann.

Wenn Gerhard abends mit den Sicherheitsbeamten zum Essen gefahren war, ließ ich die Ereignisse der letzten Wochen Revue passieren. Seine Entlassung per Telefon durch Scharping hatte er noch nicht verwunden, darüber konnte ihm auch dieser Urlaub nicht hinweghelfen.

Auch meine eigene Rolle, die der »medienwirksamen Vorkämpferin für den Ehemann«, in die ich nicht ganz freiwillig gedrängt worden war, wurde mir hier bewußt.

Losgetreten wurde die Lawine, als Heiko Gebhardt und Kai Hermann, unsere alten Freunde vom »Stern«, nach Immensen kamen, um mit dem geschaßten wirtschaftspolitischen Sprecher über die neue Situation zu sprechen. Ich kommentierte den Zustand der Partei auf meine Art, wenn ich gefragt wurde, und ich nahm in der lockeren Runde im Garten kein Blatt vor den Mund. Wir waren ja unter Freunden. Als das Blatt am darauffolgenden Donnerstag erschien, las ich unter dem Titel: »Mal was Provokantes sagen«, daß Hiltrud und Gerhard Schröder »gemeinsam gegen das Kartell der Mittelmäßigkeit zurückschlagen«. Gerhard hatte beim Autorisieren des Artikels allen Sprengstoff aus seinen Äußerungen getilgt, und nun stand ich allein da als geifernde Rachegöttin meines Mannes. Er hätte mich zumindest fragen können, ob ich auf diese Art in die Schußlinie gebracht werden wollte.

Mein Pech war, daß die »Stern«-Attacke nicht Gerhard, sondern meiner Person ungeheure Aufmerksamkeit in allen Medien verschaffte. Mehrmals wöchentlich wurde ich interviewt und kam aus keinem Studio und keiner Redaktion heraus, ohne Kommentare zur Lage der Nation abgeben zu müssen. Ich war in einer Rolle, die ich nicht wollte, ich fühlte mich überfordert und wollte mich wieder ausschließlich auf meine Arbeit konzentrieren. Das Clinton-Spiel war für mich nur noch schwer durchzuhalten. Gerhard machte das anscheinend nichts aus. Als eine Journalistin von der »Süddeutschen Zeitung« in die Staatskanzlei kam, um mit mir über das Skandal-Interview zu reden, spielte er den freundlichen Landesherrn und zufriedenen Ehemann, fragte nach Kaffee und erkundigte sich nach einer halben Stunde, ob wir »hier Romane schreiben würden«. Im Verlauf des Gesprächs bekannte ich: »Wir leben so, als hätten wir irgendwann ein zweites Leben.« Auf den »Stern«-Artikel angesprochen, nahm ich nichts zurück, warum auch. In einem Anfall von Übermut verstieg ich mich sogar zu der Bemerkung: »Ja, ich würde mir auch die Kanzlerschaft zutrauen.« In dem Artikel stand nachher: »Alle Pläne und Ziele, so scheint es, haben doch ihren Blick für die Normalität nicht getrübt.«

Aber Normalität gab es schon lange nicht mehr in meinem Leben.

Für Gerd schien das verstärkte Interesse an meiner Person auch allmählich überhandzunehmen. Wenn ich ihn fragte, ob ich meine Aktivitäten nicht besser zurückschrauben sollte, sagte er zwar: »Nein, bloß nicht, die Firma funktioniert doch gut.« Aber während eines Abendessens, das die Preußen-Elektra anläßlich der Einweihung ihres neuen Firmengebäudes in Hamburg gab, bekam ich seinen Unmut zu spüren, als ich nach einer Rede über die Tschernobyl-Stiftung Spenden einsammeln wollte. Der Vorschlag wurde von den anwesenden Damen gemacht, die ich mit meinen Worten zur Mithilfe gewinnen wollte.

»Nicht hier«, flüsterte er mir zu. »Ein völlig falscher Zeitpunkt.« Überrascht war er jedoch, als selbst einige Manager applaudierten und versicherten, sie würden mir gern eine Spende zukommen lassen.

Ein paar Wochen später ging das alte Schaulaufen weiter. Wir wurden in die »Wetten, daß..«-Show eingeladen. Als Thomas Gottschalk über Gerhards Zwist mit Scharping böse Witzchen riß und ansonsten mit mir ausgiebig über meine »Kanzlerambitionen« scherzte, war Gerhards Stimmung nicht die beste. Er hatte seinen Sinn für Humor anscheinend verloren. Und doch war das unser letzter gemeinsamer Auftritt, den ich richtig genießen konnte.

Ich hatte aus zwei Gründen zugesagt. Erstens konnte ich vor einem Millionenpublikum Werbung für die Tschernobyl-Stiftung machen. Zweitens hatten meine Töchter mir zugeraten, denn ihre Freunde Justin und Rainer waren große Verehrer von Michael Jackson. Der Popsänger war ebenfalls Gast der Sendung. Natürlich hatten sie auf Karten gehofft, was auch problemlos klappte. So war die ganze Familie seit langer Zeit mal wieder komplett versammelt. Selbst Gerhard hatte anfangs seinen Spaß. Als wir ankamen, jubelten ihm Tausende jugendlicher Fans zu, und er genoß das Bad in der Menge sichtlich. Dabei machten das die Kids bei jedem halbwegs prominenten Gesicht, einfach um sich warm zu halten. Sie standen nämlich seit Stunden in der Novemberkälte und warteten auf den Superstar Jackson, der sich aber nicht blicken ließ.

Für mich hat sich die Teilnahme an der Sendung auf alle Fälle gelohnt. Ich traf in der Show nämlich auch noch den Komponisten Andrew Lloyd Webber, der mir die Einnahmen einer Galavorstellung von »Sunset Boulevard« für die Stiftung spendete. Mindestens 200 000 Mark!

Nach diesem TV-Auftritt wurde mir gelegentlich zugetragen, daß Gerhard sich bei verschiedenen Leuten erkundigte, ob ich im besonderen und mein Tun im allgemeinen ihm nicht eigentlich schaden würden. Einige mit Gerhard befreundete Journalisten begannen am Image der guten Hillury zu kratzen, sie waren wirklich bestens versorgt mit Insiderinformationen, die eigentlich niemand haben konnte außer den Familienmitgliedern. Eine Journalistin nahm Anfang 1996 sogar Franca und Wiebke aufs Korn. Sie spottete über den weiblichen »Untersuchungsausschuß in Immensen«, dem der arme Regierungschef Rechenschaft ablegen mußte, wenn er dem Bundespräsidenten Herzog bei dessen Antrittsbesuch einen gentechnischen Betrieb vorführte. Dabei glaube ich nicht, daß es die Leser sonderlich interessierte, was die Familie Schröder ihrem Oberhaupt in den eigenen vier Wänden sagte oder nicht.

Während der Besichtigung des besagten Betriebes saß ich jedenfalls entspannt an der Seite der reizenden Frau Herzog und unterhielt mich mit ihr angeregt über unsere Engagements im sozialen Bereich. Und allein das war, wenn überhaupt, eine Meldung wert.

Der Mannheimer Parteitag war die nächste Show, die mich erwartete.

Gerhard war von vornherein klar gewesen, daß man ihn wegen seiner unentwegten Sticheleien gegen Scharping, die Fraktion und den Vorstand abstrafen würde. Aber die Stimmung war so feindselig, daß er mich kurz nach seiner berühmten »Ich bereue nichts«-Ansprache anrief und bat, sofort nach Mannheim zu kommen. Er könne den Druck allein nicht aushalten. Ich sprang also einen Tag früher als geplant zusammen mit Heiko Gebhardt in den Zug, um dann als eine Art Prellbock an seiner Seite zu sitzen. Denn seit dem »Stern«-Interview war ich mindestens ein ebenso rotes Tuch für die Spitzengenossen wie Gerhard. Er sprach zwar wenig mit mir, aber meine Anwesenheit schien ihm gutzutun. Ein paar Stunden später war von seiner Schwäche nichts mehr zu spüren.

Völlig unvorbereitet traf Gerhard jedoch der Coup von Oskar Lafontaine, der mit einer wenig brillanten, dafür aber wuchtigen und emotionsschwangeren Rede die Delegierten zu Ovationen hinriß.

Putschstimmung im Saal und auf dem anschließenden Parteiabend. Es war schnell klar, daß Scharping diesen Parteitag nicht als Parteivorsitzender verlassen würde. Zu später Stunde sprach er zu seinen Genossen. Ich erwartete eine kämpferische Rede, er hielt eine Büttenrede. Vielleicht war sie schon vor Wochen vorbereitet worden, um ihm ein lockeres Image zu geben. Ich fühlte mich wie im absurden Theater. Scharping schien immer noch nicht zu spüren, daß er längst verloren hatte.

Am anderen Morgen hieß der neue Parteivorsitzende Oskar Lafontaine. Gerhard verfolgte die Wahl mit versteinerter Miene. Zum erstenmal war ihm das Gesetz des Handelns aus der Hand geglitten. Selbst die Journalisten interessierten sich nicht mehr für ihn.

Ich hätte gern mit ihm irgendwo in Ruhe geredet, aber er wollte nicht. Kein Blick, kein Wort, ich wurde nicht mehr gebraucht. Eine Weile sah ich mir das an, dann beschloß ich, nach Hannover zurückzufahren.

Auf dem Mannheimer Bahnsteig saß ich mit Heiko Gebhardt in der Kälte, und wir warteten auf den verspäteten Zug. Nicht nur ich fühlte mich wie der berühmte Mohr, der seine Schuldigkeit getan hatte.

An meinem Geburtstag, dem 11. Dezember, wünschte ich mir von Gerhard und den Kindern einen kleinen Hühnerstall und das dazugehörige Federvieh. Wiebke und Franca bereiteten auch alles vor, Gerhard wollte die Finanzierung des Stalles besorgen. Da der Aufbau aber erst im Frühjahr stattfinden konnte und ich nicht so lange auf ein Geschenk warten sollte, überreichte er mir wunderschöne, sündhaft teure Ohrringe.

Am Abend feierten wir mit einigen Freunden. Es war fast wie in alten Zeiten. Gerd versicherte allen Anwesenden, wie glücklich er zu Hause sei, und ich hatte keinen Grund, um den Bestand unserer Ehe fürchten zu müssen.

Im neuen Jahr sahen wir uns höchstens noch auf dem Flur der Staatskanzlei oder bei den üblichen Landespressebällen und auf dem Wiener Opernball, der soviel Schlagzeilen machte, weil ein Sozi zu solchen Veranstaltungen angeblich nicht gehen darf. Ich war mit Frau Piëch nach Wien geflogen, und wir warteten auf die Männer in der Loge der Familie des VW-Chefs. Als sie kamen, begrüßte Ferdinand Piëch formvollendet erst mich, dann seine Gattin, Gerhard nickte mir knapp zu, über den Tisch. Genau zwei Silben und einen Tanz – mehr Nähe gab es den ganzen Abend nicht.

Kurz darauf saß er in der ZDF-Sendung »Was nun...?« Chefredakteur Klaus Bresser warf ihm halbe Sätze hin, die er vollenden mußte. Die Worte »Hiltrud und Gerhard Schröder sind...« ergänzte er mit »...ach, das ist auch so eine Legende«.

Unsere Ehe war am Ende, und nur ich wußte es noch nicht. Zumal Gerhard Ende Februar noch einen gemeinsamen Auftritt in der ZDF-Sendung »Ehepaare«

zugesagt hatte. Fast zur gleichen Zeit fuhr er mit großem Journalistentroß nach Oslo. Dort wurden die ersten Fotos, zunächst nur fürs Archiv, von der neuen Verbindung geschossen.

Für den Abend seiner Rückkehr waren wir zu einem klärenden Gespräch verabredet. Was andere schon längst wußten oder ahnten, darüber informierte er mich nicht. Das mußte ich in der Nacht vom 1. auf den 2. März aus ihm »herausschütteln«. Er nannte das, was ihn so stark beschäftigte, »eine vage Hoffnung«.

Ich fühlte mich gedemütigt, nicht so sehr durch die Tatsache, betrogen worden zu sein, sondern durch die Art, mit der ich vor die Trümmer meiner Ehe gestellt wurde, durch die Lügen und die Heimlichtuerei. Anstatt mir geradeheraus zu sagen, was los ist, nachdem ich ihn so oft um ein klärendes Gespräch gebeten hatte, zog Gerhard es wie stets in seinem Politikerleben vor, die Medien für sich arbeiten zu lassen. Er wußte, morgen würden die ersten Fotos der neuen Schröder-Love-Story aus Oslo die Seiten der Tageszeitungen garnieren.

Doch am schlimmsten war für mich, daß ich annehmen mußte, er habe mich für seine politischen Ambitionen benutzt. Den Clinton-Mythos hat Gerhard ja erst in Mannheim platzen lassen.

Mitte Februar hatte ich in einer Sendung mit Bettina Boettinger auf die Frage: »Was schätzen Sie an Ihrem Mann am meisten?« noch überzeugt geantwortet: »Daß ich ihm absolut vertrauen kann.«

Ich bat Gerhard noch in derselben Nacht, das Haus zu verlassen. Für mich hatte unsere Ehe keine Basis mehr. Alles andere wäre Lügenfassade.

Er packte ein paar Sachen, wollte aber nicht mit dem Taxi nach Hannover fahren. Also fuhr ich. Es sollte mein letzter Dienst für ihn sein. Ich chauffierte Gerhard nach Hannover und setzte ihn in der Staatskanzlei ab.

Noch in der Nacht schickte ich ihm folgende Erklärung mit der Bitte um Veröffentlichung: »Der niedersächsische Ministerpräsident Gerhard Schröder und Frau Hiltrud Schröder haben sich getrennt. Sie unterhalten zwei Wohnungen. Zu den Beweggründen wird es keine Interviews geben.«

Der letzte Satz bewahrheitete sich nicht. Es brach ein Medieninferno los, mit dem ich so nicht gerechnet hatte. Die Wochen danach waren schrecklich. Zeitungen und Fernsehanstalten bombardierten mich mit Interviewanfragen, mein Haus glich einer belagerten Festung. Ich war mehr als überfordert. Heiko Gebhardt und die Pressemitarbeiter der Staatskanzlei bewahrten mich vor den schlimmsten Haien. Ein paar drangen trotzdem durch und versuchten sogar über meine Töchter Details zu erfahren.

Gerhard hatte sein Hauptquartier bei einem Freund und Rechtsanwalt aus Hannover aufgeschlagen. Von hier aus versorgte er die Medien flächendeckend mit den Details seiner Immensener Leidenszeit. Tenor: »Nie gab es Currywurst.« Die Ehefrau des Anwalts durfte sich ihr Haushaltsgeld aufbessern und Gerhard für die »Bild«-Zeitung beim Frühstück fotografieren. Motiv: glücklicher Ministerpräsident mit Schinkenplatte. Sat1-Talkmaster Harald Schmidt lebte danach eine Woche lang von geschmacklosen Scherzen über meine Weigerung, Fleisch zu essen. Aber das war die Kehrseite des Clinton-Effekts. Wer die Geister rief, darf sich nicht beklagen.

Abends lese ich jetzt wieder oft in den Rosa Luxemburg-Briefen und finde vieles, was mir Kraft gibt und mich bestärkt.

Aus dem Gefängnis schrieb sie an ihre Sekretärin Mathilde Jacob über Frau von Stein:

»Zur Frau von Stein übrigens, bei aller Pietät für ihre Epheublätter: Gott straf mich, aber sie war eine Kuh. Sie hat sich nämlich, als Goethe ihr den Laufpaß gab, wie ein keifendes Waschweib benommen, und ich bleibe dabei, daß der Charakter einer Frau sich zeigt, nicht, wo die Liebe beginnt, sondern wo sie endet.«

Politikerehen sind immer einem besonderen Verschleiß ausgesetzt. Vielleicht brauchte Gerhard einen Neuanfang. Vielleicht ging es ihm öfter wie Björn Engholm, der einmal schrieb: »Manchmal, nach langen Tagen voller Reden, nerviger Diskussionen, langen Aktenstudiums, Töpfen voller Kaffee und unzähligen Pfeifen, nachts um ein Uhr im Hotelzimmer, nach einem Blick in die trostlose Minibar und auf die ungelesenen, ungeliebten Aktendeckel, frage ich mich, was einen am Ende erwartet.« Vielleicht konnte Gerhard nach den Niederlagen gegen Lafontaine und Scharping nicht einfach zur Tagesordnung übergehen.

Rolf Zundel, langjähriger Korrespondent der »Zeit«, schrieb über den Politikbetrieb: »Wer eine Figur der Öffentlichkeit ist, dessen Selbstwertgefühl ist auch an die öffentliche Wirksamkeit geknüpft« und muß »zwanghaft das gepanzerte Ideal der Perfektion, eine vorgeschützte Omnipotenz vorführen«.

Vielleicht hatte ich selber dieses Ideal und wollte nicht wahrhaben, daß es unter dem schimmernden Panzer brüchig wurde. Vielleicht konnte Gerhard nicht ertragen, daß ich ihn ständig an unsere Ideale erinnert habe. Vielleicht ist er aber auch nur seinem inneren Kompaß gefolgt, der ihm signalisierte, mit einer Hillury schaffst du es nicht bis ganz nach oben. Die neuesten Entwicklungen in der SPD scheinen ihm recht zu geben.

Natürlich sucht man nach Gründen, warum alles so und nicht anders gelaufen ist. Quält sich mit Selbstzweifeln, grübelt, was man hätte anders machen können. Ich habe mich in der ersten Zeit oft gefragt, ob es nicht wirklich naiv ist, moralischen Rigorismus anzumahnen, wenn im politischen Alltag ständig Kompromisse gemacht werden müssen. Aber wenn Politik vor lauter Kompromissen ins Leere läuft, muß man eben manchmal etwas grundsätzlicher werden.

Man braucht nur ein paar Schritte durch Immensen zu gehen und sieht, was die Kompromisse der europäischen Agrarpolitiker anrichten. Weil die Bauern ihre Existenz nur durch ständige Produktionssteigerungen sichern können, werden die Betriebe immer größer und fressen die Natur. Immer mehr Vieh verbringt Sommer und Winter in klimatisierten Hallen, in denen Schwalben nicht mehr leben können. Die Wiesen werden zu Ackerflächen umgebrochen, Störche und Greifvögel finden keine Nahrung mehr. Intensiver Pestizideinsatz hat Klatschmohn und Kornblumen fast ausgerottet.

Meine Cousine Anne und ihr Mann Dietmar machen alles anders. Ihr Betrieb ist klein. Die zwanzig Milchkühe weiden im Sommer Gras, Chemie und Hormone sind in ihrem Stall verpönt. Das heißt allerdings viel mehr Arbeit als in einer Agrarfabrik. Aber Anne und Dietmar lieben ihre Tiere. Wenn eines der Tiere krank ist, stellen sie dem Rekonvaleszenten schon mal einen Sonnenschirm auf die Koppel. Dafür geben ihre Kühe auch die meiste und beste Milch im Landkreis.

Nach der Trennung von Gerhard saß ich oft in ihrer gemütlichen Küche. Wenn ich die beiden dann nach einem langen Tag abgespannt, aber zufrieden lächeln sah, gab mir das die Kraft, meine Arbeit wie bisher auf eigenen Füßen fortzusetzen.

Auf eigenen Füßen zu neuen Zielen

Nowosibkow, Slinka, Linci, Klimowo und zurück. Vier Städte in zwölf Stunden. Ich hoffte inständig, daß die Delegation heute abend ein bißchen Ruhe fände, um die Eindrücke sacken zu lassen. Aber es gab wieder ein offizielles Abendessen, wieder zu viele Reden, jede Menge Wodka und zuwenig Schlaf. Im Morgengrauen klingelte der Wecker. Zerschlagen sprang ich auf und dachte sofort wieder an die Bilder der vergangenen Tage. Ich sah aus dem Fenster in den Park, wo zwischen Birken und Kiefern feine Dunstschleier wie Leichentücher über dem feuchten Rasen lagen. Das paßte zu meinem Gemütszustand. Zwei Jahre lang hatten wir diese Rußland-Reise immer wieder verschieben müssen, weil uns das Geld fehlte, um noch das dritte von der Reaktorkatastrophe betroffene Land zu betreuen. Endlich waren wir hier, und ich machte mir ernsthafte Sorgen. Vor allem um Wiebke Rosenbusch, unsere junge Mitarbeiterin aus der Geschäftsstelle. Sie war erst zum drittenmal mit der Stiftung unterwegs, und ich fragte mich, ob ich ihr das hätte antun dürfen. Wir haben in Weißrußland wochenlang in Gegenden gearbeitet, die streckenweise mit 50 Curie verseucht waren, wir waren oft weniger als vierzig Kilometer vom havarierten Reaktor entfernt. Aber im Vergleich zu dem, was uns hier an radioaktiver Belastung erwartete, waren wir bisher nur durch die Vorgärten der Hölle gelaufen.

Der Strahlenteppich, der die Städte und Dörfer im Brjansker Waldland überzieht, ist mit 50 bis 500 Curie pro Quadratkilometer verseucht. Es gibt Stellen, da klettert der Wert auf über 1000 Curie.

Bürgermeister Iwan Nesterow hat uns gestern erzählt, wie die hohe Belastung zustandekommt. Ein paar Wochen nach der Reaktor-Katastrophe zogen von Süden her düstere Wolkenberge herauf, vollgesogen mit Strontium, Cäsium, Graphitpartikeln und Schwermetallen. Der Wind blies heftig aus Südsüdwest und jagte das Kondensat auf der Linie Tschernobyl – Brjansk – Moskau vor sich her. In der Hauptstadt saßen die Meteorologen besorgt über ihren Karten und Taschenrechnern. In fünf Stunden hätte die Wetterfront den Kreml erreichen können. Sie informierten den Ministerrat und die Sicherheitskräfte, die sofort eine Krisensitzung einberiefen. Die Militärs spielten verschiedene Möglichkeiten durch, kamen aber sehr schnell zu dem Ergebnis, das beste für alle Beteiligten wäre, die hochtoxische Wolke würde Moskau nie erreichen. Der Ministerrat sah das genauso. Kurz darauf stieg eine Staffel Jagdbomber in den Himmel und nahm Kurs auf Brjansk. In den Abwurfschächten lagerten Chemikalien, die man aus dem Landwirtschaftsministerium georderte hatte – sogenannte Regenmacher. Über dem Brjansker Gebiet trafen die Piloten auf die schwarze Wand. Die Maschinen stießen hinein, düngten das Wolkenfeld gründlich mit ihrer Fracht und drehten ab. Es dauerte nicht lange, da prasselte der verseuchte Regen nieder, schwemmte durch die Siedlungen und sickerte in Wälder und Felder.

»Nein, evakuiert wurde hier niemand«, sagte Nesterow. »Uns hat man nicht informiert.« Wie schlimm es um sie stand, machten den Menschen in Nowosibkow und Brjansk erst die Wissenschaftler klar, die nach dem Fall des Eisernen Vorhangs die Gegend durchstreiften. Sie kamen aus Deutschland, Japan, England, den USA, Frankreich und Jugoslawien, nahmen Bodenproben und untersuchten die Nahrungsmittel. Nachdem die Verseuchung säuberlich erfaßt war, verschwanden sie auf Nimmerwiedersehen. Die Briten riefen noch ein paarmal an und versprachen Wirtschaftshilfe. Doch die Sache verlief im Sande. Immerhin wurde eine Fabrik gebaut, die Kleider für den westeuropäischen Markt produzieren sollte – auf russisches Risiko. Finanziell beteiligen wollte sich kein ausländischer Staat an dem Projekt. Die unerfahrenen russischen Arbeiter machten sich ans Werk. Doch im Westen brauchte niemand die Produkte, und für den russischen Markt waren sie viel zu teuer. Die Arbeit ruht nun, und in den Hallen rosten die Maschinen dem Verfall entgegen.

Die Chefin im Büro der Brjansker Gebietsverwaltung, Abteilung Soziales, Ludmilla Komogortzewa, hatte noch ganz andere Probleme. Als ich mich bei ihr über den Gesundheitszustand der Kinder informierte, berichtete sie von steigenden Krebszahlen aller Kategorien, Hirntumoren und grassierendem Tschernobyl-Aids. Was ich aus den anderen verstrahlten Gebieten nicht kannte, waren die exorbitant häufigen Diabetesfälle bei Neugeborenen. Für die medizinische Versorgung fehlten natürlich Geld und Medikamente, am dringendsten aber genaue Diagnosegeräte. »Ob die Diabetes mit der radioaktiven Verseuchung zusammenhängt«, sagte Frau Komogortzewa, »wissen wir leider nicht mit Sicherheit.« Das sei nämlich nicht das einzige, was den Menschen zu schaffen mache. Sie begann von der Armee zu erzählen, die nicht weit von der Stadt ein Waldstück hermetisch abgeriegelt hatte. Hinter den stacheldrahtbewährten Mauern wurden bis vor kurzem chemische Kampfstoffe produziert.

Sie habe das Gelände mal besichtigen können, sagte Frau Komogortzewa und schüttelte den Kopf. Die tödlichen Mixturen stünden heute noch tonnenweise auf dem Hof herum. In unversiegelten Kisten und leckgeschlagenen Tonnen. Es habe etliche Unfälle in der Fabrik gegeben. Viele Störfälle habe man der Gesundheitsbehörde gar nicht gemeldet. »Auch nicht den letzten, als das Sarin entwichen ist«, sagte Ludmilla Komogortzewa. Wie üblich sammelten die Einwohner der Dörfer Pilze in den Wäldern der Umgebung. Viele wurden krank und starben.

Jahrelang habe sie die zuständigen Moskauer Stellen mit Brandbriefen bombardiert und angemahnt, die Kampfstoffproduktion müsse eingestellt werden. Vergeblich.

»Aber jetzt stellt Rußland doch keine chemischen Waffen mehr her«, sagte ich.

»Stimmt, aber die Entscheidung kam für uns viel zu spät.« Das ganze Waldstück und die anliegenden Dörfer sind gefährdet. Die Einwohner wollen, daß die Lagerbestände weggeschafft werden. Aber das ist unmöglich, weil die rostigen Behälter einen Transport nicht überstehen würden. Für die Vernichtung an Ort und Stelle ist angeblich kein Geld da. »Bei der Armee haben sie mir gesagt, sie wüßten nicht einmal, wie man das ganze Zeug sachgerecht entsorgen könne.«

Komogortzewa lachte bitter. »Das ist schon wahr, aber die Militärs wollen die Kampfstoffe gar nicht vernichten.« Sie war nicht gut zu sprechen auf die Armee. Zu Beginn des Tschetschenienkrieges habe sie Unterschriften gegen die Okkupation gesammelt und sei daran mehrmals von der Militärpolizei gehindert worden. 700 Männer aus Brjansk seien im Kampfgebiet stationiert gewesen. »Neunzig haben wir im Zinksarg zurückgeholt«, erzählte sie. »Ich bin mit Müttern und Ehefrauen in den Kampfpausen nach Grosnij gefahren. Wir haben manchmal Monate gebraucht, um die Toten zu finden. Die Armeeführung hat die Gefallenen oft einfach irgendwo verscharren lassen, ohne Namensschild.«

Ich dachte, wieviel einfacher und risikoloser es doch sei, sich bei uns in die öffentlichen Angelegenheiten einzumischen. Und ich bewunderte Ludmilla Komogortzewa für ihren Mut und ihre Kraft.

So viel Kraft könnte ich auch gebrauchen. Ich war schon in keiner guten Verfassung, als wir hier angekommen waren. Die Trennung von Gerhard und die dümmlichen Geschichten, die darüber in den Zeitungen standen, machten mir doch mehr zu schaffen, als ich dachte. Heute merkte ich, wie meine Reserven schwanden.

Wir waren in Nowosibkow und hatten das Kreiskrankenhaus besichtigt. In den letzten Tagen mußten wir schreckliche Dinge mit ansehen, die ich trotz unserer Erfahrungen in Weißrußland und der Ukraine nicht für möglich gehalten hätte. Die Kliniken waren zum Teil wahre Elendsquartiere. In vielen Fällen konnte die Versorgung der Patienten gar nicht mehr aufrechtgehalten werden. Es fehlte einfach an allem, bis hin zum täglichen Brot. Mir war zwischendurch so hundeelend, daß ich fürchtete, das Reiseprogramm nicht zu Ende bringen zu können.

Das Kreiskrankenhaus Nowosibkow hatte keine Intensivstation, und das Verbandsmaterial war ausgegangen. In den Zimmern lagen frischoperierte Kleinkinder auf blutigen Laken. Daneben saßen die Mütter und versuchten die großen Wunden notdürftig mit Lappen und Handtüchern abzudecken. In einem separierten Raum lag ein sechsjähriges Mädchen. Sie war vor drei Wochen von einem Bus überfahren worden. Jetzt war sie ins Koma gefallen. »Große Hoffnung besteht nicht mehr«, flüsterte Dr. Tschislin. Wir blieben an der offenen Tür stehen, um die Eltern nicht zu stören, die von Weinkrämpfen geschüttelt vor dem leblosen Körper ihres Kindes knieten.

»Hätte man sie nicht länger künstlich beatmen müssen?« flüsterte Professor Eckel erregt.

»Vielleicht«, sagte Tschislin, »aber dann hätte jemand anderes sterben müssen, der größere Überlebenschancen hatte.«

Die Klinik besitzt nur ein einziges Beatmungsgerät. Unsere Dolmetscherin übersetzte die Unterhaltung leise, aber die Mutter mußte etwas verstanden haben, denn sie bat uns hereinzukommen. Sie blickte Eckel an und fragte, ob der Doktor aus Deutschland nicht noch etwas für ihr Kind tun könne. Eckel verneinte und versicherte ihr, daß die russischen Ärzte alles Menschenmögliche getan hätten.

Wir gingen hinaus und fühlten uns erbärmlich.

Dann zeigte man uns den sogenannten »Waisenraum«. Ein zwei Jahre alter Junge und ein vierjähriges Mädchen standen auf wackeligen Beinen in den Gitterbettchen und sahen uns mit großen Augen an, ein sechs

Monate alter Säugling schlief. Die beiden älteren Kinder waren blaß, mager und viel zu klein für ihr Alter.

»Ein Elternpaar saß im Gefängnis, das andere war alkoholkrank«, sagte Tschislin. Die Mutter des Babys hatte den Jungen im Stadtpark zurückgelassen.

Wie lange sie hier bleiben müßten, fragte ich. Tschislin wußte es nicht. Das Krankenhaus müsse sich wenigstens zwölf Monate um sie kümmern. Aber man würde nach Pflegeeltern suchen, »leider will niemand Sprößlinge von Zuchthäuslern und Trinkern haben«, sagte er.

Ich überlegte schon wieder, ob wir nicht eines oder zwei der Kleinen mit nach Hannover nehmen sollten. Professor Eckel sah mich an. Er wußte, was in mir vorging, drückte sanft meinen Oberarm und schüttelte lächelnd den Kopf. Ich wußte ja, daß man nicht jedes Kind einfach einpacken und mitnehmen konnte. Aber manchmal fragte ich mich, ob wir uns nicht besser um Einzelfälle bemühen sollten, wenn man so einer geschundenen Region und ihren Menschen schon nicht im großen Umfang helfen kann.

Das Geburtshaus ließ mich dann völlig verzweifeln. Die Säuglinge lagen wie kleine Puppen in der Reihe. Sie waren wie kleine Mumien in Tücher gewickelt, aber die Lappen waren alt und verschlissen. Die Betten sahen auch nicht besser aus. Die Kinderärztin sagte, sie hätte seit Monaten kein Geld für das Allernotwendigste, nicht einmal Wechselwäsche könne sie kaufen. Als ich ihrer Station 1000 Stoffwindeln versprach, brach sie in Tränen aus und stammelte, sie hätte für unseren Besuch schon das Beste herausgesucht, was im Krankenhaus zu finden sei. Diesem Gefühlsausbruch war ich nicht mehr gewachsen. Ich mußte hinausgehen. Dort setzte ich mich auf eine Bank und schneuzte mein Elend ins Taschentuch.

Als sich Bürgermeister Nesterow später weigerte, von uns Geld für die Übernachtungen anzunehmen, beschlossen wir, die rund 400 Mark dem Geburtshaus zur Verfügung zu stellen, um wenigstens die ersten Windeln und Decken zu besorgen. Unsere Bilanz war deprimierend.

Die Stiftung hatte in der Brjansker Region Geräte und Materialien für eine halbe Million Mark verteilt. Aber angesichts der Probleme war das so gut wie nichts, und bei uns allen machte sich Verzweiflung breit. Mir ging es nach unserem Abschlußgespräch so schlecht, daß ich zum erstenmal in vier Jahren Stiftungsarbeit am Abschiedsessen nicht mehr teilnehmen konnte.

Am nächsten Morgen begleiteten uns Nesterow und Dr. Tschislin bis an die weißrussische Grenze. Am Schlagbaum breitete Tschislin eine Decke über die Kühlerhaube seines alten Lada und verteilte vorsichtig Gläser, Teller und Tassen auf der verbeulten Fläche. Aus dem Kofferraum zauberte er eine große Schale mit Südfrüchten, die zu besorgen ihn große Mühe und viel Geld gekostet haben mußte, genau wie der Braten und der Käse, die das Mahl krönten. Wir aßen und lächelten uns an. Dann gab es wieder eine dieser emotionsgeladenen

Abschiedsszenen. Uns tat das Herz weh, weil wir die liebenswerten und tapferen Menschen in diesem Grauen zurückließen, sie waren so unendlich dankbar für das wenige, was wir tun konnten, und hofften darauf, daß wir möglichst schnell wiederkommen und ihnen das Leben ein bißchen erleichtern würden. Am Ende drückte uns Nesterow noch einen riesigen Karton voll mit Proviant und Brjansker Wodka in die Hand.

Nachdem wir eine Stunde lang durch die weißrussische Ebene gerollt waren, kamen wir an die Beresina, den Fluß, an dem General Kutusow den Resten von Napoleons glorreicher Invasionsarmee den Gnadenstoß versetzte. Der Strom zieht unschuldig seine Bahn, das Wasser liegt tiefblau und friedlich zwischen den idyllischen Auen, nur die Weiden lassen die Köpfe hängen, als erinnerten sie sich an den düsteren Wintertag, als Pferde, Kanonen und 20000 Soldatenleiber zwischen den Eisschollen versanken.

Ich dachte daran, daß wir unentwegt über blutgetränkten Boden fuhren. Durch Weißrußland zogen Tatarenheere und die Söldner der türkischen Sultane, dann kam Napoleon und wurde von den Kosaken ebenso aufgerieben wie 1920 die weißen Bürgerkriegsarmeen. Stalin wütete zehn Jahre lang zwischen Dnjepr und Don, ehe die Deutschen den zweiten Weltkrieg anzettelten, der dem Land Wunden riß, von denen es sich bis heute nicht erholt hat.

Erstaunlicherweise habe ich auf unseren Reisen nie

einen Vorwurf gehört, immer nur den Wunsch, endlich in Frieden miteinander leben zu können. Die Russen haben nicht nur eine große Seele, sondern auch ein großes Herz.

Hinter Mogilew mußten wir tanken. Wir wendeten auf der Autobahn, das ist hier zwar auch verboten, aber mangels Mittelplanken und Verkehrsbewegungen kein Problem. Das Schild führte uns in einen Waldweg, der nach einem Kilometer auf einer Lichtung endete. Rechts zwischen den Tannen standen zwei schiefe, rostige Zapfsäulen, als wären sie aus der Erde gewachsen. Von solchen Arbeitsplätzen können deutsche Tankwarte nur träumen. Wir vertraten uns ein wenig die Füße, als ich plötzlich am Waldrand einen Brunnenring entdeckte. Ich sah hinein, und da lag in zwei Meter Tiefe ein winziger Welpe. Er war abgemagert und winselte leise, als wir ihn befreiten. Einer der Fahrer war zu den Autos gelaufen und holte Wasser und ein paar Fleischstückchen, die der Kleine hastig herunterschlang. Ich überlegte schon, wer das herrenlose Tier übernehmen sollte und wie wir es durch den Zoll schmuggeln könnten. Doch das erübrigte sich. Hinter den Zapfsäulen kam eine Hündin mit einem zweiten Welpen hervor, näherte sich zögernd und beschnupperte den Findling. Ohne Zweifel war es ihr Junges. Freudig wedelte sie mit dem Schwanz, verputzte noch die Reste der Butterbrote und trollte sich mit den Kleinen in den Wald. Na also, hatten wir wenigstens noch eine Familienzusammenführung zustande gebracht.

Ich brauchte diesmal eine ganze Weile, um mit den Erlebnissen der Reise fertig zu werden. Wenn ich darüber nachdachte, wie unsere Arbeit dort in Zukunft gestaltet werden sollte, welche immensen Mittel wir verbrauchten und wen man dazu bringen könnte, sich an dieser Arbeit zu beteiligen, war ich ziemlich desillusioniert. Um den Menschen auch nur ansatzweise helfen zu können, müßten UNO, G-7-Staaten oder die EU im Grunde so etwas wie einen Marshallplan entwerfen, und er müßte sofort in Kraft treten. Denn in zehn bis zwanzig Jahren wird, verursacht durch die hohe Strahlung, eine unvorstellbare Krebslawine losbrechen, wenn die Menschen bis dahin nicht längst verhungert sind. Ihr Erbgut ist auf Generationen geschädigt, sie bringen mißgebildete Kinder zur Welt, kurz, man hat ihnen ihre Zukunft geraubt. Die Menschen, Ukrainer, Weißrussen und Russen, haben ihr Unglück nicht selber verschuldet, und die Staaten aus der Konkursmasse der Sowjetunion werden mit den Problemen alleine nicht fertig. Die Lage wird von Jahr zu Jahr dramatischer werden.

Als Ende 1995 eine Delegation aus Weißrußland zurückkam, brachte sie beunruhigende Nachrichten mit. Der ehemalige Außenminister Krawtschenko warnte Professor Eckel vor zunehmend antiwestlicher Stimmung. Auch Hilfsorganisationen waren nicht mehr sicher. Transporte wurden überfallen, die Fahrer bedroht und die Ladung gestohlen. Schuld war die hoffnungslose wirtschaftliche Situation. Der internationale Währungsfonds (IWF), der Weißrußland in den ersten Jahren der Unabhängigkeit großzügig mit Krediten bedacht hatte, legte alle weiteren Zuwendungen auf Eis, weil der 1994 gewählte Präsident Alexander Lukaschenko die Inflation nicht in den Griff bekam. Es brodelte im Land. Die Menschen hatten es immer schon schwer, aber so schlecht wie heute ging es ihnen seit Jahrzehnten nicht.

Die Mehrheit träumte von der alten Sowjetunion, die Wahlen bestätigten die rückwärtsgerichtete Tendenz. Im März 1995 unterzeichnete Lukaschenko einen Integrationsvertrag mit Rußland.

In den großen Städten Witebsk und Minsk murrten derweil die Umsiedler aus den verstrahlten Gebieten. Sie lebten in gigantischen Wohnsilos und fanden keine Arbeit. Von den Alteinwohnern wurden sie obendrein als Konkurrenten auf dem Arbeitsmarkt angefeindet. Sie wollten zurück in ihre Dörfer. Manche hatten das längst getan. Der Regierung war das sehr recht. Alle Ausgleichszahlungen an die Tschernobyl-Opfer würden entfallen.

Im März 1995 fuhr der Präsident mit großem Gefolge nach Sawitschi. Das Dorf liegt 28 Kilometer von Tschernobyl entfernt. 167 Menschen leben hier, darunter zehn Kinder. Lukaschenko versprach den Bewohnern, die bisher illegale Rückwanderung in die Todeszone zu legalisieren.

Zwei Monate später hatten Sawitschi und andere

Orte in Zone 2 wieder Strom, es fuhren Schulbusse, und fliegende Händler versorgten die Bewohner. Das Parlament erhöhte die zulässigen Strahlenwerte auch in den anderen Zonen und hatte damit die Zahl der Hilfsberechtigten um eine Million reduziert.

In den verseuchten Rajons machten Gerüchte die Rund, die Tschernobyl-Sperrzone sei eine Erfindung der Demokraten gewesen, um sich an die Macht zu bringen.

Am 26. April 1996, dem zehnten Jahrestag des Reaktorunfalls, kam es dennoch zu einem Sternmarsch auf Minsk. 80000 Demonstranten nahmen teil. In den Straßen standen Polizei und Militär. Zur Verstärkung waren aus Moskau Offiziere des Innenministeriums angereist. Es kam zu Provokationen, Schlägereien und Verhaftungen. Das Parlament erklärte die Demonstration am nächsten Tag für »verbrecherisch«.

Als am 9. Mai die Kommunisten für die endgültige Wiedervereinigung mit Rußland demonstrierten, sah man nicht einen Polizisten auf der Straße.

Ich will das überhaupt nicht kommentieren, das steht mir nicht zu. Genausowenig erhebe ich den moralischen Zeigefinger. Denn ein Großteil der Verantwortung für die katastrophalen Zustände liegt im Westen. Wer keine Wirtschaftshilfe leistet und den jungen osteuropäischen und mittelasiatischen Republiken keine Wege aus dem Dilemma weist, braucht sich nicht zu wundern, wenn sie ihr Heil in der Rückkehr zur alten Sowjetunion sehen und an der verderbenbringenden Atomwirtschaft festhalten.

Während in Weißrußland alle Gesundheitsrisiken der Reaktorkatastrophe klein geredet wurden und 150000 Menschen zurück in die belasteten Gebiete zogen, registrieren westliche Messungen seit zwei Jahren einen besorgniserregenden Anstieg verseuchter Lebensmittel. Kein Wunder. Nach Meldungen der weißrussischen Nachrichtenagentur Belta wüten in den hochverstrahlten Wäldern um den Reaktor regelmäßig großflächige Brände. Die dabei aufsteigenden Luftmassen haben eine ähnliche Wirkung wie die Tschernobyl-Wolke.

Doch das ist nicht alles. Die Verstrahlung breitet sich auch in der Fläche immer weiter aus. Eine Expertenkommission, die in der Ukraine alle Reaktoren einem Sicherheitscheck unterzogen hat, berichtete von haarsträubenden Sicherheitsmängeln. Nicht nur in Tschernobyl. Auch die restlichen fünfzehn Kraftwerksblöcke des Landes, lautete das vernichtende Urteil, müßten sofort stillgelegt werden. Die Kühlungsrohre könnten aus konstruktionstechnischen Gründen nicht überwacht werden. Risse und Lecks bleiben unentdeckt.

Besonders gefährlich ist natürlich der Reaktor in Tschernobyl. Während der letzten Schneeschmelze geriet radioaktives Kühlwasser in den Pripjat, der durch flaches Sumpfgebiet am Reaktor vorbeifließt. Der Pripjat mündet in den Dnjepr, aus dem zwei Drittel der Ukrainer ihr Trinkwasser beziehen. Drei schwere Störfälle hat die Kraftwerksleitung in den letzten Jahren offiziell eingestanden. Allerdings erst, nachdem alle

Vertuschungsversuche aufgeflogen waren. Wieviel wirklich passiert, kann man nur vermuten. In den Berichten der Kommission hieß es, daß die Hitzeentwicklung im Inneren den Betonsarkophag schwer angegriffen habe. Die Risse und Löcher haben eine Gesamtfläche von 2000 Quadratmetern. Ständig dringen Regen und Schmelzwasser ein. Unter der Reaktordecke hängen riesige Staubmengen. Sollte das Dach einstürzen, prognostiziert das Moskauer Kurtschatow-Institut eine radioaktive Wolke schlimmer als 1986.

Das Darmstätter Öko-Institut hat ausgerechnet, daß man für zwölf Milliarden Mark im Jahr alle Reaktoren der Ukraine abschalten und obendrein die maroden fossilen Kraftwerke sanieren könnte. Das würde jeden Westeuropäer exakt fünf Mark kosten.

Auch die Weltbank plädiert im Osten für den Atomstopp und empfiehlt ein Programm zur Erhöhung der Energieeffizienz in Haushalten und Industriebetrieben. Es gibt in den Gebieten der ehemaligen Sowjetunion keine Thermostate, keine Ventile, und die Leitungen sind durchweg schlecht isoliert. Jährlich werden Milliarden durch den Schornstein geblasen. Doch beim jüngsten Moskauer Atomgipfel haben sich die G-7-Staaten aus der Verantwortung gestohlen. Anstatt, wie 1992 versprochen, alle fünfzehn RBMK-Reaktoren und die erste Generation der russischen Druckwasserkraftwerke abzuschalten, sollten sie nachgerüstet werden. Man spielt weiter mit dem Feuer.

Ich will hier keine Weltuntergangsstimmung verbreiten. Es macht mir keinen Spaß, Alpträume zu schildern. Aber ich habe in den verstrahlten Gebieten Weißrußlands, Rußlands und der Ukraine keine einzige Nacht richtig schlafen können. Weil der Alptraum dort kein Traum, sondern Realität ist. Unsere Generation hat es zum erstenmal in der Menschheitsgeschichte geschafft, ein Stück dieser Erde unbewohnbar zu machen. Und zwar auf ewige Zeit unbewohnbar, zumindest wenn wir in menschlichen Dimensionen denken. Die Halbwertszeit für Plutonium beträgt 24000 Jahre. Das ist eine Ewigkeit.

Dabei ist Tschernobyl nicht der erste und nicht der letzte Teil unseres Planeten, den wir zur Todeszone gemacht haben. Die Atombombentests sollten ebensowenig vergessen werden wie die Ölmultis, die in Nigeria oder am Amazonas blühende Landstriche in stinkende Wüsteneien verwandelten.

Jeder kennt den Spruch, den seit Generationen Großeltern zu ihren Enkeln sagen: Ihr habt es viel besser als wir. 2000 Jahre hat das gestimmt. 2000 Jahre lang ging es den Kindern tatsächlich immer ein wenig besser als den Eltern und Großeltern. Für die Generation unserer Kinder trifft das nicht mehr zu. In den Jahren, in denen wir wie die Zauberlehrlinge geglaubt haben, alles sei machbar und alles würde durch technologischen Fortschritt immer besser, haben wir die Welt unserer Kinder kaputtgemacht.

Ich möchte diese Hypothek wenigstens ein klein wenig abtragen helfen. Ich will mir nicht ständig neue Alpträume ausmalen müssen. Ich will sie verhindern. In Tschernobyl, aber auch hier in Deutschland, und zwar möglichst schnell. Dabei bin ich durchaus optimistisch. Wenn ich sehe, wie viele Menschen sich in ihrem Lebenskreis für andere Menschen engagieren, ganz unspektakulär, für Behinderte, für Aids-Kranke oder für einsame Alte, dann glaube ich doch, daß man auch im Großen etwas bewirken kann.

Unsere Nachbarn haben es uns längst vorgemacht. Zum Beispiel die Dänen. Sie haben sehr früh und sehr konsequent auf Windenergie gesetzt. Heute hat dieses kleine Land nicht nur eine umweltfreundliche Stromversorgung, sondern ist auch Exportweltmeister für Windkraftanlagen. Arbeit durch Umweltschutz – warum soll das bei uns nicht funktionieren?

Auch aus Schweden kommen gute Nachrichten. Jahrzehntelang haben die Papierproduzenten dort Wälder in unvorstellbarer Größe abgeholzt und auf den kahlen Flächen sterile Holzplantagen hochgezogen, die mit unserer Vorstellung von Wald kaum noch etwas gemein haben. Mit der Zeit stellte sich heraus, daß das Holz aus den Plantagen von schlechterer Qualität und zudem teurer ist als die Stämme aus den artenreichen Wäldern. Also gehen selbst die großen schwedischen Holzkonzerne jetzt wieder zu naturnahem Holzanbau über. Auch da hat sich zur großen Verblüffung der Technokraten gezeigt, daß wirtschaftliche und ökologische Interessen durchaus gewinnbringend ineinandergreifen können.

Ich sage: Wir müssen umdenken.

Der Journalist Rudolf Großkopff präsentierte in seinem Buch, das den schönen Titel »Der Zorn des Kanzlers« trägt, folgende Rechnung: »Wenn sich in Deutschland der höchste Stand der heute verfügbaren Technik überall dort durchsetzte, wo das möglich ist, dann würden von den noch bestehenden 33 Millionen Arbeitsplätzen weitere 9 Millionen wegfallen. Das entspräche einer Arbeitslosenquote von 40 Prozent.« Also ist ein radikales Umdenken auch hier erforderlich.

In Schweden mußten die Holzkonzerne allerdings auch erst durch Boykottdrohungen und Gesetze zum Nach- und Umdenken gezwungen werden. In genau diese Richtung müssen wir arbeiten. Denn eines habe ich in den letzten dreißig Jahren gelernt: Wenn man Politikern, Ökonomen und Bürokraten keinen Druck macht, dann wird sich nichts ändern. Wirklichen Fortschritt gibt es nur dort, wo die Menschen sich nicht mehr alles gefallen lassen. Es nützt ja nichts, nur darüber zu lamentieren, wie schlecht die Welt und wie kompliziert und oft verwerflich das Tun und Treiben der Menschen ist. Wir müssen uns einfach ein Herz fassen und es anpacken. Ob in Parteien, Bürgerinitiativen oder im privaten Bereich, ist letztlich egal. Aber wir sollten vorher genau überlegen, warum wir das tun und wohin wir wollen. Mein Eindruck ist, daß gerade die Politik das in letzter Zeit vergessen hat.

Gerhard Schröder hält den Verlust seiner Prinzipien wie viele seiner Kollegen für eine professionelle Qualität und hat das so gerechtfertigt: »Ein Politiker kann Konflikte in der Regel nicht gegen das Massenbewußtsein entscheiden.« Das finde ich zu bequem, und das könnte auch von Mao Tse-Tung oder von Helmut Kohl stammen. Der eine knetet die Masse, der andere sinkt darin ein. Aber ich glaube, daß beides heute nicht mehr funktioniert. Wir leben in einer Zeit großer Umbrüche und allgemeiner Verunsicherung. Alles scheint im Wandel. Die Familienstrukturen, die Arbeitswelt, die sozialen Milieus, und dank der Gentechnik wird bald auch die Natur nicht mehr dieselbe sein. Damit bröckeln auch die Bündnisse, mit denen die gesellschaftlichen Gruppen bisher ihr Zusammenleben geregelt haben und die sie erst zu politisch kalkulierbaren Massen machten.

Arbeitnehmer, Studenten und Sozialdemokraten sind nicht mehr automatisch eine linke Masse; Beamte, Selbständige und Katholiken nicht unbedingt eine christdemokratische Masse. Das Vertrauen in die alten Strukturen ist dahin. Davon künden die sinkenden Mitgliederzahlen der großen Volksparteien genauso wie steigende Kirchenaustritte und das Siechen der Gewerkschaften.

Die Globalisierung der Wirtschaft macht den Menschen angst. Sie fühlen sich von der Politik allein gelassen, fahren die Ellenbogen aus und wappnen sich für den härter werdenden Existenzkampf. Interessengemeinschaften gibt es nur noch auf dem kleinsten inhaltslosen Nenner. Man verbündet sich in der Lotto-Tipgemeinschaft, gehört zum Ich-gucke-trotz-Steuerflucht-noch-Schreinemakers-Club oder geht ins Body-Building-Studio, um wie früher auf der Galeere im Rhythmus wummernder Trommeln an Eisenstangen zu reißen. Das sind noch die harmlosen Varianten. Gefährlich wird es, wenn die Menschen ihre Ängste durch ein gemeinsames Feindbild kompensieren. Das heißt dann Asylant, Aussiedler und Sozialhilfebetrüger. Ganz schlimm wird es jedoch, wenn Politiker und Medien den Menschen die Feindbilder auf dem silbernen Tablett servieren, weil ihnen sonst nichts mehr einfällt und weil sie Angst haben, daß ihnen die Pfründe verlorengehen.

Ich glaube aber auch, daß uns diese allgemeine Verunsicherung eine – vielleicht letzte – Chance bietet, die wir nutzen müssen, um neu über die Gesellschaft nachzudenken. Wie soll unsere Zukunft aussehen, und nach welchen Prinzipien wollen wir leben? Das es so nicht weitergeht, ist offensichtlich. Wenn diese Welt für unsere Kinder lebenswert bleiben soll, müssen wir andere Prioritäten setzen und unsere Lebensgewohnheiten ändern. Auch in der politischen Kultur. Wenn die öffentlichen Kassen leer sind (und in absehbarer Zeit wohl auch leer bleiben), scheint es mir beispielsweise nur recht und billig zu sein, die betroffenen Bürger direkt zu befragen, wofür ihre knappen Ressourcen ausgegeben werden sollen. Sollen sie selbst bestimmen, ob sie einen Transrapid, ein Endlager in Gorleben oder eine neue Umgehungsstraße brauchen. Das bedeutet natürlich, daß die Politiker ein Stück Macht aus der Hand geben. Zwangsläufig müßten sie dann ihre Konzepte wieder schärfer konturieren, um die Menschen von ihren Vorstellungen zu überzeugen. Stärke zeigen können sie auf anderen Feldern. Wenn sich Großunternehmen durch Personalabbau für die Schlachten auf dem Weltmarkt rüsten, muß die Politik sie in die soziale Verantwortung nehmen.

Ich arbeite seit kurzem mit einer Agentur zusammen, die Unternehmen förderungswürdige Projekte im Bereich Soziales und Umwelt- und Naturschutz vermittelt und diese Projekte auch betreut. Es gibt immerhin hoffnungsvolle Ansätze. Die Preussag, IBM und Mercedes-Benz haben sich beispielsweise gemeinsam mit dem Naturschutzbund im Fledermausschutz engagiert, und VW ist der einzige Konzern, der ganz konkret überlegt, wie man Werbemillionen nicht mehr in Hochglanzkampagnen, sondern in Social-sponsoring investiert.

Ich bin auch noch aus einem anderen Grund optimistisch. Auf das Konto der »Tschernobyl«-Landesstiftung sind in den letzten vier Jahren mehr als acht Millionen Mark eingegangen. Sie kamen von Bürgerinitiativen und Millionären, von einfachen Arbeiterfamilien und Professoren. Ich habe CDU-Mitglieder um Geld gebeten und Preußen-Elektra-Manager. Nie hat jemand eine Zuwendung verweigert. Selbst in diesen Zeiten der Rezession ist das Volumen nicht zurückgegangen. Im Januar 1996 haben wir noch 160000 Mark eingenommen, und der Januar ist – so kurz nach Weihnachten – eigentlich ein Monat, in dem die Spenden auf Null sinken. Die stolze Summe hat sich vor allem aus kleinen Beiträgen von 20, 50, 100 Mark zusammengesetzt. Und das hat mich besonders gefreut, zeigt es doch, daß Menschen, werden sie direkt angesprochen, und sei es nur im Fernsehen am Freitagabend, durch die Not anderer noch so zu beeindrucken sind, daß sie am Montag zur Bank gehen und einen Beitrag leisten. Für mich bedeutet das: Die Menschen tragen auch in unserer Ego-Gesellschaft das Bedürfnis nach Werten wie Solidarität, Mitgefühl und Verantwortung tief im Herzen. Man muß sie nur beharrlich und nachdrücklich daran erinnern.